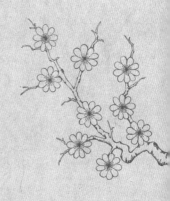

中华优秀传统文化是中华民族的精神命脉，是涵养社会主义核心价值观的重要源泉，也是我们在世界文化激荡中站稳脚跟的坚实根基。

——习近平

岁时节俗知多少

马大勇 著 / Dodolog 绘

清华大学出版社

北京

图书在版编目（CIP）数据

岁时节俗知多少 / 马大勇著；Dodolog绘. —北京：清华大学出版社，2021.7（2023.1重印）

ISBN 978-7-302-58628-9

Ⅰ.①岁… Ⅱ.①马… ②D… Ⅲ.①节日－风俗习惯－中国－通俗读物

Ⅳ.①K892.1-49

中国版本图书馆CIP数据核字（2021）第130015号

责任编辑：孙元元
装帧设计：谢晓翠
责任校对：王凤芝
责任印制：丛怀宇

出版发行：清华大学出版社
　　　　　　网　　址：http://www.tup.com.cn,　　　http://www.wqbook.com
　　　　　　地　　址：北京清华大学学研大厦A座　　　邮　　编：100084
　　　　　　社总机：010-83470000　　　　　　　　　邮　　购：010-62786544
　　　　　　投稿与读者服务：010-62776969, c-service@tup.tsinghua.edu.cn
　　　　　　质量反馈：010-62772015, zhiliang@tup.tsinghua.edu.cn
印装者：小森印刷（北京）有限公司
经　销：全国新华书店
开　本：130mm×185mm　　　**印　张**：9.25　　　**字　数**：217千字
版　次：2021年7月第1版　　　**印　次**：2023年1月第2次印刷
定　价：99.00元

产品编号：082324-01

目 录

春季节日篇

夏季节日篇

秋季节日篇

冬季节日篇

参考文献

春

季节日篇

春节 / 普天同庆新春至

春节的起源

农历正月初一是中国传统节日中最盛大、最隆重的春节。春节本称元旦，又称年节，因为这是农历新年的头一天，是新一年的开始。1911年辛亥革命后，逐渐采用公历，将公历的一月一日称为元旦，而农历正月初一改称春节了。

由于春节是农历新年的开端，民间也习惯称它为年节，称过春节为过年，另外还有"元日""元辰""端日"等古称，现已基本不用了。

春节的起源极为古老，人们称春节为年，是源于古代的计时单位。古代谷物一年一熟，因此称"年"为"稔"（rěn），是谷熟丰稔之义。农业获得好收成，就是"有年"。禾谷一年一熟，因此"年"引申为时间概念，成为岁名。

在以农立国的中国，农业丰收是最重要的事情。每年冬季，谷物丰收入仓。农闲之时，农人们便举行盛大的祭祀活动来祭祀神灵，祈愿来年农业丰收；同时也借此改善物质生活，进行娱乐活动，为来年的辛勤劳作做准备。这种活动，早在远古时就已经出现，称为蜡祭（zhà jì），即神农氏时代就有的"国索鬼神而祭祀"（《周礼》），合聚万物而敬神，是岁终的大祭。随着时间的推移，蜡祭逐渐与欢庆农历新年元旦的活动相会合，发展成年节。这个节日，迄今已有五千多年的历史。在以农耕文化为主的中国，年节的风俗相沿不辍，沿袭至今。当然，随着时间的推移、社会的进步，年节中许多愚昧、落后的习俗已经消失了。

如今，年节已成为中华民族共同欢度的节日，成为人们企盼幸福吉祥、表达对生活的热爱和向往的美好风习。在春节期间，有数不清的文艺、娱乐、体育游戏活动。故而，春节又是中华传统文化的绝好载体。

春节的主要风俗活动，大致可分五类：

● 祭祀天地、祖先；祈年求吉；禁忌；

● 交际：拜年、请春酒、贺年帖、访亲；

● 娱乐文艺活动：庙会、花会、乐舞、体育竞技、室内游戏；

● 德育、美饰、居室装饰、卫生活动；

● 休息、宴饮。

这些活动历经演变，大多保存至今，成为民族节日文化的重要组成部分。

迎年活动第一事：放鞭炮

春节，是从正月初一的零时正式开始的。

按中国古代的时间划分法，一日分为十二个时辰，由子时算起。到了清代，把子时划分为两半，上一半属于前一天，下一半属于后一天，以符合西方的天文计时习惯。

因此，后来的春节就由零点算起，进入新的一年。

早年，从新年的第一刻直至天明，全国各地都要欢天喜地举行一系列活动，迎接新年的到来。

迎新年，首先是要在进入新年的第一刻放鞭炮。每当此时，如惊雷般的鞭炮一齐轰响，此起彼伏，热闹非凡；那淋漓怒放的簇簇礼花五彩缤纷，也在沉沉天幕上竞相开放，给人间增添了无限的生机。

为什么要放鞭炮迎接新年呢？据说是为了驱除不祥的恶鬼。南朝梁人宗懔《荆楚岁时记》一书中，详述了两汉魏晋时的人们已有凌晨于庭前"爆竹"的习惯："正月一日，是三元之日也。《史记》谓之端月。鸡鸣而起，先于庭前爆竹、燃草，以辟山臊（魈）恶鬼。"（正月一日，是一岁之元，一月之元，时辰之元，即三元。元是开始之义。与指上元、中元、下元的三元不同。）山魈（xiāo）是传说中的一条腿、长一尺余的小鬼怪，若侵犯人类，人类便会犯寒热病。所以要用竹子燃火，发出噼啪声响，把山魈驱走。

山魈

其实，以爆竹驱鬼，当源于远古时人类的火崇拜。古人用火来捕猎、驱赶猛兽，用火来取暖、煮食、照明。火是神圣的，是可以驱除疾病、灾难的"圣物"。所以，古人用竹燃火，以求吉祥、避邪恶，并有除旧

子时	丑时	寅时	卯时	辰时	巳时
23:00—00:59	01:00—02:59	03:00—04:59	05:00—06:59	07:00—08:59	09:00—10:59
午时	未时	申时	酉时	戌时	亥时
11:00—12:59	13:00—14:59	15:00—16:59	17:00—18:59	19:00—20:59	21:00—22:59

十二时辰对照表

岁、迎平安之意。

在火药发明之后，人们用竹筒装上火药点燃，这便是今天鞭炮的雏形。唐代称这种爆竹叫"爆竿"。来鹄《早春》诗说："新历才将半纸开，小庭犹聚爆竿灰。"

到了宋朝，改用纸制小筒装药，响一下就停止了。随后出现了用麻茎等把纸筒编成串的炮竹，又称为"编炮"，因声音脆如鞭响，又叫"鞭炮"。这就与今天所见的一样了。宋代的《东京梦华录》里记载了除夕出售鞭炮的民俗活动。宋代时，鞭炮之名已定，同时又称爆竹、炮仗。另外，各种彩色的花炮（烟花）也出现了。

放鞭炮

人们在炮药中掺入不同的染色剂，使烟花呈现出美妙的色彩，明代张岱在《陶庵梦忆》中记载了当时元宵节期间放烟花的奇妙景象。

"爆竹声中一岁除，春风送暖入屠苏。"北宋王安石的这两句诗，很好地概括了爆竹迎新年、供娱乐的作用。爆竹与烟花，的确给人们带来了新年的讯息，带来了节日的欢乐。如今，它们已经流传到欧美等地，成为世界性的活动。

祭祀祖先、礼拜天地、迎喜神

元日子时至天明，要举行一系列祭祖、拜神的仪式，以祈求天地神灵与祖先们在新年里赐福。各地的时间不一，礼仪也有差别，但其内核都是一样的，不过，这些礼仪现在在城市里很少见了。

祭祀祖先，过去一般是把祖先的牌位、画像等依次陈列于正厅中，或挂上"某氏门上一派宗亲"的木牌。然后在供桌上摆上鸡、鱼、肉三牲，酒、糕饼、果子以及刀、筷、杯等，又设香花纸烛，香火袅袅；有的还在贡品上铺盖精美的剪纸图案。一切准备齐全了，然后一家人按长幼依次行礼（此外，也有前往祖祠祭祖的），祈求祖先保佑人寿年丰之意。

礼拜天地诸神灵，礼仪大略也如祭祖一般。天地神灵范围极广，数量太多，一般也就是向门外天空祭拜而已。也有悬挂神像画的，俗称神马。作家丰子恺回忆家乡过年的《过年》一文中写到，过去有一种神画，把玉皇、观音、佛祖、财神等一概画入，摆上供桌让其享用人间烟火。也有不少人家只在家中挂的"天地君亲师"牌位前行礼，祈求福寿。这些礼仪，体现了中国人民慎终追远、怀念先人、崇敬天地的思想，至今也有几千年的流传历史了。

此外，子时之后，还有出门迎喜神的风俗。

早先，元旦凌晨尚未天明之前，人们在拜祖、祭神后，视历书所记的吉利方向，燃灯笼火把，开门出行，对着吉方跪拜，以迎喜神，称为"出天方"或"出方"。

成都人称"出天方"为"出行"，喜欢出南门迎喜神，朝着吉方走到一座香火旺盛的庙中，烧香祭拜，祈求一年吉祥顺利。至今，成都人仍有不少人喜于农历元旦游武侯祠，求个吉利，亦为此意。

"天地君亲师"牌位

上海人称"出方"为"兜喜神方"，远近不拘，向吉利方向走，绕街一匝后就回来了；而那些纨绔子弟等富人们则往往带着歌妓等招摇过市，也假称兜喜神方。近人刘雅农在《上海闲话》里记载了这些活动。如今，这些活动已逐渐为人们遗忘了。

拜财神、藏扫帚及过年禁忌

过春节并不限于正月初一，还包括了初一以后十几天的活动，连人日与元宵节，也被算入春节的范畴里。在这场大半月的节日活动中，属于求吉、求财、求福的活动除了祭祖、拜天地、迎喜神外，还有许多。这些活动，充分体现了中华民族健康、积极的幸福观、人生观，蕴含着力争上游、努力进取的原动力。

春节里有一项很重要的活动，即迎财神、送穷。这种风俗起源极早，可追溯到古代的"送穷鬼"，唐代文学家韩愈就曾写过一篇《送穷文》，写及送穷鬼之俗。这种风俗至今尚有存留。如在河北北部、山西雁北一带，称正月初五日为送穷日，家家都要在五更天起床，掀开炕席，把炕底尘土扫净，倒在门外，并大放鞭炮，称为"倒五穷"。

在陕西合阳一带，早年间人们还要填补家中墙、窗纸、物品上的窟窿，叫"填穷窟窿"，并吃馄饨等食品，因为人的喉咙也是窟窿之一。

既然有送穷，自然就有迎财神之俗。财神在民间传说中有好几个，既有"正财神"赵公元帅（赵玄坛）与他属下的招宝天尊、纳珍天尊、招财使者、利市仙官四员小神，又有"偏财神"五路财神（路头神）；既有"文财神"财帛星君，又有"武财神"关云长（广东一带也奉岳飞为武财神）。一般同时迎这几位财神。

各地迎财神的礼仪各不相同，日期也有差别。如在四川南部，大年初一这天有"扫财神"的风俗。"扫财神"由人装扮，戴上假面具，穿上戏袍子，手拿新扫帚，旁边一人拿小锣，走到居民家门口，象征性扫几下，念几句吉利话，多为祝愿发财之意，主人家便赏喜钱。

大年初二，北方大部分地区要迎财神。在北京，人们要往广宁门（清道光年为避宣宗旻宁之讳改名广安门）外五显庙（五显：五路财神）焚香、供牲醴，祈求发财时要争烧第一炷香，还要在庙会摊上买几串"纸元宝"，称为"借元宝"，认为这是向财神爷借的钱财。《旧都文物略》中《杂事略》记载了这些活动。

纸元宝

至于北京以外的很多地区，初二这天也要杀公鸡祭拜财神，吃形似元宝的馄饨，称为"元宝汤"，讨个吉利。

南方一些地区，则于初五日接财神，如上海人至今仍于初五日放鞭炮、迎财神爷。在苏杭一带亦然。杭州人喜欢前往城外吴山上的财神庙烧香。苏州人则要争先恐后地开门、放鞭炮，陈设香烛酒肉，称为"接路头"，各商店也于次日开市。

与求财有关的习俗还有许多，如"藏扫帚"即一例。至今在不少地区，新年里不爱扫地，不管多少垃圾都任其铺在地上，有的则把扫帚藏起来，说是怕扫走自家的财气。

这个习俗由来已久，人们为了求财纳祥，在礼拜祖先、神灵的日子里便不许扫地、动扫帚，怕失掉家中财气。

此外，过年还有许多的禁忌，例如不许打骂小孩、哭泣，不许说不吉利的话，人们也不与别人吵架、起争持；不能动火煮食，要吃预备的食物；不可在初一日杀牲；不可动刀、针、剪等，俗信会引起口舌纷争。

这些禁忌，虽说有点好笑，但也并不是全无道理。如不吵架不争持等，即很符合精神文明的要求。人们在新年里和气、谨慎，以求一年顺利，也是好的。

压岁钱与拜年、访亲、饮春酒

春节里，人们拜年相贺，是交际的好时候。拜年的礼仪很多，如小辈们于除夕吃过年夜饭，或新年凌晨在祭完神与祖先后，便向家中的长辈拜年。去亲戚家也要拜年、拿压岁钱。过去是小辈向老辈跪下叩拜，说几句祝福的话，老辈也高兴地回赠勉励、祝福的话语，然后给压岁钱。如今一般不需跪拜了，代以作揖、鞠躬，但都要给压岁钱。

压岁钱来源于古代厌胜之术。汉代已有一些专供佩戴、铸上各种吉祥语的厌胜钱，以求吉利。在唐代诗人王建的《宫词》中，写到皇宫中向宫女分发金钱的诗句："宫人早起笑相呼，不识阶前扫地夫。乞与金钱争借问，外头还似此间无？"

宋代后在过年时给压岁钱，逐渐改为给流通的钱币了。清代，儿童过年，长辈给些钱，用红绳串之，置之卧所，曰"压岁钱"。《燕京岁时记·压岁钱》说："以彩绳穿钱，编作龙形，置于床脚，谓之压岁钱。尊长之赐小儿者，亦谓之压岁钱。"所谓压岁，是压住一年中的不吉，压住飞逝的时光，求得吉利之意。给压岁钱，体现了长辈们对小辈的祝福、爱护；而小辈们拿到这些钱，也可以开开心心地去玩，去购买心爱的东西。孩提时代，谁不盼着得到压岁钱呢？

不过，如果压岁钱给得过多了，也会对小辈们产生不好的影响。所以，近年来又出现了压岁玩具、压岁书籍，由长辈向小辈赠送，或许这更有益于孩子们的身心健康。

拜年也称为大拜年，"大"字是范围广大之意，因为春节期间，除了向长辈、父母拜年，还要在亲朋好友、同事之间互相拜年，赠送年礼。人们穿上新衣，走家串户，登门拜年，互致节日问候，使吉庆安乐的气氛更为浓重，充满了温暖的人情味，也可增强团结、消除隔阂。

　　旧时拜年又称走春、探春，形式多样。也有送名片拜年的。因到处拜年，分身乏术，便派人拿名片去拜年，称为"飞帖"。此俗极古。宋人周密在《癸辛杂识》里记载了一个有趣的故事：周密的表舅吴四丈，性情滑稽，把友人沈子公派来送名片的仆人灌醉了，暗中把仆人封套里的名片换成自己的，仆人酒醒后去送名片，白替吴某跑腿，自己主人的名片却没有送到。

压岁钱

明代后，投送名帖贺年之风大盛。许多人家只好"粘红纸袋于门以接帖，署曰'接福'，或曰'代僮'"（清人顾禄撰《清嘉录》）。明代文人文徵明的《拜年》诗就说："不求见面惟通谒，名纸朝来满敝庐。我亦随人投数纸，世情嫌简不嫌虚。"

　　清代，又兴起在新年举行团拜之风，省去同僚间奔走之劳。清人艺兰生在《侧帽余谭》中说："京师于岁首，例行团拜，以联年谊，以敦乡情，诚善举也。每岁由值年书红订客，饮食宴会，作竟日欢。"这种方法很好，所以如今各政府机关、社会团体等多有采用。

　　过去拜年，还有许多其他习俗。如在长江三角洲一带的人家，要给来拜年的客人端元宝茶喝，讨个好兆头。所谓元宝，即两个橄榄，放在茶碗托里。在北方，拜年往来，多要送"八大件"点心，外边贴上类似商标的剪纸、版画等图案。南方的年礼，多是年糕、米花、水果等类。在广东，家家都喜欢备大柑子，互相赠送，因为柑果被称为"大橘（谐音吉）"，象征吉利。另外有煎堆、油炸果等。

八大件

在广西南宁一带，人们喜互赠粽子、沙糕、粉利。粽子是一种重一斤多，用糯米与绿豆、肉条包成的大粽，寓"发财"之意。沙糕是甜味年糕；粉利是圆柱形的红色或白色糕，分别寓"年年高""年年得利"之意。

在春节后几天，新出嫁的女儿要带女婿回娘家拜年，已有小孩的更要带儿女回家探望外祖父母，各地或称"归宁"，或称"回门"，日期也并不固定。在北方多是初二日，也有在初四日的；两广地区多是初四日。总之，女儿回门，与娘家亲人团聚欢叙，互赠礼物，使关系更和睦。

在民间，还盛行吃"春酒"之风。吃春酒实际上是拜年饭，不过是家庭外部的，即同僚、团体之间互相拜年、宴请饮酒，起到联络感情、交流沟通的作用，这在港澳台地区及海外侨胞之间尤为盛行。

逛庙会、百戏杂陈

从新年初一至元宵后几天，全国各地的节日活动内容也各不相同，均有数不清的庙会。过去，人们往神庙中进香，同时也顺便逛一逛热闹的庙会。庙里庙外，摆满饮食与货物的摊档，歌舞百戏，一片欢腾。如今，各地庙会在革除了迷信的因素之后，重又作为春节节俗举办起来，成为弘扬民族文化的重头戏之一，更增添了节日欢乐祥和的气氛。

庙会，实际上是集娱乐、物资交流于一体的民众大型聚会。人们在庙里烧香、祈福之后，便可尽情观赏各种娱乐节目，购买各种玩物，吃点小吃，玩个痛痛快快。较典型的庙会活动，要数北京城里的多处庙会。

北京城里庙观极多。相传从辽代开始，北京就有了庙会，当时称作"上巳春游"。此后庙会就越发热闹了。北京有八大庙会的说法，即指白塔寺、护国寺、隆福寺、雍和宫、东岳庙、白云观、蟠桃宫、厂甸的庙会。春节一到，庙会便开办起来。如今多已恢复，较著名的有白云观、地坛、大钟寺、陶然亭等处。每逢春节，这些地方都要搭设牌坊，张灯结彩，布置摊点，吸引无数的游人。这些庙会上，集中了最富于古都特色的诸多民间文娱节目，还有民间特色工艺，当然大受欢迎。

北京各处庙会，呈现了淳朴的北京民风民俗，各种娱乐活动有：顶中幡、翻筋斗、拉洋片、打弹珠、射箭、说书、演双簧、摔跤、抖空竹、踢毽子、放风筝、驯鸟衔面具、变戏法、耍猴儿、练硬气功、京剧清唱、飞镖……艺人将绝活一一展现，比清代《燕京岁时记》里记载的种类还多。另外，还增添了现代味很浓的文艺演出、时装表演、儿童游乐等节目。

各种饮食品种，在北京庙会上更是一应俱全。如豌豆黄、豆汁、艾窝窝、老豆腐、炒肝、火烧、切糕、驴打滚、萨其马、春卷、酥面小窝头、茶汤、爆肚、灌肠、馄饨、元宵等，都富于北京风味。这里还会有平时难得一见的老北京城各种民间特色工艺，如泥人、鬃人、面人、绢人、脸谱、毛猴、风车、玉器、料器、年画、兔儿爷、绒绢花朵、首饰、玩具、灯笼等。

北京地坛庙会，还有大型祭礼模拟表演，演员穿仿古衣饰，组成仪仗队举行祭礼，颇具特色。在白云观庙会里，还有两个特色节目，一个是在观里建筑的几堵墙上，有三只石猴的雕像，据说摸一下石猴，可以免灾驱邪，因此人们总要去摸一摸石猴。再一个节目是"打金钱眼"，观里窝风桥下的桥洞里挂一枚大铜钱，钱眼中有一口小钟，俗信若是用钱币打中了这小钟，便可一年平安。所以人们排成长龙般的队伍，争着去打。

另外观里还有道士诵经奏乐、祈祷求福的活动。正月十九日又叫"燕九节"，则是纪念白云观创始人丘处机的节日。

清代《清嘉录》卷一"正月·新年"里，描写了苏州的庙会还有"杂耍诸戏，来自四方，各献所长，以娱游客之目"。如高竿、走索、穿跟斗、吞剑、弄刀、弄甏、舞盆、踏高跷、撮戏法、飞水、摘豆、大变金钱、摆架子，等等。

总之，春节期间，民间娱乐项目极多，各种戏曲、皮影、木偶、游戏、体育、气功、杂技、歌舞、奏乐等，把民间文艺的众多形式都概括尽了。在庙会上，在街头，在村边，处处热闹无比，把新年点缀得喜气洋洋，用"百戏杂陈"来形容一点也不过分。

乐舞庆新年（民乐台阁、花会）

春节，属于冬闲时光，在以农立国的中国只有这时才有时间举行较大型的民众乐舞狂欢聚会。因此，在春节至元宵节期间，全国各地有数不清的乐舞活动。春节期间的民间音乐活动很多，其中尤以锣鼓乐较为常见，这是因为鼓渊源于上古，是原始人用以驱邪、集会号令、歌舞的工具，所以直至后世也仍流传着以鼓为主的驱疫、乐舞活动。

最初出现的鼓是土鼓。在神农氏时代就用土质鼓，用草槌敲打。这种土陶鼓考古中也有出土。后来有皮鼓，在山西襄汾陶寺尧舜时代的史前文化遗址中就已发现，用树木挖成鼓腔，鼓壁饰彩绘，鼓面蒙鳄鱼皮。正符合《山海经》《吕氏春秋》等书中以鼍龙（猪婆龙，即鳄鱼）皮制鼓的记载。击鼓驱疫之风流传久远，每到春节，到处都是咚咚的鼓声。比如四川的迎春锣鼓、西安鼓乐、江苏十番鼓、浙东锣鼓、广东潮州大锣鼓等，都是较有代表性的鼓乐，都常在春节演奏。

鼓也不仅是演奏而已，兴之所至，还可以边敲边舞，舞出一片热烈壮观的场景。鼓舞光在汉族就有几十甚至上百种，鼓舞是全国五大舞种之一。这无疑是上古击鼓驱邪的流风。像北京的太平鼓，山西的威风锣鼓，陕西的腰鼓，开封的盘鼓，还有种种花鼓、拉鼓、堂鼓、长鼓、渔鼓……鼓形或庞大，或纤小，或细长，或圆，或扁，形形色色，再加以彩绘，美观可爱；声音或洪亮，或清脆，或浑厚，与之相配的舞蹈变幻万千，生气勃勃。

此外，锣、钹等乐器也常与鼓相配合，在舞龙、舞狮或其他民间舞蹈时使用，尤其是舞龙舞狮子，是绝对少不了的。

清代《燕京岁时记》载："太平鼓者，系铁圈之上蒙以驴皮，形如团扇，柄下缀以铁环。儿童三五成群，以藤杖击之，鼓声冬冬然，环声铮铮然，上下相应，即所谓迎年之鼓也。"这就是今天北方常见的太平鼓。《北京文物月刊》曾刊有一幅画《村童腊鼓图》，绘几个小童手持彩绘小鼓，乐陶陶地敲打，还配有一首诗："村童送腊乐丰亨，不识不知赤子情。岂为催花频击鼓，团圞尽是太平声。"正符合此记载。

鼓

今天舞台上的鼓舞

　　凤阳花鼓，发源于安徽凤阳，是由男女演员边敲边舞的一种舞蹈形式。源于明代的"凤阳歌"，有四五百年的历史。流传于两广（从广州、佛山至南宁、百色等广大地区）的民间"八音"乐，也是很有地方特色的。八音，因古代乐器分为八大类（金、石、丝、竹、匏、土、革、木）而得名，又称锣鼓柜、锣鼓亭。因为它把锣、鼓、铜铃之类乐器放在一个长柜子里，柜子用上等木料制造，其上雕绘各种龙凤、花鸟图案，并用彩绸、花串、球穗等装饰，柜顶上或装饰重檐斗角的亭阁顶，或是平顶，垂挂黄绸布。演奏时有人肩扛前行，唢呐、管弦乐器的乐手跟在一旁，边演奏边行进，气氛热烈。八音既可独立演奏，又可在出台阁（飘色）时伴奏用，舞龙狮等也会使用。

　　在春节期间，又有一种全国性的大型游艺活动——"台阁"，广东或称飘色，广西宾阳称为游彩架。它起源于宋代，南宋周密《武林旧事》中就有当时的杭州已有用铁枝擎举起扮作仙佛的演员巡游的记载。

近代的民间台阁

肘歌

如今，台阁多处地区都有，成为最吸引人的民间艺术之一。台阁，是把特技、音乐、舞蹈综合成一体的艺术。它将钢铁巧妙地相连为支架，选俊俏的小孩子装饰为戏剧人物，擎举于半空中，表面看惊险绝伦，其实稳如泰山。小孩子们身着五彩戏衣，演出神话传说、古典小说、戏剧中的种种情节。近年又出现了虎门销烟等爱国现代题材，这是寓教于乐对民众宣传的绝好方式。每逢巡游时，往往还要配上龙舞、狮子舞、民间音乐演奏，沿途吸引成千上万的观众争相观看。

此外还有河南、安徽等地的"肘歌"，场面也很惊险，把小演员放在大人肩上表演，用铁架子撑持。

陕西关中流传的"高台"，形式与台阁相似；"背亭"，则与肘歌相似，也经常于民间演出。至于全国各地广泛流传的花会及走会、社火等民艺形式，都多于春节时表演，是汇集了民间音乐演奏、舞蹈、台阁等乐舞技巧的大型群众文艺汇演。

这些形式名虽有异，内容却基本相同，都是在广场上、街道中进行演出。舞龙、舞狮、扭秧歌、踩高跷、划旱船、打霸王鞭、腰鼓、舞刀剑、舞中幡、敲锣打鼓等，成为民间群众性的狂欢时刻，预示着中华民族年年岁岁红红火火，生机蓬勃，喜气连绵。

花会、走会的历史，可追溯到汉代的鼓乐车，即一种在行进的车上边击鼓奏乐、边舞蹈的形式；南北朝时有佛像出巡，配以狮舞、吞刀吐火、走索爬杆等节目。清代又有《北京走会图》，其节目大约与今天走会基本相同。

民间舞蹈的盛大聚会

春节是观赏民间民族舞蹈的大好机会，数不清的各种舞蹈纷纷表演，举国一片欢腾。全国有约一万多种民间舞，单是汉族民间舞就纷繁难数。其中又以龙舞、狮舞、鼓舞、秧歌舞、灯舞、傩（nuó）舞、小车舞、旱船舞、高跷舞、竹马、剑舞、绸舞、连厢舞（霸王鞭）等最常见。前五类舞蹈种类最多。龙舞、狮子舞、鼓舞各有几十种不同的舞蹈；秧歌有近百种；灯舞多达几百种，所以这五类舞可称为汉族五大舞种。

龙舞，是中国舞蹈最具代表性的舞种之一，它与端午划龙舟都起源于远古时期人们对龙图腾的崇拜，龙图腾最迟在五千多年前已经出现。《山海经·大荒东经》说："应龙处南极，杀蚩尤与夸父，不得复上。故下数旱，旱而为应龙之状，乃得大雨。"可见龙为水神，民间舞龙祈雨是今日舞龙的起源。至今，民间在舞龙时还经常杀公鸡滴血于龙头上，以祭祀龙神，并以糯米或糯米制品祭祀供奉。这是《山海经》中祭俗的遗存。在舞龙时要大放鞭炮，把龙烧损；舞完龙要把龙烧掉，以示

舞龙

龙神升天布雨降下吉祥之意。如湖南长沙舞龙，广西宾阳县正月十一舞炮龙（国家级非物质文化遗产）就是如此。广西、陕西等地，观者还都喜欢舞龙时在龙肚子下钻来钻去，求个吉利。

龙舞在汉代已经成为重要的娱乐节目。如今，龙作为民族精神的象征，深入人心。舞龙，也已作为吉祥、喜庆、热烈的代表，广泛出现于各种节日庆典之中，受到人们的喜爱。

狮舞是与龙舞同样重要的民间舞蹈。有人认为我国原本不产狮子，是汉代从西域传入的狮子深受人们的喜爱，才有了狮舞。其实古代我国有一种珍兽狻猊，就是狮子（可能是亚洲狮）。想来与西域传入的狮子相融合，发展出了狮舞。最早的狮舞记载，见于《汉书·礼乐志》"象人"的注释。颜师古注："孟康曰：'象人，若今戏虾鱼师（狮）子者也。'"可见三国时已经有狮舞。南北朝时，狮子舞常于佛寺百戏表演中出现，如《洛阳伽蓝记》记载辟邪狮子为佛像开路。

唐代《乐府杂录》即记载五方狮子舞，五头高一丈多的狮子，有五种不同毛色，立于东西南北中五方，由狮子郎逗引而舞。还有音乐伴奏。白居易《西凉伎》以诗歌记载了凉州狮子舞。宋代苏汉臣《百子嬉春图》，描绘了儿童舞狮。明代《宪宗行乐图》中有当时宫廷狮子舞的情景。清代，有很多狮子会组织，传承舞技，使舞狮更盛。

今日，狮子舞已经遍布全世界，在海外侨胞中广为流传，在中华本土则更加昌盛。如今的狮子舞一般分文狮、武狮两大类。文狮，以狮子搔痒、舔毛、抖毛、打滚、抢球、踩球等动作，表现狮子温顺可爱的性格为主。武狮，则表现狮子威武雄壮的一面，如跳、跃、跌、扑、腾、登高、爬梯、走索、叠罗汉、蹿桌子等。如两广《醒狮》，表演勇猛、

舞狮

矫健的跌扑腾跃动作，又有采青之技巧：取一张红纸包着利市，缚一株青菜，高挂起或放在八仙桌子上、水盆中，让狮子采取。其中有一套技巧，只有勤练武艺者才能表演。

中国民间舞中，还有许多拟兽舞。人们或取传说中的珍奇瑞兽，或取现实中的家禽野兽，尽情模拟表现，以传达吉祥欢乐的气氛。如凤凰舞、麒麟舞，几乎与龙狮舞一样古老，至今盛行于民间。又如虎、牛、马、羊、猴、鸡、鹅、仙鹤，以及蝴蝶、河蚌、鲤鱼、蛇等，无不有舞，千奇百怪，以求吉祥，极受欢迎。

秧歌舞，是我国民族民间舞流传地域最广的，也是影响较大的。秧歌舞的起源可追溯到南宋周密在《武林旧事》中记载的民间舞"村田乐"，因为二者均源于农业生产劳动。"村田乐"中有花和尚、公子、

扭秧歌

田公、渔婆等角色，在元宵时演出，以后可能就形成了秧歌。其实早在原始时代，就有《扶犁之乐》，汉代有模拟下田耕种过程的《灵星小舞》，可算是秧歌的先声了。清代李调元《粤东笔记》说："农者，每春时，妇子以数十计，往田插秧。一老挝大鼓，鼓声一通，群歌竞作，弥日不绝，是曰秧歌。"这是插秧唱歌，也是秧歌的起源。

清代，秧歌已经普遍舞蹈于北方。如今秧歌更是遍及全国，为最流行的民间舞蹈之一。各地秧歌多姿多彩，既有男女两个人起舞的小场子，又有手持伞、扇、绸、手帕等集体起舞，摆队形；还有呈现农业劳作、男女欢爱、戏剧故事等内容。秧歌一般按照地区分类，如陕西秧歌、山东秧歌、河北秧歌、山西秧歌等，每个地区又有许多秧歌类型，难以计数。

安徽花鼓灯则是淮河流域流传的一种歌舞，影响巨大，女演员叫兰花，男演员叫鼓架子。持手绢和扇子起舞，技巧高超。

此外还有数不清的民间舞蹈，不多述了。

体育竞技、室内游戏

春节期间，民间也有很多体育竞技之俗，既可强身健体，又可作娱乐，如舞龙狮等也可算入体育项目之中。又如民间的少林、花砖、花坛、双石、杠子等走会中出现的节目亦可算是体育项目。少林是持棍与刀对打，花砖是抛砖表演，花坛是耍罐子，双石是手足举双石，杠子是倒立在杠架上。还有南方的"藤牌舞"等，竞技味道更浓一些。

拔河，是节日里常见的体育项目。拔河古称"牵钩"，源于春秋战国时一些国家的军事操练活动。《隋书·地理志下》载："二郡（南郡、襄阳）又有牵钩之戏，云从讲武所出，楚将伐吴，以为教战，流迁不改，习以相传。"《荆楚岁时记》中记立春日作"施钩之戏"，施钩即牵钩。唐代已经称牵钩为拔河。如今随处皆有此节目。

甘肃省临潭县，六百多年来每年春节举行万人拔河赛，用长达百多米的长绳作拔河绳，以城南、城北的居住区分队，成千上万的青壮年前来拔河。人们倾城观看，加油声叫好声不绝于耳。

春节期间室内游戏也有很多，古代有六博、打马钱、投壶、藏钩、纸牌、行酒令、玩骰子，近代有麻将牌、四色牌、掷小谣儿、升官图等，都适宜在室内举行。至于孩子们的游戏，则是放鞭炮、打陀螺、踢毽子、玩风车等。

春节期间的德育

中国人以礼义为本，春节是人们进行传统品德教育的好时机，在节日的许多习俗中都有教育的内涵。比如人们在吃团年饭、吃春酒时要排列座位，请尊长入席，坐上位，并按次序排列入座；拜年时要让小辈拜贺长辈，长辈回赠压岁钱，并致勉励、祝福之词，这体现了中国人民尊老爱幼的好传统。长辈对小辈所说的也多是努力学习、上进一类的话。教育他们健康成长，同时也体现了浓浓的亲情。

人们过年时使用的吉祥用语，家中张贴的对联、斗方、年画，也无不体现着行善、修心、勤劳、积福的积极道德观，如春联中最流行的一副："向阳门第春常在，积善人家庆有余。"横批："勤俭持家。"还有年画中的《友悌重天伦》《孝义图》《忍气饶人祸自消》《一团和气》《男十忙》《女十忙》，等等。至于《国泰民安》《万象更新》

《海晏河清》《太平有象》《凤栖碧梧》等图则表达了民众对国家、社会的祝福、企盼之情。这些，都鲜明地呈现了中华民族近代的伦理道德观、幸福观和东方古老的儒家仁善思想。

古代有一种开笔仪式，文人用红纸在正月初一书写吉利文字，如"读书大吉""万事如意"之类，这是对新的一年的期盼，也可以理解为对文教、对学习文墨的高度重视。清代皇帝在初一日举行开笔书写仪式时，要用精美的文具书写数篇大字，以示在新的一年里勤于学习。

开笔起源甚早，为一种良好的风俗，流传于文士之中，今天也仍为人们所继承。

年画

写对联的情景

妇女美饰与居室装饰

在过大年的时候，孩子们有这么一首儿歌："新年来到，新年来到，人人欢笑。姑娘要花，小子要炮，老太太要块大年糕，老头要顶新毡帽。"这里写出了人们各自不同的需求，姑娘要购买绒绢花朵，戴插在头上，连老爷子也忘不了买一顶新帽子。

其实，过年时不论是谁，都要洗澡理发，全身上下焕然一新，换上新鞋子、新帽子、新衣裳。老人与男子比较简单，妇女和儿童就有更多的讲究。

过去，即使在经济较困难的时候，妇女们也要在过年时打扮一番，买年货时忘不了买胭脂水粉，绒花头绳，在过年期间梳洗打扮起来，当然还要换上红绸裙衣。一般戒指、镯子、耳环等也是少不得的。这样精心打扮的妇女，为春节增添了无限的光彩，无限的喜庆。因此，《白毛女》中的杨白劳再穷，也忘不了给喜儿买上一根红头绳。而稍富裕的人家，妇女姑娘头上就戴绒绢花朵为装饰。

以前在北京，妇女戴绒绢花朵为装饰是很普遍的。妇女们逛庙会，喜欢买些绒花戴着回家，讨个吉利。若是戴牡丹形绒花，叫"头顶荣华"；戴蝙蝠形绒花，叫"戴福还家"，很吉祥。

如今过春节时，大街小巷上穿着传统裙袄的女性又多起来。她们的衣裙都是用精美的各色绸缎裁成，配上各式图案，别具风姿。再加上精雅的发髻，如画的眉眼，充满了东方女性的风韵。在春节里做这样的民族化妆饰，再合适不过了。

牡丹绒花

蝙蝠绒花

人们不但在衣着上精心打扮，而且就连自己居住的居室环境，也要努力装饰一番。人们要擦扫家具、地板，贴上春联、斗方、门笺、年画、剪纸、窗花，摆设插花、盆景、果盆等种种过年时特有的装饰，使屋里屋外一片喜庆。不过这些装饰早在年初一以前就布置好了，所以移到"除夕"一章再做详述。

休息与饮食、聚宴

过年时人们要松弛一年到头辛苦劳作、绷得紧紧的神经，在家歇息。"一张一弛，文武之道也。"如今规定的春节假期也是一年节日里时间最长的。过去，各家商店、摊档要一直到初五日才能正式开门营业，各种服务行业也要在初五日后才逐渐恢复正常营业。官府机关原是年前就已经封印的，这时候也要择吉"开印"，受理政事了。

中国的饮食文化世界闻名。过年节时自然少不了制作各种饮食点心，改善生活。由于春节是一年里最大的节日，所以春节的食物种类是诸多节日中最多的，令人眼花缭乱。

在吃过了除夕夜的团圆年饭之后，大年初一这天，过去却普遍吃素，不杀牲，不吃鱼肉，只吃米饭馒头、青菜及各种点心，叫作吃斋。这是植根于古人敬天地、戒杀生、敬神灵的观念。其中也掺入佛教的思想，认为吃了斋，一年之内就可得到神灵护佑。

如今，年初一吃素的人家很少了，但也还有一些人家，不喜欢于此日杀鱼、鸡鸭等，只吃一点肉食。

过年时的食物种类确实很多。北方一般吃饺子。饺子是古老的食品，隋代颜之推《文集》中就有记载可寻。而《礼记》中则记有用稻米与肉合成"饵"煎食，可见饺子的历史可追溯到两千多年前。

饺子原名馄饨，据明代方以智《通雅》一书说是因它象征天地混沌之形而得名。后来为什么又叫作饺子呢？原来它又称角子，与"交子"谐音。交子，有接连子时之意，这正符合除夕时迎接新年子时的到来之意，所以名为交子。后来添上"饣"字旁，即成饺子。

清初河北《肃宁县志》记载："元旦子时盛馔同享，各食扁食，名角子，取更岁交子之义。"角子即饺子，也叫扁食、偏食。

在北方，人们从除夕到年初五这几天中都要吃饺子，既为改善生活，也有除旧迎新的意思；做饺子要和面，又谐音"合"，还包括一家人和合团聚之意。在做饺子时候，还有一些有趣的风俗，或做素菜馅饺子，意为素静平安；或在煮饺子时问一句"挣了没有？"意为问饺子鼓胀起来没有，更含有挣钱多之意。旁边人要回答："挣了！挣了很多！"或饺子里包上一枚铜钱，谁能咬到就是得福。也有的包入甜糖块，谁吃到了一年甜蜜。煮熟后第一碗饺子要敬神灵祖先，还要端一碗给家中的牛马等牲畜，然后一家人才能吃。如今，随着生活水平的提高，各地饺子总类多达数百种，如鸳鸯馅、三鲜馅，还有饺子宴等。

过年时，民间都有杀鸡祭神、拜祖先的习惯，祭拜完毕，鸡就是最好的佳肴。其中又以吃白斩鸡最为普遍，南方尤其盛行。杀鸡祭神，大概与远古风俗有关。《山海经》就记录了许多杀鸡的习俗。

春节期间还要吃年糕，寓意"年年高升"。明末《帝京景物略》记北京人"正月元旦，啖黍糕，曰年年糕"。年糕的起源可以追溯到东汉崔寔《四民月令》中冬至荐黍糕于祖先前的记载。后来逐渐改作糯米制糕，花样也越来越多了。过去，每逢过年，街头巷尾都可听见在石臼里舂年糕的砰砰声。如今一般是吃甜馅年糕（红豆、桂花、桂圆等馅料），也有咸味的肉丁、萝卜糕，也有不加馅料、买回去煮食的素年糕。

在江南一带，人们喜欢吃油菜炒年糕、年糕汤。油菜炒的年糕片又滑又糯；年糕汤加入鸡鸭肉丁、青菜、萝卜丝等也很甜美可口。在两广还有马蹄糕，以荸荠粉制作，甜滑爽口。

长江以南地区，盛行吃米花。米花也是糯米制品，既作祭神拜祖用，也可食用。在民间传说中原为祭祀驱蝗虫的刘猛将军使用而相沿成俗。但我们还可以推想，它或许是由古代供祭祀用的谷物"粢（zī）"发展而来。

制作米花较繁难。要先蒸、晒糯米粒，然后把铁锅烧热，倒进米粒，便爆出一大片响声，米粒骤然涨大几倍，雪白好看；然后炼好糖汁，和着米花捏成一团一团的，这便可吃了。如今一般改用机器爆了，味道稍逊。

此外，大年初一不少地方都有独特的食俗。比如南方人要吃一顿汤圆，寓"团圆"之意。西南地区则习惯吃米花茶、甜糕点，应"一年甜到头"之意。广东人则爱吃油炸果、煎堆等。广西南宁一带，吃米花、甜沙糕、粉利汤。广西、台湾等地有长年菜，用粉丝、芥菜煮成，要连吃几天，寓长年健康吉祥之意。北方一些地区还吃面条，取"长寿面"之意；还有象征吉祥的各种花馍馍。

春节期间的宴会也很多。家宴有团年饭、拜年酒，对外的宴会有饮春酒、生意酒（店内员工聚宴）等。各种宴饮，要一直延续到元宵节之后。春节可谓是吃的节日。

总之，时代在前进，春节习俗也在不断变化。

人日节 / 长寿吉日人生辰

人日节的起源

农历正月初七，是传统的"人日"节。人日排在年节之后、元宵之前，所以民间往往把它算入过年之中。不过人日节毕竟是有独特节俗的节日，把它单独列为一节，更有利于今人传承，也更便于记忆。

人日节，又叫人庆节、人节、人生日、人胜节、七元日等。前面几个节名是因为相传此日是整个人类的生日而得名；称作人胜节，是因古代于此日戴胜（胜，一种头饰）于头之故；末一个名称是由日期而来。

人日节的由来很早，人们一般引西汉东方朔的《占书》所说："岁正月一日占鸡，二日占狗，三日占猪，四日占羊，五日占牛，六日占马，七日占人，八日占谷。"以此段话证明人日节约产生于汉代之时。俗信如果其日晴明，则主此日之物繁衍生育，阴则不利。人们相信创造世界生命的女神——女娲，在正月初一日用泥土创造了鸡，二日造犬，三日造猪，四日造羊，五日造牛，六日造马，七日便造了人，人类从此诞生。又以每日阴晴天气预测此日所造物的吉凶。此后，单一的占卜活动逐渐发展为有各种良风美俗的庆贺、祭祀性的大节日，在全国流传。这个节日，继承融合了我国人民重生存、敬上天、重好生之德的仁爱思想。种种节俗，也体现出重视人的生命、追求长寿的美好心愿，也是《说文》"（人是）天地之性最贵者也"这一思想的最好诠释。直至今天，人日节所包含的种种民族文化心理，仍为人们所珍视，应被好好吸收发扬。

至于为什么会有这种先创造动物，后创造人的神话，可能与古代的动物崇拜、图腾信仰有关。古人敬动物、崇拜动物，给动物们制造了诞生的神话，人类诞生的神话也就进而产生了。或许以十二生肖记年月日的方法也随之产生，沿用至今。

人日的古今风俗

在汉魏之后，人日已经成为很普遍的节日。南朝宗懔的《荆楚岁时记》记："正月七日为人日，以七种菜为羹。剪彩为人，或镂金箔为人，以贴屏风，亦戴之头鬓。又造华胜以相遗；登高赋诗。……剪彩人者，人入新年，形容改从新也。华胜，起于晋代，见贾充《李夫人典戒》，云：'像瑞图金胜之形，又取像西王母戴胜也。'"这种剪彩为人，也叫人胜，是一种著名的古俗，今天民间剪纸中的"抓髻娃娃"等，就是沿袭了这一古风。

抓髻娃娃

人胜与华胜作为装饰在古诗词中常见吟咏，宋代贺铸《临江仙·人日席上作》一词中有："巧剪合欢罗胜子，钗头春意翩翩。艳歌浅拜笑嫣然。愿郎宜此酒，行乐驻华年。"生动地勾画出一位女郎以彩罗剪出合欢（双燕或双胜）人形的罗胜戴在发髻钗头上的美态。

《荆楚岁时记》还记载江南一带有吃七种菜（如芹菜、芥菜、菠菜、葱、蒜等）做的羹，也叫作七宝羹。相传吃这七种菜，可以驱邪治病，以求一年中人口平安。至于书中又记载的当时有鬼鸟飞度，攫食小儿的传说，则属荒诞不经。此时家家要关门打门、捶床、灭熄灯，以祈禳鬼鸟，至今看来只觉得可笑。另外，书中还记载着人日不用刑之规定。

另外有一种食俗，在人日里举行，即熏天、吃烧饼、煎饼。《荆楚岁时记》注文写到此俗："北人此日食煎饼，于庭中作之，云'熏天'。未知所出。"

其实，这是为了纪念女娲炼石补天而熏天以求天晴之俗。女娲补天时，露天烧五色石，煎饼也露天举行以仿效。

唐代，朝廷有宴饮、赐群臣人胜的礼仪。诗人沈佺期有《人日重宴大明宫赐彩缕人胜应制》诗："拂旦鸡鸣仙卫陈，凭高龙首帝城春。千官黼帐杯前寿，百福香奁胜里人。"写出了此时的盛况。宋朝在立春日仍有赐群臣彩胜的习俗，还有做煎饼会的。明末刘若愚《酌中志》也说："初七日，人日，吃春饼和菜。"

随着时代的发展，人日又出现了放生习俗。《帝京景物略》记载北京有于人日放生，把鸟类放归天空，水族类放入水中的习俗。这种习俗既是贵生、珍视生命的体现，也与佛教思想的传播有关。

岁月流逝，以上古俗后来极少见了，代之以较简易的节俗。像陕

女娲补天

西合阳县，于人日这天吃馄饨，称为寿星馄饨；又在土地神位前点蜡烛，祭祀求寿。长武县一带，有早晨吃长面条的习惯，意为拉住人的魂魄，并且要求由最长者为全家叫魂（连喊三遍某某回来）。这些都表达了人们企盼健康长寿的意愿。长武县还有用麦草、葱蒜皮煨火驱邪的风俗，为古代"熏天"、吃煎饼的遗风。北京一带，要煎饼食于庭中，"熏天"以祈求天晴。而台湾省的居民，则家家点七支蜡烛，供奉生果等，也为祈求长寿之意。

此外，人日这天，一些地方的人忌讳出行，忌讳动针线，忌讳给小孩剃头，看起来没什么道理，所以如今很少有人记得了，倒是一些别的习俗传到近代。如在人日登高，三国时已经有此习俗。南朝刘宋郭缘生的《述征记》载：

"寿张县安仁山，魏东平王凿山顶，为会人日望处。刻铭于壁，文字犹在。"魏东平王《是日登寿张安仁山铭》曰："正月七日，厥日惟人；策我良驷，陟彼安仁。"东晋桓温参军张望，也有正月七日登高诗，这与《荆楚岁时记》所记载的"登高赋诗"是一致的。到了近代，广州地区还要在人日游玩花地，赏花买花，在同行人中选最俊秀的女郎作"人日皇后"，主持当日游览事务。在陕西等地则跳秧歌，娱乐驱邪。

由于人日节反映了传统文化中贵人、重人及祈求长寿健康的思想，所以作为一个很有意义的节日，深入人心。如今虽少见上述习俗，但人们还是很重视这个节日的。

如东北地区于此日有给高寿老人办寿宴的习俗，既体现求长寿主题，又有敬老之心，实为美俗。有的地方则在人日举行慈善活动，为公益事业捐款，继承了人日放生等古老习俗中的仁爱思想。

天穿节、人祖会

人日是纪念人类起源的节日。在一些地区，至今还保存着人日的变形节日——天穿节、人祖会等。这些节日，均与人类起源神话有关。

中国的人类起源神话，最有影响的当数女娲造人神话。女娲氏是传说中的人类始祖神，《太平御览》卷七十八引《风俗通义》说："俗说天地开辟，未有人民。女娲抟黄土作人。剧务，力不暇供，乃引绳于泥中，举以为人。"这则神话流传很广，影响巨大。又传说女娲与其兄伏羲配为夫妻，伏羲也是华夏族的祖先。在长沙子弹库出土的楚国帛书上就有伏羲和女娲为夫妇、创立四时、日月之运行的记载。汉代画像石上，有不少女娲与伏羲人面蛇身、交尾起舞的画像，手举日月、规矩，

女娲与伏羲

表示日月与天圆地方都是他们创造的。

由于受上述的神话影响，民间有人日、天穿节。该节日中以煎饼放置屋上，明显与人日露天煎饼之风俗相似。可见人日、天穿节是源于同一个神话，由来已久了。

直至近代，陕西临潼一带还有"女皇节"，又称女王节、女娲生日、补天补地节，这就是纪念女娲的节日——天穿节的流风。日期是在正月二十日。过节时，家家由女家长主持，把"补天饼"抛在屋顶上，象征女娲补天；再把几块饼扔在地上、井水里，象征"补地"。然后全家才吃补天饼：一种薄薄的圆饼，或用面糊烙成，或蒸、炊而成。

另外一个神话中的人类始祖——伏羲，也受到人们的崇敬与怀念。河南淮阳的"人祖会"就是一个怀念伏羲与女娲的节会。

淮阳有太昊陵，俗称人祖庙。本地人称伏羲为"人祖爷"，称女娲为"人祖奶奶"，每年举行一次人祖庙会，以祭祀这两位人类先祖，日期是农历二月二至三月三。伏羲陵附近又有人祖奶奶庙，即女娲庙，供人们祭拜。

在人祖会上，有成千上万的人前来祭拜，均是许愿、还愿、求子、求福。伏羲庙显仁殿的台基石东北角有一个圆洞，称为子孙窑。人们要求子就要用手摸一下。祭拜时，妇女们还跳一种"担花篮"舞，肩挑花篮，身着黑衣黑裤、黑绣鞋，缠五尺长的黑头纱，不断地起舞。每当舞者背靠背交错而过，身后长纱就飘飞绞绕在一起，形似女娲、伏羲相交之状。这舞蹈是敬奉女娲的，以舞悦神，只能由妇女跳。

人祖会上有大量的"泥泥狗"销售。泥泥狗，又称陵狗，即各种泥制的小玩具，为当地特产，造型以人祖为主。人祖即一种猴面人身泥偶，还有各种打火猴、兜肚猴、穿衣猴、虎驼猴、双面人、双头虎、多角兽、蛙、鱼、龟、鸡、牛、马、羊、蛇和陶埙等。泥泥狗上多绘黑、红、白等色图案，形似生殖之根，由于泥泥狗的奇特形状，学者们认为它源于古代抟黄土造人的神话及求子巫术、生殖崇拜。来进香者多选购泥泥狗，以供求生育时"拴娃娃"用，或沿途给小孩。在庙会期间，小孩子们可在路上拦住行人，索要泥泥狗。拿回家去也是很好的小孩玩具。

在人祖会上，妇女们选购泥娃娃，供在神像前，烧香祈求，然后带回家去，相传便可以生育了。这种风俗与《荆楚岁时记》写到的"剪彩为人"、民间的泥娃娃、剪纸娃娃等，都是同源的。另外，祭祀女娲、伏羲，还与远古男女于仲春时相会的习俗有关（见后"上巳节"等章节）。

在河南西华、河北涉县等地也有女娲庙会。

泥泥狗一

泥泥狗二

陶埙

立春节 / 报春迎春耕种忙

立春节的由来

立春，又名打春、正月节，是二十四个节气之一。每年在公历二月四日前后开始，是农历年里的第一个节气，多在正月期间。立春节气共十五天，第一天为立春日，意即春天从此日开始，标志着春回大地，天气逐渐转暖，草木发芽开花，而人们就要开始一年里繁忙的农耕劳作了。所以，以农为本的中国人把这一天看作重要的节日。早在周代就已经有立春节了，其内容主要是从官府到民间都举行隆重的仪式，以迎来春天。后代又有种种节日装饰、饮食等。

立春仪式：迎春、打春、演耕

迎接温暖和煦、适宜农耕的春天，报告给普天下的人们，这是立春节日的中心内容。

在周代以至汉代，天子要亲自前往京城东郊迎春。《礼记·月令》载："立春之日，天子亲帅三公、九卿、诸侯、大夫以迎岁于东郊。"《后汉书·志·祭祀中》载，天子"立春之日，迎春于东郊，祭青帝句芒。车旗服饰皆青。歌《青阳》，八佾舞《云翘》之舞"。

从这些记载中可看出，古代的天子要于立春日隆重地前往东郊迎春（东是春神之方向，象征温暖）。队伍里的车子、旗子和人的衣服一律为青色，以青绿色象征五行中的木与春天，象征草木回春，一片葱绿生气；还要唱专门的《青阳曲》，舞着羽毛仪仗，跳八佾舞，还祭祀春神句芒。

　　春神句芒，也写作勾芒，是太昊伏羲氏手下辅佐的官员，去世后被奉为春神，即草木神、生命神。《墨子·明鬼下》记载了他给郑穆公赐予十九年寿命的传说。《淮南子·天文训》又记他手持圆规，管治春天。他的形象虽怪，却是赐福、带来温暖之神。所以后世也还有人祭拜他。过去，浙江立春前一日迎春时，要请句芒神起身上城隍山太岁庙，俗称太岁上山。迎神时有大班鼓吹、台阁、地戏、秧歌等。在山东，迎春祭祀句芒时，根据句芒的服饰预告当年的天气状况，戴帽则春暖，光头则春寒，穿鞋子表示春雨多，赤脚则为春雨少。此外民间有《春牛勾芒图》的木刻年画，让民众买来张贴。

句芒

到了后代，皇帝不再亲自迎春，改由官员迎接。官员还要向皇帝奉礼物贺春。宋代的《梦粱录》记："立春日，宰臣以下，入朝称贺。"明清时由顺天府官员迎春。

清代《燕京岁时记》一书中记："打春即立春，在正月者居多。立春先一日，顺天府官员至东直门外一里春场迎春。立春日，礼部呈进春山宝座，顺天府呈进春牛图，礼毕回署，引春牛而击之，曰打春。是日，富家多食春饼，妇女等多买萝卜而食之，曰咬春，谓可以却春困也。"

《燕京岁时记》记载的"引春牛而击之"的"打春"活动，起源很早。《礼记·月令》说："季冬之月……命有司大傩旁磔，出土牛，以送寒气。"以土质的牛（后来或用苇、竹、纸扎制）象征迎春、举行农事，后流行于全国，民国后才少见。在盛行"打春"的时候，全国县城以上多有举办。活动时间由先秦时的"季冬之月"改在立春日，更符合迎春、迎农事之意。

打春

春饼

《后汉书·志·礼仪上》载："立春之日，夜漏未尽五刻，京师百官皆衣青衣，郡国县道官下至斗食令史皆服青帻，立青幡，施土牛耕人于门外，以示兆民，至立夏。"说明当时还是立土牛及耕种土地的偶人于门外，表示春耕来临。

孟元老《东京梦华录》说："立春前一日，开封府进春牛入禁中鞭春。开封、祥符两县，置春牛于府前。至日绝早，府僚打春，如方州仪。府前左右，百姓卖小春牛，往往花装栏坐，上列百戏人物，春幡雪柳，各相献遗。春日，宰执亲王百官，皆赐金银幡胜，入贺讫，戴归私第。"后来一般由各地方官吏用彩饰鞭杖击打春牛，还要把春牛打碎，让百姓争抢。立春时民间又有采茶叶、浴蚕种等习俗。

从这些习俗看，迎春牛又有祈求农业丰收（包括畜牧业、养蚕业）的意味。可以推测，古人陈列土牛可能是由远古的农业神崇拜发展而来。在远古时的农业神炎帝，相传就是牛头人身；周代祭设土牛，大傩，驱寒气，可能即祭拜他的遗风，后来才发展为鞭春之风俗的。

周代，除了迎春外，天子还要举行盛大的祭祀活动，祭拜地神，求农业丰收。《国语·周语上》详细记述了这种周天子的"春藉"典礼：在立春前九天，太史通过农官转告天子，天子饬戒百官与庶民建坛于天子亲耕的藉田内，准备祭地神，并备好春耕农具；立春前五天，天子及百官斋戒三日；天子要沐浴、袚禊、饮酒壮阳。立春日，天子将祭酒掺和郁金（一种香草），浇入土中，再耕一拨土；下边百官依照官职大小，依次多耕三倍的土，余下由农人耕完。然后天子、百官吃一点祭酒、祭肉，农人随后也吃。这是象征性的春耕仪式，以求农耕丰收。到了后代直至明清时，这种仪式仍要由皇帝举行。《天府广记》一书中就记载了明代皇帝在春天里亲耕。不过历代皇帝都只是装个样子罢了。

清末《翁同龢日记》记载了光绪皇帝于中南海丰泽园中举行演耕礼：皇帝扶犁，农人四人牵牛，其余臣仆持犁、进鞭、耕种来回三次，便算完成任务。这也是对周代藉田仪式的继承。

立春节的装饰、饮食

立春日，有很多节日装饰，无非是围绕着迎接春天的主题出现。

古代，以青色为春天的象征。立春日，百官穿青衣戴青帻（头巾），立青色旗帜，叫作立春幡，以示迎春（前文《后汉书·志·礼仪》有记载）。

古代妇女还要在立春日戴春胜于发髻上。春胜又叫幡胜、彩胜，以彩绸或彩纸剪成燕子形或幡形。《荆楚岁时记》载："立春之日，悉剪彩为燕以戴之……"《岁时风土记》载："士大夫之家，剪彩为小幡，谓之春幡。或悬于家人之头，或缀于花枝之下。"这种风俗后来又移到花朝节中去了。但这且不管它，单说为何要剪彩为燕呢？原来，春神句芒在神话中就是一个鸟神，剪彩燕便是由祭句芒变异而来的。直到清代，《点石斋画报》还记述，民间立春有一种放鸠鸟之习俗，认为"而农事方起，此鸟飞鸣于桑间，云五谷可布种也。故曰布谷"。其实也是由此类古俗演变而来，但离《荆楚岁时记》所记的原初面貌很远了。

春季天气回暖，燕子等候鸟飞回北方，也就等于春天回归，所以远古以鸟为春神。

《荆楚岁时记》又记，当时人们在立春日贴"宜春"二字，以祈求吉祥，后来演化为春帖（不同于春联）。用长尺余、宽三四寸的红纸裁成，上书吉语与诗词。《苕溪渔隐丛话》载：欧阳修有"不惊树里禽初变，共喜钗头燕已来"，郑毅夫有"汉殿斗簪双彩燕，并和春色上钗头"，都是立春帖子诗。民间则多在立春前后，贴"牛马平安""出门平安"等吉祥语。

春帖

立春节的节日食物也很有特点。古代要吃韭菜、萝卜等较辛辣的菜，以迎新春。

董仲舒《春秋繁露》记载春季正月时人们要用韭菜祭拜先祖。这大概源于汉代的"五辛盘"。据晋人周处说，元旦这天人们要吃五辛盘，盘中有五种辛辣的菜：葱、蒜、姜、韭、萝卜。后来才发展为立春日也吃生菜、迎新春。五辛盘也就称为春盘。据《摭言》说，晋代已经有春盘，放萝卜、芹菜等。唐代杜甫《立春》诗也说："春日春盘细生菜，忽忆两京梅发时。盘出高门行白玉，菜传纤手送青丝。……"可见当时春盘已经很普遍了。后来春盘越造越精细，成为今天蔬果雕刻艺术的起源之一。

为何迎春要吃辛辣菜呢？据说是因为辛菜有发五脏气之功效。春天人们容易产生困倦之意，这是由现代医学证实了的。吃辣菜去春困也有一定的科学道理。

至今广西一些地方在打春时还要吃蛋，吃酸萝卜、酸姜等酸味，也说是可去春困。立春日更流行的是吃春饼。据《四时宝镜》说，唐代立春日食"春饼、生菜，号春盘"。宋代陈元靓《岁时广记》："立春前一日，大内出春饼，并酒以赐近臣。盘中生菜染萝卜为之装饰，置奁中。"春饼是用白面烙制成的薄饼，卷了生菜来吃。有的还卷上腊肉、腌肉、粉丝、鸡蛋等，至今仍很流行，在国外也有影响。又有春卷、春茧等食物。春卷是薄面皮包菜馅，炸制而成。南宋吴自牧的《梦粱录》就写到薄皮春卷、子母春卷。

立春日过后，民间开始准备春耕，备种，修农具，积肥……还要用好草料喂牛。

繁忙的农耕很快就开始了。

元宵节 / 灯火笙歌狂欢夜

元宵节的来历

元宵节，又名上元节、元夕节、灯节，节期在农历正月十五。正值"望"日，即满月之时，象征团圆、美满，是一个看月、赏灯、歌舞狂欢的盛大节日。它与小年夜、除夕、大年初一、人日一起，构成一个完整的节日系列，是这个节日系列中的最高潮，也是尾声。无论古今，人们总要于此夜阖家团圆，赏灯游玩，尽情欢乐。在过去，还有祭神、求丰年的习俗，不过如今已经渐渐被人遗忘，只有团圆喜庆、游乐灯月之夕等，被一直继承下来。这也是社会发展的必然。

关于元宵节的起源，向来众说纷纭，没有定论。民间有种种优美的传说，如《中国年节》一书介绍，汉武帝时，宫女元宵在正月十五日因为思念双亲，无法归家，欲投井自缢。东方朔救下了她，在武帝面前说，正月十六，火神君奉玉帝旨意，要火烧长安。武帝忙问如何解救，东方朔便让用汤圆祭拜火神、挂红灯，使玉帝以为真的要着火；还要让帝、后、宫女们上街观火，才可以免灾。武帝照办后，元宵才有机会回家团聚。闽南也有一个传说：天上有个状元天神下凡，他是个孩童，喜欢孩子们在一起挂灯笼、歌舞游戏，以后就相沿成节。

还有一个传说。据说汉文帝期间，元宵节就已经出现，其由来是汉文帝为了纪念讨平"诸吕之乱"，每年都要在平乱的正月十五这一天出宫游玩，与民同乐，以后就形成了元宵节。汉文帝平乱确有其事，所以此传说稍难识别。

古今学者对元宵节来历的探讨、争论有很多种。第一种说法是，汉代祭太一神。汉武帝时在甘泉宫中祭祀"泰一"，即太一，是古人心中最大的神。太一是《楚辞·九歌》中写到的神灵世界中最尊贵的大神，"太"即"大"，"一"即"一切"，太一就是最大的主宰一切的大神。祭祀时通宵达旦，点燃灯火，相沿成俗。《史记·乐书》确有记载："汉家常以正月上辛祠太一甘泉，以昏时夜祠，到明而终。常有流星经于祠坛上。使僮男僮女七十人俱歌。"又《史记·封禅书》："十一月辛巳朔旦冬至，昧爽，天子始郊拜太一。……其祠列火满坛，坛旁亨炊具。"有了这些记载，后人才认为是元宵节源于汉武帝时，如宋代朱牟《曲洧旧闻》说："上元张灯，自唐时沿袭汉武帝祠太一自昏至明故事。"

但清代学者俞樾在《茶香室三钞》中认为，汉代祭太一，并不一定在正月十五，此说并不可靠。不过，虽说日期不同，但元宵节借用了这个习俗，这并非毫无可能。

因为《史记》中明明记载着通宵祭太一、僮男僮女歌唱及祭拜时燃火于坛上的仪式，与后代的祭神、歌舞、张灯相似，但无节名。到了汉末，道教的重要支派五斗米道创造天、地、人三官说；北魏道士寇谦之以三官与节日节候相配，以正月十五为上元，七月十五为中元，十月十五日为下元，合称三元。三元节名方才得来。明代郎瑛《七修类稿》引唐人说法，以为上元节张灯是因取悦于天地人三官而设，这种说法未免牵强，不过，上元节的得名确实源于道家三元之说。

其实元宵节的源头，还应该往上追溯到远古时代对火的崇拜。为什么祭拜太一是要在夜晚燃火？为什么直到后世，民间尚有农民燃火于

三官

田中，或持稻柴火把奔走在田野上祈求丰收？这当是原始人们在夜晚祭神、求丰收、点起火把以驱除邪气的遗风。至今在少数民族中也可找到这类风俗，如每年彝族的火把节，彝族人都要燃火把奔跑于田中，表示驱除虫害，求得幸福、丰收，并在月下跳舞，与元宵节俗略同。

　　由此我们可以推想，元宵节的雏形实是远古人民持火把祭神，求丰收。汉代燃火祭拜太一，是其遗风，后来便演变为元宵节。当然同时也融合了道教佛教的思想与习俗，并不断加入种种民间习俗、活动。

　　此外，古书中关于元宵节的起源还有认为元宵开始于唐睿宗时期的说法（《七修类稿》持此说）。明显不对，不必管它。另有种说法是由西域传入并和佛教相关，如宋代高承《事物纪原》说："西域十二月三十日，是此方正月望，谓之大神变。曰汉明帝令烧灯，表佛法大明也。"这种说法似乎合理。因为佛经《涅槃经》说，佛门于正月十五日"步步燃灯三十里"；佛教的发祥地印度也确有聚众燃灯的盛大节日，唐代玄奘《大唐西域记》便有记载。所以人们认为元宵节源于佛教传入中国后的法事庆典中燃灯的行为。佛家以放灯象征佛法大放光明，受到皇帝提倡，相沿成节。但这种说法也并无确证。元宵节张灯，受佛教影响是可能的，但本源仍是本土的文化（对火的崇拜及祭神等）内容。

元宵节发源于原始时期，汉代初具雏形，至于其主要的节日内容——张灯，其正式形成时间不晚于魏晋。《文史知识》1984年第1期，丁武《灯节话元宵》对此有精辟的分析。因为北魏孝文帝曾诏令暂停"三元告庆之典"，南朝梁简文帝曾作一篇《列灯赋》："何解冻之嘉月，值莫荚（帝尧时传说中的一种象征祥瑞的草）之尽开。草含春而动色，云飞采而轻来。南油俱满，西漆争然。苏征安息，蜡出龙川。斜晖交映，倒影澄鲜。"可见当时燃烧的有油灯、漆油灯、苏灯（用紫苏、白苏子榨油）、蜡灯等。

隋唐之后，元宵节俗历经演变，更为丰富。

元宵祭神

古代，元宵节时要祭拜许多神灵，以求吉祥。后来演变为祭拜天官大帝，这是三官信仰出现后的事。民间年画中"天官赐福"即反映此信仰。

天官赐福

祭拜紫姑神，也是过去上元节俗中重要的一项。《荆楚岁时记》说："其夕，迎紫姑，以卜将来蚕桑，并占众事。"紫姑原是古代一位命运令人同情的女子，刘敬叔《异苑》说："世有紫姑神，古来相传，云是人家妾，为大妇所嫉，每以秽事相次役。正月十五日感激而死。故世人以其日作其形，夜于厕间或猪栏边迎之，祝云：'子胥不在。是其婿名也。曹姑亦归。曹即其大妇也。小姑可出戏。'捉者觉重，便是神来。"《显异录》则说："紫姑，莱阳人，姓何名媚，字丽卿。寿阳李景纳为妾。"李景之妻嫉妒她，在正月十五阴杀于厕中。天帝怜悯，命她为厕神。《茶香室续钞》卷十九引《东坡集》，讲到苏东坡与三姑的对答，三姑自述被逼为侍妾、遭到迫害的悲惨身世。三姑也就是紫姑。所以世人在此日作她的形状供奉，由妇女迎神、占卜，求吉祥、求蚕桑丰收。

如杭州地区，元宵夜在茅坑里点红灯，就是祭拜紫姑神（厕神）的遗俗。在迎紫姑时，多要用草与彩纸等扎作她的形状。巧手的女孩做的紫姑形则是精美的玩具娃娃。

有的就是将扫把穿上衫裙以迎接紫姑，另外还有用簸箕代替扫把，叫作迎箕姑，还有叫针姑、苇姑、帚姑、瓜瓢姑娘的。全国各地流传她的名字还有坑三姑娘、茅厕姑娘、三妳、青姑娘，还有在门角、灰仓迎接的，所以叫门角姑娘、灰接姑娘等。

迎来紫姑后，养蚕女子占卜蚕桑丰收与否，还有占卜婚嫁佳期、生孩子的佳期等。

据说穿着裙子的草帚在女童的扶掖下，会自动敲打桌面，以响声作答。还有请紫姑扶乩作诗、写字、下棋等游戏。

紫姑神

向紫姑占卜蚕桑，或许渊源古老。《荆楚岁时记》说："正月十五日，作豆糜，加油膏其上，以祠门户……其法先以杨枝插于左右门上，随杨枝所指，仍以酒脯饮食及豆粥、糕糜插箸而祭之。"书中认为这与《续齐谐记》所记载的祭祀蚕神有关："吴县张成夜起，忽见一妇人立于宅东南角，谓成曰：'此地是君家蚕室，我即此地之神。明年正月半，宜作白粥，泛膏于上，以祭我。当令君蚕桑百倍。'言绝而失之。成如言作膏粥，自此后年年大得蚕。"山东在正月十五也有祭祀蚕神的。用马竿扎成人形，以葫芦为头，穿衣如紫姑神，上街游巡，即求蚕业丰收。这都是紫姑神崇拜的变异。

另外又有在元宵节祭祖、拜床神的。在泉州、漳州一带，也有举行大香烛会的。

元宵观灯与歌舞

元宵节是我国三大灯节之一（中元、中秋也有玩灯之俗），也是最大的灯节。该灯节不像中元、中秋那样，仅是一般家庭玩乐而已，而是官府组织布置，精心准备排列下辉煌的满城灯火，歌舞百戏，吸引从帝后到百姓的男女老幼，纷纷喜洋洋地前来观看。火树银花，鱼龙百戏，使整个中国都沉浸在太平欢乐的氛围之中。元宵节，可称得上是狂欢的节日、看灯的盛会！

元宵的节期虽在十五这天，但从唐玄宗开始，放宽到十四至十六日，宋代又增添到十七、十八日；明代则由明成祖朱棣开始，从十一日始，直到十八日。近代各地方节期随俗而定，但是实际上，不少地方早在大年初一后就开始准备元宵节的欢庆活动了。

元宵灯节的灯景与歌舞百戏，在魏晋之后越来越盛。南朝陈后主作有《光璧殿遥咏灯山》诗来写当时张灯的奇观。隋代时更盛况空前。《隋书·柳彧传》写到了明月光转，写到女郎、男子盛装打扮，结队出游；写到了鱼龙灯火，胡舞、假面舞、马戏、杂技、狮子舞、大象舞等，写到人们尽情观赏饮酒。男女混杂自然不免为封建士大夫看不惯了。

到了隋炀帝时候更为铺张，《隋书·卷十五·志第十·音乐下》道："每岁正月，万国来朝，留至十五日，于端门外，建国门内，绵亘八里，列为戏场。百官起棚夹路，从昏达旦，以纵观之。至晦而罢。……其歌舞者，多为妇人服，鸣环佩，饰以花毦（ěr，草花）者，殆三万人。"

唐代，京城中灯市最盛。家家挂灯、赏灯，市民上街游乐，彻夜不息，原本禁止夜行的规定在元宵节中就取消了。当时的长安兴庆宫前，逢十五日都有"大酺（pú，聚会饮酒）"活动，设酒席招待帝王官吏，举行各种彩扎山车、旱船、戏马、斗鸡、顶杆、走索等游艺。

唐代的灯具主要有灯轮、灯树、灯楼、灯笼、走马灯等。宋代，灯夕（正月十五夜放灯，故名）更为热闹。

在《东京梦华录》卷六中记载，宋徽宗宣和年间，开封府冬至前就开始搭彩棚，树长竿于皇宫前御街上，表演杂技的艺人已经开始聚集——"奇术异能，歌舞百戏，鳞鳞相切，乐声嘈杂十余里"。到了正月七日，皇帝便亲自来宣德楼上观灯，各式人等也如潮涌来，观看各种歌舞杂技。

南宋周密《武林旧事》中"元夕"一条，记载当时的临安灯火华灿，亮如白昼；人们尽情观灯与歌舞，买各式小吃，参加种种节日活动。

宋代之后，灯节仍盛。《续文献通考》载，明代洪武五年，于秦淮河放水灯万枝，笙歌楼台，与灯火相映照。清代北京灯会也很热闹，民间立起灯杆，挂千万盏彩灯竞比。清代高士奇还记载用铁线掐的米家灯，衬以细绢。女郎们则喜欢穿着被称为"夜光衣"的葱白、米色绫衫去走桥，因为绫在月色里能焕发光彩。《点石斋画报》也有精彩的描绘。上海则在此夜举行龙灯、看灯集会，儿童玩竹马灯。广州在珠江上举行盛会，江上画舫"束香为龙，东船西舫，节节相衔，极其天矫。龙身遍插香火，一经燃着，几如万点金鳞，随波上下"，和着乐曲舞动。《点石斋画报》有一幅《烛龙戏水》，即绘此景。

历代除看灯外，元宵期间还有数不清的歌舞。宋代就有竹马、村田乐（秧歌）、旱龙船、舞鱼龙等，今天还常见。还有木偶戏、皮影戏、杂技、放烟火、爆竹等，热闹非凡。

清代，"闹元宵"一词开始出现，语出顾禄《清嘉录》。闹元宵中较为普遍的形式有秧歌、采茶歌、花鼓戏及数不清的灯舞，至今仍广泛流传。

因为元宵节是灯节，所以人们往往持灯起舞。发展至今，构成了民间舞中最大的舞种——灯舞。灯舞种类有多少，难于计数，仅仅《汉族民间舞蹈介绍》一书就提到二百多种。其中最常见的，是龙灯、竹马灯、鲤鱼灯、狮子灯、凤凰灯、麒麟灯、仙鹤灯，以及种种宫灯、花灯、车灯、船灯、云灯、星星灯……千姿百态，在月下舞动，为元宵更添许多佳韵。

元宵夜，最壮观的舞蹈自然是龙灯。龙灯有长达几十节者，在黑夜中追逐宝珠，灯光灼灼，甚是好看。这是继承了古代鱼龙舞、黄龙变等技巧，变革发展而来。源头是远古的龙崇拜。

总之，元宵夜，灯与舞蹈百戏共映，人人狂欢。

近代的灯舞

元宵灯与祈祷丰收、求子等心愿

元宵的灯火，虽主要作观赏用，但民间又多有用以驱疫、祈求丰收、求子嗣的，隐约可见上古对火的崇拜的影子。如在南方，一些地方在元宵夜燃起火把，于田野上奔驰，求庄稼丰收。湖南宁乡人就喜欢在此夜举行焚田活动，叫"烧元宵"。农民高呼："正月十五元宵节，害虫蚂蚁高山歇！""烧起虫虫，蚂蚁上天去呀啊嗬！"深夜里，还要点燃蘸茶油的香，插在屋间角落，以驱除鼠害，这无疑是元宵节放灯的原型，从远古一直流传下来，与彝族火把节等同源。

在胶东一些地区，女子们于此节时按家庭成员的属相用豆面制成面灯，倒上油点燃，熄灭后给家人吃，以求吉祥。豫东一些地方的灯烛花馍馍，也很丰富，用以表达对神灵的崇拜。

"灯"与"丁"谐音，所以民间在元宵节有求子、求人丁繁衍的种种习俗。如近人徐珂《清稗类钞》记载清代的江苏淮安有求子之俗，多在元宵节后，由亲友制作一盏纸糊的小红灯（或用麒麟桥下的砖块代替，取麒麟送子之意），奏鼓乐，持灯送往多年未生育的人家，挂灯在卧室求子者床头，以求得子。

而在广东、广西，则多行吃灯酒、求丁之风俗。各地区多在乡中祠堂前敲鼓、挂灯，以求添丁。并在村中设宴，叫吃灯酒，或叫吃灯茶。其日期在初十、十一、十六各日不等。

在广西宾阳县，有特制的一种彩扎花灯，白莲花连着莲藕、鱼儿串串（可追溯到古代以花代表生殖、以鱼象征繁殖力的习俗），莲花芯中放小瓷灯盏，专门给求子者，把灯挂在厅堂上，明年添丁者必须于正月十一请族人吃灯酒。此日夜晚要舞炮龙，无子者出钱先取龙珠（龙口所含的小珠）回家，谓可得子。炮龙前要有一群孩子手持各式花灯，有八音、大锣鼓伴奏。人们拿着鞭炮烧炸舞动的龙，祈求风调雨顺、五谷丰登、添丁添财，十分欢乐。

湖南长沙，妇人无子者，多在龙灯到家的时候以龙身围绕妇人一次，又将龙身缩短，以一个小孩骑乘，在堂前绕行一周，叫作麒麟送子。

这些习俗，做娱乐方式固可，但也包含了很深的重男轻女思想，人们也在改革中。

元宵节的饮食

元宵节期间有许多饮食小吃。宋朝郑望之《膳夫录》："汴中节食，上元油锤。"

油锤据《太平广记》引《卢氏杂说》中载，就像后来说的炸元宵，有馅料，用面包裹，入热油中炸。也就是今天岭南说的"煎堆"。宋代，《武林旧事》卷二"元夕"条载的乳糖圆子就是今天吃的汤圆，也叫作元宵。其余食物如饧、灌藕、蜜果之类，今天还能看见。

元宵以糯粉制作，民间常用作舞龙灯时的祭龙食品，所以有学者认为它大概源于远古敬龙神的糯米制品，和端午时候祭龙的食品粽子是同源的，亦是一说。另外，它也常用来祭神。由于它外形团圆，又有象征团圆的寓意。不仅是寓意合家团圆，更有寓全国、海外华人大团圆之意。

做元宵，有像包饺子一样把馅料包在粉皮里的，也有的做好花生等馅料，放在大箩筐中的干糯米粉上，摇晃不止，使馅料滚来滚去，粘上粉，捞起洒水，再下箩摇滚，越摇越大，称为"摇元宵"。至今街头上还可以见到这种摇元宵的场面，常吸引许多人观看，与打年糕一样，也是一种风俗画。

元宵的馅有多种，甜馅是芝麻、豆沙、枣泥、核桃、花生、杏仁等，咸馅则用酸菜、肉丁、豆干、火腿丁、茼蒿等。吃时蒸、煮汤、油炸、油煎等都可以，如今也不限于正月十五吃，平常也能吃到了。

炸元宵

另外，元宵节期间还出售种种风味小吃，看灯累了、饿了，自可以大快朵颐。吃多了春节时的鸡鸭，吃一点风味饮食，更加开胃。

元宵节的各种娱乐与妇女美饰

在元宵节期间，妇女们往往尽情梳妆装扮，相邀看灯，进行各种娱乐。前述隋代薛道衡诗歌已经有了描写。宋代女诗人李清照《永遇乐》词："铺翠冠儿，捻金雪柳，簇带争济楚。"写女子们在元宵夜戴镶翡翠羽的帽儿、粘金纸或金箔的雪柳（纸条剪贴成的柳条），争妍斗艳。周密《武林旧事》"元夕"条说："元夕节物，妇人皆戴珠翠、闹蛾、玉梅、雪柳、菩提叶、灯球、销金合、蝉貂袖（宋刻"貉袖"）、项帕，而衣多尚白，盖月下所宜也。"

明清时妇女们仍爱穿素白或浅粉色衣裙踏月、赏灯。当时有一种"走百病"的习俗，又称游百病，是妇女们喜欢的元宵夜活动，流传于北京、陕西、山东等地，江苏、广东等地又叫走三桥，是在元宵夜四处游走一番，相传可以驱散病邪，还要在三座桥上走过，意为得吉。北京的"走百病"又稍有不同，还带有求子的意思。《清朝野史大观》就有此记载。另外四川成都有元宵走城墙之俗，也是此类风习。至今一些地区尚有"走百病"之习。

广东揭阳、吴川等地，元宵节期间则有在桥头搭建彩门、挂花灯、摆放花树和各种工艺品的习惯，人们在桥上游玩，摘些树枝花朵带回家，说是可得寿、得儿女。

在南方还有采青、偷青之风俗。《清稗类钞》说："广州元夕妇女偷摘人家蔬菜，谓可宜男。又妇女艰嗣续者，往往于夜中窃人家莴苣食之，云能生子，盖粤人呼莴苣为生菜。"以生菜比喻生育之意，也是生殖崇拜的具体体现。在远古，男女青年于月下祭拜，歌舞欢悦，就与现今的阿细人跳月一般。中国以月属阴，在民俗信仰中月神有主生育的神性，所以远古人们拜月、相会、跳舞，两情欢悦，以祈求生育。流传到后世，也就成了求子之俗。至于男女相会之俗，也流传了一点，后来儒家学说盛行，也就被禁了，但在古诗词中还有踪迹可寻。如宋代欧阳修《生查子》词："去年元夜时，花市灯如昼。月上柳梢头，人约黄昏后。"

此外，元宵节还有多种群众娱乐活动。如河南宝丰县的马街书会，于正月十一至十三日举行，各地曲艺艺人说书献艺。十四至十六日即请说书佳者去做专场演出。广东吴川县有元宵泥人会，即陈设各种精美的泥塑戏曲故事、仙神等塑像。

阿细人跳月

中和节 / 祭土敬日龙抬头

中和节的来历

中和节，又称龙抬头、龙头节、二月社、社日，名称不同反映出节日习俗的不同。的确，中和节与别的节日不太一样，它有三大节俗：祭社（土地神）、祭日神、迎龙，其节俗起源不一，形成时间也不同，是在漫长岁月里逐渐形成的。

中和节期本是二月一日，后来把土地神生日归入其中，便改在二月二日。它正式得名在唐代，《新唐书·李泌传》载，唐代中叶以前，春天只有三个节日——正月九、正月晦（三十日）、三月上巳节，二月无节，李泌便上书给德宗，废正月晦，定二月初一为中和节，以示迎春重农。德宗下诏同意，从此中和节节名出现了。当时官员要向皇帝献上百谷的种子以及农书，以示祈年，然后皇帝与文武百官一起尽情饮宴欢乐。不过这并不是后世的中和节节俗。

在随后的几个朝代中，中和节节俗与早在商周时代便已有的社日祭社、春分祭日的习俗相融合，明代后又加入了"龙抬头"、引龙的习俗，才形成了中和习俗，日期也固定于二月二日。

到了今天，虽说中和节已经不如古代热闹，也比不上春节等大节，但在民间还是有一定影响。

社日祭社（拜土地）

祭社，是很古老的习俗。它源于原始社会中人们对土地的崇拜。自从原始人懂得开垦土地，懂得农耕以来，负载、孕育万物的土地，生长谷麦、养育众生的土地，"坤厚载物，德合无疆"（《易经》），便开始成为人们崇拜的对象。又因为把土地生长谷物的过程与人类的生殖化育相联系，所以在春天祭拜土地。祈求谷物丰收的日子里，又有种种男女聚会、联欢、生殖之事，只是后世才把男女生育之风俗逐渐湮灭罢了。

萧兵先生《楚辞的文化破译》一书述及《楚辞·九歌》写的是古代社祭与跳"万舞"娱神之情景，这和人们祈求土地谷物的丰收与生殖崇拜、祈求人类的繁衍有关，与古代立桑树等树木于社坛边、视树木为生命树、爱情树、丰收树也有关。古人在社坛边树林下祭神，祭拜罢便饮酒、狂欢，青年男女双双相爱，既求丰收，又求多子嗣。男女欢会的狂欢，使社日成为青年儿女们的佳节之一。当然，秦汉后中原就禁绝了男女欢会之俗，只有祭社和一些聚会游艺活动流传了。但在《诗经》中的《桑中》《隰桑》《汾沮洳》《东门之枌》诸篇中还留下记录。"东门之枌，宛丘之栩。子仲之子，婆娑其下。"这是社日里儿女们的歌舞。在边远地区也仍有此类活动，舞蹈史学家董锡玖老师指出白族"绕山林"歌舞活动就是社日树木崇拜、男女互相亲爱的节日的遗风。

祭社早在商代甲骨文中已经出现记录了，周代又出现了人格化的土地神（社神），在此之前，人们只是祭拜土地而已。由于土地和谷物的崇拜信仰总是连在一起，故而又出现了谷神——稷，常与社神相配而祭。东汉班固《白虎通·社稷》解释："人非土不立，非谷不食。土地广博，不可遍敬。五谷众多，不可一一而祭。故封土立社，示有土也；稷，五谷之长，故立稷而祭之也。"封土，就是聚土为坛；立社，就是在坛上种植些树木。这就是社稷坛了。至周代，人们才给社神、稷神安上了具体的人名。彼时社神被认为是后土。《礼记·祭法》："共工氏之霸九州也，其子曰后土，能平九州，故祀以为社。"稷神，被认为是周代的始祖后稷，他教会了周人种植谷物，是位农学家。《诗经·生民》、应劭《风俗通义》等都写到了后稷。

社稷由国君致祭，与国君的祭祀祖先的宗庙一样重要，一般国君的宫室右边设社稷坛，左边设宗庙。社稷象征土地、谷物丰收，象征国家，就由此而来。国君要为国而生，为国而死。从周至清，几千年之中，历代统治者均要祭祀社稷坛，求农业丰收。民间也于社日祭拜不已。当然礼仪不太一样。皇帝的社稷坛上，要设五色土，按照五行五方布置，东面青土，南面赤土，西面白土，北面骊土（黑土），中央黄土。北京故宫旁边的中山公园里的社稷坛便是如此。在古柏森森与石坊门中，设着这一座方形坛，象征天圆地方之说，坛四周围着琉璃瓦封顶的矮墙，颜色与坛土方位一致。坛上有一块方形石柱条，叫作社主石，或称江山石，含江山永固之意。坛土是在明代由全国各地采集进贡而来的。

五色土

层层台阶上，铺设着五色土的社稷坛正代表了我国土东、西、南、北、中的所有土地。它可以唤起我们对祖国大地的深厚感情。就算没有往昔皇帝祭祀的礼仪，这个社稷坛也仍给人以庄严肃穆的无声教诲。

对一般老百姓来说，祭拜土地神也就是祭社，是我国最普遍的民间信仰之一。古代凡是乡土聚居都要立社，后来多转变为土地庙，也有叫土谷祠的，鲁迅先生笔下的绍兴一带的土谷祠最有名。广东民间个别村落至今仍留有方形的社坛，旁边有榕树等社树，以供祭拜。广西乡村仍有把土地庙叫作社坛的，在土地庙旁种植榕树、黄杨木等，也是社树。全国各地乡村也多有土地庙。土地庙规模大小不等，豪华的可与佛寺道观等同，如台湾基隆，有一座古老的土地庙——平安宫，在台湾省较有名；一般的就是窄小到仅可容身的小屋；简陋的可以用石片四块，三块为墙，一块为顶，或一只破缸盖在地上就可以。民间总是相信土地爷会担负起护土、赐丰收的职责。在民间，每个乡村总是在小土地庙前烧香祭拜，社日更聚集于此，杀牲祭祷，祈求丰收。除了春天的春社，还有秋社，秋季农作物丰收时祭社、歌舞。谢土地赐以丰收，即春祈秋报。《荆楚岁时记》说："社日，四邻并结综合社，牲醪（láo，浊酒）。为屋于树下，先祭神，然后飨其胙（zuò，古代祭祀的供肉）。"

在古代，除了祭神聚饮外，社日还有赛神、社会、演戏等。赛神就是用仪仗、鼓乐、杂戏等迎引神出庙周游。宋代《东京梦华录》记载"秋社"说："八月秋社……市学先生预敛诸生钱作社会。"有饮宴、观歌舞、分社糕等。春社也类似。唐宋诗词中写到社日聚会的很多，鲁迅先生笔下的社戏也是社日的娱乐。因了社日的游艺聚会而有"社会""社火""社戏"等词，今天还用到。一些地方如长江以南，农历二月二日要吃糕，叫作撑腰糕，也有祭拜土地之俗，如杭州等地。广西宾阳县，每年二月二称为二月社，民间要备鸡、肉、酒、糕饼等祭拜社坛（小小的土地庙），祭完便聚饮。

各家各户也多杀鸡煮肉聚餐，晚上还有演戏等娱乐。台湾人每月初二、十六都祭拜土地神，叫作做牙，以求丰收、求财。因此称二月二日为头牙，和农历十二月十六日尾牙对称。每逢头牙，更显隆重，一般要备牲醴、烧金纸、放鞭炮，为土地爷庆寿。头牙有一种特制的食品：润饼，即春卷不用油炸者，以饼皮包豆芽、萝卜、笋丝等，或包肉丝、煎蛋、豆腐干丝等，非常可口。

土地神由于流传久了，所以名称不同。民间或以土地公婆合祀，称为土公土母；或以一老公公独享香火，民间又叫伯公、福德正神、福德爷等。

土地公

民间还传说此日是黄帝诞辰，是炎黄子孙共同的节日。另外，和祭拜土地神、求丰收的社日主题相近的，还有地方性的小节日：填仓节、打露天囤。

填仓节是在正月二十五日，也叫添仓节。民间用细灰散布门庭内外，作囤形，分放五谷在囤中，覆盖以瓦砖等物。当然五谷只有一小把，象征五谷丰收而已。过去老人们都爱用簸箕、木铲铲上细灰倾撒成圆圆的囤形粮仓，有的还镶花边，撒出吉祥文字以及上囤用的梯子。清晨起来，只听见一片嗒嗒之声，都是倾灰的声响。还有吃酒聚餐的。在江苏阜宁也有在二月二"打露天囤"之俗，用灰撒成大圆圈，表示粮囤。

这种添仓风俗，见于《荆楚岁时记》注文中记录的"招牛马"之俗："荆人于此日（正月初七）向辰门前呼牛马鸡畜，令来。乃置粟豆于灰，散之宅内，云以招牛马。未知所出。"宋代《东京梦华录》也有"填仓"节名，也无非是求丰收之意。

在封建皇朝时期，皇帝除在春时祭祀社稷坛，也祭拜神农，在先农坛举行仪式。还有演耕之礼。明代《天府广记》书中就记载了这种种烦琐的礼仪，却也反映了古人对于农耕、春季节令的重视，这是由于中国是农业社会的缘故。

中和节祭日

中和节（二月初一），有祭拜日神的习惯。这是古代祭拜日神的三个时间之一（其他两个日子为三月十九、十一月十九）。

祭拜日神可以一直追溯到远古时期对太阳的崇拜，这是最古老的自然崇拜之一。

远古时，人们日出夜眠，冬天阴云寒风，春时和煦艳阳、可以耕种，都使人们产生了崇敬太阳的心理，视太阳为神圣的载体，开始拜祈。在内蒙古阴山岩画、云南沧源岩画中，都有原始人礼拜太阳的画面。山东大汶口文化遗址出土的陶尊，上有火焰形以及太阳形象。有学者们认为这是表现原始人焚烧火堆、祭日的情景（也有不同看法）。

《山海经·大荒东经》记载了古时太阳产生的神话，当时认为太阳有十个，由三足乌负载着在天上轮流出现（与后期的羲和用车子载日、后羿射日神话不同）。这和古人的直观印象有关。鸟儿有翅，在天上飞，古人便认为是鸟儿负载了太阳了。在浙江河姆渡文化遗址中出土的一块象牙雕板上就有双鸟负日的形象，距今七千年了。

汉代马王堆帛画上，日中也有乌。从乌负载日发展到日中有乌，又发展到认为日边有金鸡或玉鸡。金鸡一鸣，天下鸡则鸣，光明也就来到了（见《古小说钩沉》辑录《玄中记》）。后来民间干脆把鸡移到太阳内，在祭日的太阳糕上也塑鸡的形象。

汉代之后，道教兴起，日神被人格化了，一般称太阳星君、日神，并建太阳宫以祭祀。但是另有一套完整的祭祀典礼，流传于历代皇帝之间。历代皇帝都要在都城中建起日坛，春分时亲自拜祀。拜时穿火红礼服，献上红丝帛与红玉，以象征日色。《天府广记》就有明代皇帝祭日的记述。因受到皇家春分祭日的影响，春分多在二月左右，所以民间在二月初一拜太阳神。

历代皇帝祭日于春分之时，自然是从远古继承下来的。春分前后，雷电声声，被认为是二月阳气变化所致。古人把雷电的光理解为阳光，所以在二月春雷动时祭日（见张君《神秘的节俗》）。这在历代皇帝中传承下来，当然民间不能去日坛祭日，只能在太阳宫或家中祭拜而已。

清代《燕京杂记》载明清时："二月初，街上卖太阳糕，岁一次，买之以祀日也。"

这种糕点以江米、面粉等制成，上印太阳圆光，或以彩色面塑造一只小鸡。祭祀完太阳就可享用美食。南方一些地区，则是向着太阳，露天设桌子而祭。

龙抬头

龙抬头又称春龙节，俗信是能祭龙、迎龙、敬龙的节日，至今尚有影响，日期也是农历二月二。

龙，是中华民族的象征，俗信是能呼风唤雨、倒海翻江、威风凛凛的神圣动物。它源于远古对蛇等图腾的崇拜，在六千年前的仰韶文化彩陶上就有鱼龙形的图纹。距今四千多年的山西陶寺龙山文化彩绘蟠龙纹陶盘，也是很著名的。一般认为，龙的形象除了蛇之外，还综合了鳄、鱼、鸟、鹿甚至龙卷风等。龙神主宰雨水，如《山海经》中说的应龙。民间的"龙抬头"节，源头应追溯到远古。

为何在春时迎龙呢？这是因为龙蛇等物多蛰藏过冬，逢雷动才出现，也是因为天上星宿中的东方青龙七宿在春天时露出"龙角星"于地平线上。《礼记·月令》："（二月）日夜分，雷乃发声，始电。蛰虫咸动……"又"（仲春二月）荐鲔（wěi）于寝庙"。

《淮南子》高诱注解说："鲔，大鱼，长丈余。仲春二月，从西河上，得过龙门，便为龙。"可见鲔鱼和龙有关。这或许是"龙抬头"节日的最初起源。又古代有求雨的雩（yú）祭，祭拜时要设木、草等扎的龙，这也是起源之一。对于龙的崇拜，产生了龙的节日——龙抬头，明清时已很普遍了。

龙抬头的节俗有不少，如"引龙"，明代沈榜《宛署杂记》载："宛人呼二月二为龙抬头。乡民用灰自门外委蜿步入宅厨，施绕水缸，呼为引龙回。"明末《帝京景物略》："二月二日，曰龙抬头，煎元旦祭余饼，熏床炕，曰熏虫儿，谓引龙，虫不出也。"是引龙出来布雨，而害虫不出之意。清末的《燕京岁时记》："二月二日……今人呼为龙抬头。是日食饼者谓之龙鳞饼，食面者谓之龙须面。闺中停止针线，恐伤龙目也。"此日有很多食品，有油煎糕，或白面摊成的煎饼，或作荤素饼馅煎食。北京人此日饭食皆以龙名，如龙鳞饼、龙须面、龙牙（水饺）、龙子（饭）、龙睛（小馄饨）。民间还炒些玉米黄豆粒，叫作金豆开花，不仅象征龙鳞，也是美食。有的地方在此日早早往水井、河中挑水，回家中再烧香上供，叫"引田龙"，也都是迎龙、求雨、得丰收之意。

陕西耀县药王庙庙会，则把龙抬头的风俗和庙会结合在一起。相传药王孙思邈治好了生毒疮的病龙，每年二月二便举行庙会，人们炒黄豆，做面食，吃蝎子，敬香祭祀。

过去，广东潮州还有"迎青龙"之俗，是以青色蛇为青龙，用彩车、乐队扛了游巡，旁边还有女子梳妆打扮演戏剧故事（见《中华全国风俗志》下篇卷七）。这又是南方人（或疍民）敬祭蛇身（龙神、水神）之遗风了。

花朝节 / 百花生日是今朝

花神的生日与花神的形象

春季有一个很富于诗意的节日——花朝节。这是古今人们观花、赏花、享受春光的大好节日，处处充满了馥郁花香。由于各地春暖花开的日期不同，气候有差异，在各地的节期也不同。江南一带是农历二月十二，四川、广东一带是二月十五，也有在二月二的。广西壮族则以二月十九日为花王节。这个节，也叫作花节、花生日、花神诞等。传说这一天是花神的生日，也有说是百花生日的。

花神有许多位，其中最早出现的是《淮南子·天文训》说的女夷："女夷鼓歌，以司天和，以长百谷禽鸟草木。"

明代冯应京《月令广义·岁令一》说："女夷，主春夏长养之神，即花神也。"宋代曾慥《类说·花木录》说："魏夫人弟子善种花，号花姑。"也是花神。

在江南一带，则是奉十二月花神。《中国行业神崇拜》介绍，苏州虎丘有新旧两座花神庙，分奉两名主花神，旁列十二花神，即十二月花神，按十二月开花顺序，主管某月某花花事。如正月梅花神是《牡丹亭》戏剧里的柳梦梅；二月杏花神是杨玉环；三月桃花神是杨家将中的杨延昭；四月蔷薇神是美人张丽华；五月石榴花神为钟馗；六月荷花神西施；七月凤仙花神是石崇；八月桂花神是绿珠；九月菊花神是陶渊明；十月芙蓉花神是谢素秋；十一月山茶花神是白乐天（白居易）；

十二月蜡梅花神是老令婆佘太君。此外，十二月花神还有多种说法。

另外也有一百花神。如南京雨花台西南曾建有花神庙，供牡丹花王像及一百尊花神像，百多种较有名气的花都有一个神。

他们被说是神，其实不过是历史上和花有关的名人士女而已，是我国花卉文化的代表，也是很美的装饰题材。在殿堂上塑造上百座花神像，配以百种娇艳鲜花，是多美的景象！花神庙（花王庙）可惜现今保存不多。在过去，北京、上海、苏州、南京、武汉等地都建有花神庙，如北京的圆明园，逢花朝及九月菊花诞等，花农便打着各色彩旗，携着香烛祭品，来到庙内顶礼膜拜，祈求花神保佑花市兴盛。《清嘉录》记载："（二月）十二日为百花生日。……虎丘花神庙，击牲献乐，以祝仙诞，谓之'花朝'。"

各地花神庙中还配有花神庙联，均柔丽清雅，情景交融。如杭州西湖花神庙联："翠翠红红，处处莺莺燕燕；风风雨雨，年年暮暮朝朝。"苏州虎丘花神庙联："一百八记钟声，唤起万家春梦；二十四番风信，吹香七里山塘。"均很有名。

花香扑鼻的花朝节俗

花朝，在晋代周处《风土记》就有记载："浙间风俗言春序正中，百花竞放，乃游赏之时，花朝月夕，世所常言。"唐代花朝节俗就很普遍了，唐诗中有描写文人墨客聚会于此朝，赏花饮酒作诗的。白居易《琵琶行》有"春江花朝秋月夜，往往取酒还独倾"，也把花朝与秋月夜（八月十五）并列。

宋代也过花朝，《广群芳谱·天时谱二》引《诚斋诗话》："东京（今开封）二月十二日花朝，为扑蝶会。"明清后还有花神祭拜、种植花木（传说这天种的花木会生长得最好）、赏花、酿花酒、踏青游园等。而闺中女郎则把红绿绸帛或者彩纸剪裁成各色各样的旗帜与燕子、鸠鸟、蝴蝶等，五彩缤纷，给小儿女系挂在姹紫嫣红的花枝上，或就用五色绸丝及红丝系粘，千万缕垂挂；或把三角形小旗插入花盆。这叫作赏红。《清嘉录·二月》"百花生日"说："（二月）十二日为百花生日，闺中女郎剪五色彩缯，粘花枝上，谓之'赏红'。"赏红时，女孩子把丝帛系在花上，男孩子则挂在树上，比喻女如花朵般娇艳，男似树木般健壮，男女都活泼可爱。更有祝愿春光常在、百花繁茂之意。清末《点石斋画报》之《百花生日》一画，就是画妇女们赏红的情景。画中女子们正巧手剪裁鸟蝶，或悬挂在花树上，气氛热烈。它是由古人于立

赏红

春日剪彩为燕、佩戴头上或系挂花枝上的习俗发展而来，又可追溯到古人视春神为鸟的原始观念。

妇女们除了赏红外，还要在花神庙祭拜花神，手持鲜花，祈求鲜花娇媚，愿自己及家人青春常在。同时还进行扑蝶、荡秋千、放风筝、吟诗咏花、唱戏吟曲等娱乐活动。

青年们爱练武；游玩山园中的文人们更要作书画、写诗词。花农们除前往花神庙拜祭、祈求花事繁盛外，还要陈设各种插花、花卉盆景等，错落陈设各种工艺品，组成花市，任人观赏选购。长江三角洲一带，喜欢于赏花时挂花神灯供人玩乐。湖北省武汉市新洲区的旧街花朝节，相沿于宋代，则是大型的贸易、娱乐集会。

过去，有些人家还喜欢用系着红丝线的针给幼女穿耳，给小儿蓄发，无非是愿小儿女能如春天花树一般，健康、生机勃勃地成长。

花朝节的饮食也离不开花。有各种用花制成的食物，如花馅糕、汤圆；或花卉汤菜，或煎炸玉兰、牡丹花瓣等。古人好在宴席上陈设插花，边吃边观赏。明代《花里活》记载武则天花朝日游园，令宫女采花和米捣碎蒸糕以赐从臣。

花朝还要酿酒，酒中放入花瓣，香气浓郁。还有一种花朝会，实是赏花，把各种插花、盆景等错落布置，夜里点蜡烛和彩灯，辉煌美妙，吸引人们赏花、赋诗、唱曲演戏。又唐宋时，二月二日有挑菜之风，往野外挑剜野菜，或在瓶中挑起用红线束成把的菜蔬（南宋《武林旧事》即记载后一种为皇宫中的游戏）。这是一项春日游戏，也与花朝之俗有关。

《清嘉录》记蔡云的一首诗："百花生日是良辰，未到花期一半春。红紫万千披锦绣，尚劳点缀贺花神。"所说即赏红之俗，概括了花朝节的热烈场面。花朝节的种种习俗实在是富于诗意的，至今也仍可择取继承。

古代还有送春、饯春之俗。芒种时要饯别花神，《红楼梦》二十七回写及女子们用花瓣柳枝编成轿马，或用绫锦纱罗，叠成旌尾执事之类，系挂在花枝上向花神告别。

花朝的真正起源

花朝节俗的真正起源，当然不是为了祭祀那些后起的花神。如前所述表面上看来是迎接春光、迎来花季，但深层次中又有祈求生命健康、儿女顺利成长的寓意。其源头可以追溯到远古春时迎春神的习俗。而春神句芒便和生命神相关。因此，花朝节的真正起源，是古人在春季祭拜神灵、祈求生育的仪式。花神的源头则是古人崇拜的生育神。

直到近世，一些地区仍然有以花神作为生育神的。如广东过去有祭拜金花夫人的神庙，相传送子是最灵验的。广西、广东称生育女神兼儿童护佑神为花王、花婆，相传男女儿童都是花婆园中所植的神花的花朵，所谓白花男、红花女，要拜花神求庇护。这花婆有些像《楚辞·九歌》中写的少司命神。这都是植物崇拜，即花、树崇拜的遗留。

金花夫人

上巳节 / **水边修禊欢爱日**

上巳的起源

上巳节，日期在农历三月三日。魏晋以前，日期为三月的第一个巳日，故而得名。在魏晋之后，改定在三月初三日，《宋书·礼志二》记"自魏以后但用三日，不以巳也"。故多称三月三，但文人一般仍称上巳。这是中国最古老的节日之一。

其源头可追溯到远古，即夏之前仍处于母系氏族社会的时候，春秋战国时为最盛。秦代后，因为它的节俗过于放纵，便逐渐禁止了大部分与放纵有关的节俗，只有少部分活动流传下来。但南方一些少数民族仍有盛大的节日活动存在。

上巳节起源于古代的男女择偶制度。母系氏族社会时未有婚娶，实行的是一个氏族和另一个氏族的季节性群婚制度（此时已经从上古的杂婚状态中走出）。后来发展到对偶婚，进入父系社会又有了婚娶之礼，出现了父系家庭。经过一个漫长的冬天之后，被寒风禁锢在屋内的青年男女们迎来春天，迎来繁忙的耕种生产生活，同时也有了择偶相配、生育的需求。这样人们便在祭祀地神（社神）、向春神祈求农业丰收之后，又祭祀女性的生育神兼媒神以祈求子嗣繁衍，同时男女互相择偶，歌舞欢会，然后相配。这样一年年发展，至春秋战国时便成了比较固定的上巳节。

上巳节祭祀高禖

上巳节古俗中，最重要的活动是祭祀高禖神，即婚配媒介神与求子神、生育神。

《礼记·月令》记载："仲春之月……，玄鸟至。至之日，以太牢祀于高禖。天子亲往，后妃帅九嫔御，乃礼天子所御。带以弓韣（dú，弓袋，弓衣），授以弓矢，于高禖之前。"这里说的是天子在燕子飞来、春天来到之时去祭拜高禖。自然民间祭拜高禖神就更普遍了。又《周礼·地官·媒氏》："媒氏掌万民之判。凡男女自成名以上，皆书年月日名焉。令男三十而娶，女二十而嫁，凡娶判妻入子者，皆书之。中春之月，令会男女。于是时也，奔者不禁。若无故而不用令者，罚之。司男女之无夫家者而会之。凡嫁子娶妻，入币纯帛无过五两。禁迁葬者与嫁殇者。凡男女之阴讼，听之于胜国之社；其附之刑者，归之于士。"这是指仲春之月时男女相会，官府不禁止。

官府指定的媒人还管理婚嫁事务。上巳节的古俗就是围绕着这些主题展开的：迎来春天、迎祭生育神、沐浴祓禊（fúxì），以求多育；男女青年则求偶，要春嬉、欢会、歌舞、放纵。另外还有跳傩驱疫、求雨雩礼等活动。汉代之后，这些古俗逐渐被水滨祓禊、曲水流觞、踏青等活动取代。消弭了原有的求配偶、求生育的性爱色彩，而成为游春娱乐的盛会。

禖本指此神，也兼指祭祀此神的祭礼，又引申为婚姻媒介。《说文》："禖，祭也。从示，某声。祈子之祭也。""禖""媒"均来自"腜"，《说文》说"腜"字是妇女怀胎之意，也就是说，婚配神、生育神是女性，而且是怀孕状的成年女性。这是可以与我国远古时期出土的一些有着发达的大腿、胸部及腹部凸出的泥塑女神相对应的。辽宁地区红山文化遗址的孕妇形女神像，也就是生育神、婚配神了。她自然源于母系社会中的女性首领形象。这位女首领既有生育，又有指令季节性婚配的权力，自然而然就成了媒神兼生育神了。巫师们（最初也往往是女巫，即祭司）便塑造出袒胸的高禖神像，供人们祭祀、求子嗣、男女相会狂欢。

这高禖神是谁呢？后世一般认为是女娲。女娲造人，正是她可以赐给人们子嗣的折射。《路史·后纪二》："以其（女娲）载媒，是以后世有国，是祀为皋（高）禖之神。"或许，女娲是远古某个大氏族的首领，她的业绩是如此之大，所以奉为高禖神。另外也有别的高禖神，如周人的始祖姜嫄。

高禖神也叫郊禖，是因为祭祀都在郊外之意。在祭祀高禖时，青年男女们跳富于诱惑的舞蹈，互相笑歌谑浪，接着便是"会男女"之时，男女于歌舞中合意了，便双双相合了。当然《周礼》中记载的天子祭祀高禖的仪式就很文雅了，仅仅以授弓韣弓矢来隐喻受孕、男女相合而已。直到后世，皇家还有这种祀典，明代《天府广记》便有记载。

在民间，山西河津有高媒庙（祭祀姜嫄）。陕西富平县金粟山也有高禖祠。河南淮阳等地的女娲庙会活动，可以说就是远古祭祀高禖的遗风。在这些庙会中，求子、求生育的气氛很浓。如河南淮阳，人们祭拜人祖，跳"挑花篮"舞，无疑是远古之流风。

女娲庙会上，还有一种拴娃娃之风俗，就是把些泥捏娃娃摆在神坛上，欲得子者将之拿回家去，据说便可得子。这是可以和女娲造人的神话对应的。另外，民间花馍馍、七夕"化生"娃娃等也和造人神话有关。

汉晋之后，除了个别地区外，祭祀高禖、会男女之风渐息。就是尚有的高禖祠也不过是祭祀求子而已。这是因为会男女带有淫风，所以被禁止了。但各地还都有性具崇拜等遗风。在广西，祭祀的床头婆有袒胸露乳的形象。各地也都有数不清的送子娘娘代替了高禖的祭坛。另外，道教以三月三日为王母娘娘诞辰，吸引人们举办庆祝活动。这些都是上古祭祀生育神的流风。

上巳节祓禊

上巳节还有祓禊、修禊或沐浴活动。所谓祓禊，就是一种驱除邪气、迎来吉祥的巫术活动。《周礼·春官·女巫》："女巫掌岁时，祓除衅浴。"郑玄注："岁时祓除，如今三月上巳，如水上之类；衅浴谓以香薰草药沐浴。"应劭《风俗通义》："禊者，洁也，故于水上盥洁之也。"就是洗濯于水滨，也有持火驱邪的（东汉杜笃有《祓禊赋》记述）。这是有名的古俗，《论语》记载曾晳说："暮春者，春服既成，冠者五六人，童子六七人，浴乎沂（沂河水），风乎舞雩，咏而归。"就是这类活动，深得孔子赞许。

宋兆麟先生认为沐浴于水中去灾，是古人为了去除不生育的病症。《晋书·乐志》："三月之管……洗，濯也。谓物生新洁，洗除其枯，改柯易叶也。""除其枯"目的是求清洁，以沐浴治愈不生育。

在水滨举行祓禊时，青年男女多要戏游、相会，《诗经·郑风·溱洧》有云："溱与洧，浏其清矣。士与女，殷其盈矣。女曰'观乎？'士曰'既且。''且往观乎？洧之外，洵吁且乐。'维士与女，伊其将谑，赠之以芍药。"这里指男女青年手持香花，在观看祭祀高禖或祭社之后，互相求偶对答的情景，他们也要在水中举行祓除、招魂等仪式，因为据说这时的水是吉利的三月桃花水。《荆楚岁时记》注文中，引此诗，又注："今三月桃花水下，以招魂续魄，祓除岁秽。"所谓招魂续魄是一种不限生人或死者，在野外召唤离身而去的魂魄，以求吉祥的仪式。

直到近代，在三月桃花水中洗浴之习俗仍有存留，如云南初春的"洗脚大会"：清代妇女多结队往庙中脱去鞋子，洗濯双足，又兼拜佛。《点石斋画报》有一幅画绘有此俗。另外，河北太行山地区也有三月三日在温水塘中洗浴的习俗，叫作洗桃花浴，也是此类流风。

古代水边的祓褉逐渐兼有游春的性质。晋代后，祓褉逐渐被水边的宴饮、歌舞、游春等娱乐活动取代，并且一直流传至今。

水边宴饮、奏乐歌舞，如《后汉书·志·礼仪上》："上巳，官民皆洁于东流水上，曰洗濯祓除，去宿垢疢（chèn，病），为大洁。"《西京杂记》卷三记载："正月上辰，出池边盥濯，食蓬饵以祓妖邪。三月上巳，张乐于流水。"到了晋代后又有许多娱乐，如临水浮卵、浮枣、曲水流觞等，十分盛行。记载虽迟到晋代，但无疑是由古代借卵比喻生育之俗发展而来。古人借食卵求得吉祥、求得子嗣，是比较文明的求孕育的巫术。商人就有"天命玄鸟降而生商"的传说，据说商人始祖——契是由其母简狄去沐浴时，捡来玄鸟卵吃下后生下的（见《史记·殷本纪》）。所以才有临水浮卵之风俗，把熟鸡蛋放在河水中漂流，任人捡食。后来的浮枣、曲水流觞，也都由此变化来的。

梁代庾肩吾《三日侍兰亭曲水宴》诗说："褉川分曲洛，帐殿掩芳洲。踊跃颁鱼出，参差绛枣浮。百戏俱临水，千钟共逐流。"可见当时人们不但在水边举行盛大的临水百戏活动，还在水上漂浮红枣、酒盅。浮枣是取枣子谐音早子，求生育之意。这浮盅也就是著名的曲水流觞。东晋书法名家王羲之《兰亭集序》写到流觞活动，流芳千古："又有清流激湍，映带左右，引以为流觞曲水。"

晋代成公绥《洛褉赋》也写道："考吉日，简良辰，祓除解褉，同会洛宾。妖童媛女，嬉游河曲，或盥纤手，或濯素足。临清流，坐沙场，列罍（léi，酒樽，形如水壶）樽，飞羽觞。"曲水流觞的游戏距求子等巫术的气息较远，已经纯是文士吟诗、作书的娱乐了。羽觞，是一种两端微微凸出如翅膀一般的酒杯，多用青瓷制作。文士集会于环曲的水渠旁，清水流上放置注满酒浆的羽觞，任其漂流（多放在荷叶上），停在谁面前就由这一位文士吟诗作书；吟不出诗来就要罚酒。由于王羲之《兰亭集序》是我国书法史上不朽的名篇，所以曲水流觞游戏非常有名。历代文士皆有此游戏，作为写诗作书的聚会雅事。为使流觞更富于趣味，人们又把河水引入人工修筑的曲折迂回的溪渠中，这就叫作曲水或流杯池。四川宜宾就有流杯池，是宋代大书法家黄庭坚和友人于三月三日相聚过的地方。

浙江绍兴的兰亭是王羲之作《兰亭集序》之地，流觞已恢复。北京的潭柘寺、故宫、中南海也都有流杯亭，亭中地面上有石凿小沟，可以用来流觞。

在今天，湖北、河南等地仍有三月三吃鸡蛋、砍枣尖之俗，南方一些少数民族也要吃蛋，这和古代风俗是一脉相承的。

羽觞

上巳节春嬉与踏青、饮宴、游戏

上巳节本来是男女相会之节，后代被禁止，原有的男女春嬉之俗逐渐被郊游踏青所代替。汉代的春嬉活动中，男女仍可以眉目传情，却已经不能有结伴的自由。这种自由，只是在西南一些少数民族地区或中原极个别地区还存在，直至新中国成立之后。

晋代后，春天的节日中连男女眉目传情也少见了。男女在春时还在水边湔裙、踏青，当然也不排除仍有青年男女在此活动中相识的，如唐代李商隐在《柳枝五首》诗序中就提及一位柳枝姑娘曾经邀他在湔裙时相会，但多是娱乐而已。《秦中岁时记》："上巳，赐宴曲江，都人于江头禊饮，践踏青草，谓之踏青履。"这是唐代长安的曲江边的习俗。踏青履或说踏青鞋的名称在古诗文中常可见到。

杜甫《丽人行》也写"三月三日天气新，长安水边多丽人"。长安贵戚由于要炫示权贵，多在水边设帐殿，皇帝亲自前往，举办大宴，与群臣一起观看歌舞，奢侈至极。这种踏青野宴，场面豪华，贵族们衣饰华美，桌几上堆满山珍海味，看《丽人行》诗中的描写就知道了。

在唐代壁画中也有此类场景的描绘，《开元天宝遗事》等书中也记载长安赏春花的盛况。不论男女，争先恐后，踏青游玩，如遇名花则席草而坐，解裙作屏障，叫作裙幄；并爱采摘奇花异草，比赛多寡，作为斗草游戏。许棠的《曲江三月三》诗写道："满国赏芳辰，飞蹄复走轮。好花皆折尽，明日恐无春。……"《旧唐书》记载："（大历二年）二月壬午，幸昆明池踏青。"可见当时帝王也前往风景优美的地方踏青游玩。

三月三的游戏也很多，如马射、水饰之戏。隋代隋炀帝"以三月上巳日，会群臣于曲水，以观水饰"。水饰是一种于彩船上表演的木偶戏，机关运动，木偶也随着做各种动作，《太平广记》等书有记载。还有一种水傀儡，是由人在水中操纵的水上木偶戏，也类似于水饰，宋代盛行，一直到明代宫中还有，《听雨闲谈》一书有记载。又有划龙舟之戏，也由水边游艺发展而来。宋代张择端《金明池争标图》，画的就是桃红柳绿时东京（今开封）金明池举办的大型水上游艺——龙舟竞赛。元代王振鹏《龙池竞渡图卷》也取材于此。

上巳节的歌舞，则有有名的舞蹈《赤白桃李花》，唐代人民踏青时喜欢在发髻上、冠上簪插红白桃李花枝，欢唱《赤白桃李花》跳舞。此外想必还有多种乐舞，已难确知。

由于上巳节求生育、男女相嬉戏的习俗的巨大作用，后世仍沿袭不少春季古俗。如上巳踏青之俗，后来逐渐分散到二月二或清明节中。如闽、浙、川等地在二月二日踏青，北京、东北则于清明后踏青，上海人在三月三日踏青，"三月三，龙华看桃花"，举行龙华庙会，有多种游艺，女子们还要亲自绣制绣花鞋，借以夸耀自己针线之美，仍叫"踏青鞋"。不管日期是否相同，起源却是相同的。

又如北京的三月三为西王母（金母）之蟠桃会期。在全国也普遍拜王母娘娘。还有各种庙会、活动。

《点石斋画报》有一《抛童子会》画，描绘清代四川有一种让人扮演张仙射天狗的求子之风，和上古上巳节射箭似乎也有联系。厦门则有石狮会，扬州则拜三茅真君，又称瞎子赛会，也是求生育之俗。江苏宜兴在三月初一日过"双蝶节"。宁波有一座梁山伯庙，供奉梁山伯与祝英台，每年春天也有祭祀性节会，如今成为男女游艺的活动了。这和古人扑蝶、求偶之戏也有关，其深层次的思想也是祈求生育之意。

清明节 / **寒食崇祖念根源**

从寒食节说起

要谈清明节，须从一个古代非常有名、今日尚存节日观念的寒食节说起。

寒食节，又称熟食节、禁烟节、冷节，它的日期是距冬至后一百零五日，也就是距清明节前不过一两天。这个节日的主要节俗就是禁火，不许生火煮食，只能吃备好的熟食、冷食，故而得名。

寒食节，相传源于春秋时代的晋国，为了纪念晋臣介子推。晋国公子重耳，流亡外国十九年，介子推护驾跟随，立下大功。重耳返国即位，就是晋文公。介子推便背着老母，躲入绵山。晋文公前往寻找，却怎么也找不到，于是他放火烧山，想把介子推逼出来，不料介子推却和母亲抱着一棵大树，宁愿烧死，也不出山。晋文公伤心地下令把绵山改为介山（在山西介休市），又下令把介子推被烧死的那一天定为寒食节，以后年年岁岁，每逢寒食节都要禁止生火，吃冷食，以示追怀之意。

这当然是个传说。《史记·晋世家》记载，介子推是和母亲隐入深山，却并无被烧死之事。他们母子只是至死不复见晋文公而已。可能在《史记》写成后，这个传说才出现。

东汉桓谭《新论·离事》和《后汉书》等曾有提及。三国时曹操曾下令取消寒食节禁火习俗，发下《明罚令》："闻太原、上党、西河、雁门冬至后百五日皆绝火寒食,云为介子推。"说明这个传说影响更大,使人们绝禁火长达一月以上,只吃寒食,威胁到人们的身心健康;东汉时并州刺史周举已经不得不要求把寒食节期改为三日。到曹操时仍未实行,他只得又出法令:"令到,人不得寒食。若犯者,家长半岁刑,主使百日刑,令长夺一月俸。"但他也未就此把寒食之节俗革除,寒食一直沿袭到唐代之后,可见其流风之深远。

其实,民俗专家指出,寒食节的真正起源,是源于古代对火的崇拜,以及钻木取火、求新火之制。古人因为季节不同,用不同的树木钻火,有改季改火之俗。而每次改火之后,就要换取新火。新火未至,就要禁止人们生火。这是当时的一件大事。《周礼·秋官·司烜氏》:"中春以木铎修火禁于国中。"可见当时是摇着木铎,在街上边走边下令禁火。这也有防备火灾的目的。这司烜氏,也就是专管取火的小官。

在禁火之时,人们会准备一些冷食,以供食用,这样慢慢就成了固定的风俗了。以后,才与介子推的传说相联系,成了寒食节,日期长达一个月。这毕竟不利于健康,以后便缩短日期,从七天、三天逐渐改为一天,唐之后便多融合在清明节中了。但在山西等地还有过此节的,要吃凉面等面食。

古代,寒食有很多习俗,如造"饧大麦粥"来吃。《荆楚岁时记》载:"去冬节一百五日,即有疾风甚雨,谓之寒食。禁火三日,造饧大麦粥。"这种粥是什么样子的呢?北魏贾思勰《齐民要术》卷九中,有"煮醴、酪"法,即介绍饧糖(麦芽糖稀)和一种用大麦粒与杏仁共煮的杏酪粥的制法。书中也写到了介子推和寒食节的传说。

这无疑就是饧大麦粥。书中说这种粥色白如乳,麦粒如青玉,保存在瓦盆里，若不去动它，可一直保存到四月初八。吃时要浇上饧糖，味道想必是很可口的。晋人陆翙《邺中记》也有相关记述。隋代杜台卿《玉烛宝典》卷二引陆翙《邺中记》也讲到了。

《齐民要术》还记载了一种寒食浆。陈元靓的《岁时广记》卷十五引《零陵总记》记载了"青精饭"："杨桐叶、细冬青，临水生者尤茂。居人遇寒食，采其叶染饭，色青而有光，食之资阳气。"也都是节令食物。

寒食在唐代备受重视。在清明前两天禁火，到第三日清明晚上才又由宫内传出蜡炬，赐予近臣。这就是诗人韩翃《寒食》诗所写的："春城无处不飞花，寒食东风御柳斜。日暮汉宫传蜡烛，轻烟散入五侯家。"韦庄的诗句"内官初赐清明火"亦指此。

杜甫诗"朝来新火起新烟"，亦形容这新生起的炉火。当时，寒食之禁火是极严的，有专人巡察，把一根羽毛插入炉灰中，若羽毛烧焦，就要处死这家人。因此，寒食时小贩多吹箫叫卖饧糖，供人们佐餐冷粥冷饭。故而李商隐有句："粥香饧白杏花天。"刘筠也道："饧市喧箫吹。"宋代，宋祁也有诗句："箫声吹暖卖饧天。"

除了粥、浆、饧之外，还有饭面饼之类，也可以冷食。宋代庄季裕《鸡肋篇》："饭面饼饵之类，皆以为信宿之具。"

寒食节习俗，有上坟、郊游、斗鸡子、荡秋千、打毬、牵钩（拔河）等。其中上坟之俗，是很古老的。有坟则必有墓祭，后来因与三月上巳招魂续魄之俗相融合，便逐渐定在寒食上祭了。《通典》载："开元二十年四月，制曰：寒食上墓，《礼经》无文。近代相传，浸以成俗。士庶有不合庙享，何以用展孝思。宜许上墓同拜扫礼。"宋庄季裕《鸡肋篇》卷上："寒食上冢，亦不设香火。纸钱挂于茔树。

其去乡里者，皆登山望祭。裂帛于空中，谓之掰钱。而京师四方因缘拜扫，遂设酒馔，携家春游。"

《荆楚岁时记》："（寒食）斗鸡，镂鸡子（鸡蛋），斗鸡子。"可见南朝时就有斗鸡与斗鸡蛋之戏了。斗鸡今多见，斗鸡蛋多是乡间小儿互相撞碰鸡蛋作为游戏。

在古代，用作碰撞争斗的鸡蛋多是染色、雕镂过的，十分精美。画蛋、镂蛋之俗，源于《管子》中所记的"雕卵"。无疑它是由古代食卵求生育的巫术发展而来，成了寒食的节俗。今天民间亦有清明吃蛋之俗（如前述的"子福"）。

寒食打秋千，据《艺文类聚》中记，北方山戎于寒食日打秋千。但这恐怕只是传说而已。刘向《别录》记打秋千是在春时，不一定在寒食。又打毬，唐代王建《宫词》："寒食宫人步打毬。"牵钩与打毬等戏，也不一定在寒食举行。

由于清明节气在寒食第三日，后世随着时间的迁移，逐渐把寒食的习俗移到清明。

纸钱

宋代之后，寒食扫墓之俗移到清明之中。踏青春游、荡秋千等习俗也只在清明时举行。清明节便由一个单纯的农业节气上升为重要的大节日了，寒食节的影响也就基本消失了。但寒食的节俗却由若干变形的方式传承下来，并保存于清明节中。

清明扫墓

清明节，又称扫坟节、鬼节、冥节，与七月十五中元节及十月十五下元节合称三冥节，都与祭祀鬼神有关。清明原为二十四节气之一，日期一般是阳历的四月五日开始。民间多将清明节气十五日都算作节期。

清明的主要习俗就是扫墓。扫墓在先秦已盛行，历史悠久。《周礼·春官·冢人》："凡祭墓，为尸。"可见古人有设冢人主持祭墓之俗，祭时要立尸。尸即代表死者、受祭之人。唐代，寒食扫墓得到皇家首肯。宋代后扫墓移到清明，寒食反而被遗忘了。但在先秦时，扫墓时间并不固定。

扫墓的主要活动，是前往亲人或纪念人物的坟前，除草、添土，修整好坟头。民间普遍以为，逝者住于地下，坟穴是房屋，坟堆便是房顶。经年雨水冲涮，杂草丛生，坟堆多有破毁，所以要除草、添土，在坟沿修排水沟，防止雨水冲入坟中。修好坟墓后，便陈设鸡、鱼、肉、糕饼点心、酒、水果等供品于坟前，点燃香烛，祭罢烧纸钱，或把纸钱压在坟头，又酹酒。明《帝京景物略》卷二，记载时人扫墓："三月清明日，男女扫墓，担提尊榼（kē，酒器），轿马后挂楮锭，粲粲然满道也。拜者、酹者、哭者、为墓除草添土者，焚楮锭次，以纸钱置坟头。望中无纸钱，则孤坟矣。哭罢，不归也，趋芳树，择园圃，列坐尽醉。"楮锭就是特制的纸钱，也叫光明、往生钱，是给鬼魂或逝者于冥间使用的钱，或剪成外圆内方孔的钱形，或直接用方形黄纸代替，或者折作银锭形。纸钱源于古代的冥钱、瘗钱。夏商代之前以贝币随葬，周以铜币随葬，战国时已经有用泥钱取代真钱瘗埋的方法，魏晋时纸钱就出现了。《新唐书·王屿传》说："汉以来葬丧皆有瘗钱，后世里俗稍以纸寓钱为鬼事，至是玙乃用之。"王建《寒食行》："三日无火烧纸钱，纸钱那得到黄泉。"

除扫墓及祭祖外，人们对野鬼孤魂尤为畏惮，也要把酒食与纸钱分给野鬼，求得地下先祖的安宁，也防鬼魂干扰阳间。胡朴安《中华全国风俗志》下篇《江苏·六合县》之岁时："清明插柳于门上，男女或簪之。祀祖于家，祭扫于墓，插陌钱于墓上，或挂于墓边树上，谓可赆（jìn）野鬼。"

有的地方在上坟时还祭土地、山神。如绍兴一带多在坟堆左立一石，题"后土之神"，祈拜神保佑双亲后又拜左右邻墓，这才拜祭自家祖先的坟墓。这自然是因为坟墓在土中、受土神管辖的缘故了。广西宾阳县扫墓时也要拜山神土地。

在祭坟时，民间多祈求祖先保佑自己及家庭健康、幸福，因为祖先是保佑自家的家神。

清明节时民间多迁坟、立墓碑、修坟等事。在一些地区还举行二次葬。如广西的汉、壮部分群众，在逝者去世满三四年后，要捡骨重葬。清明时挖开坟堆，用伞遮挡日光，把人骨捡起，用砂纸擦拭干净，以香火熏过，按人体骨骼次序，先后放入特制的"金罐"（也叫金塔，一种陶罐），盖好，移到新挖的坟穴内，以一只公鸡放入坟穴中以求吉利，再将公鸡抱起，把金罐放入，修好坟堆，以后就只上新坟而已。这是原始时代的遗风，在仰韶文化时就已经出现了二次葬，过去在福建、广东、广西直到长江三角洲都还有此俗。

以上所述，多属于旧俗，如今已多加革新，扫墓也只用鲜花束、花圈了。并且，由扫个人亲人之墓，发展到祭扫革命先烈之墓，祭扫中华民族的先祖之墓，如黄帝陵等。其俗也已恢复，其思想内涵就更为深远了。

在古代，祭墓之礼是极为繁杂的，《周礼》记有"为尸"的习俗；《后汉书·明帝纪》注引《汉官仪》："诸陵寝皆以晦、望、二十四气、三伏、社、腊及四时上饭。"

明代张岱《陶庵梦忆》记明孝陵祭祀之礼更繁。今天我们虽不必如此多礼，但于清明这一约定俗成的节日里，祭礼炎黄二祖及孔子先祖师，追怀华人之先祖，以利世界华人的统一团结，仍是需要的。新中国成立后，政府曾派人前往陕西黄帝陵祭扫，这正表示了我们对先祖艰苦创业的尊崇追忆及对先祖的缅怀之情。如今，炎黄帝陵均已修整一新，供后人祭扫。

清明的各种食品

清明节的节日食品很多，多和民间信仰有关，也多是熟食，仍遗存往昔寒食的古风。

南方少种麦，多以糯粉糯米作节食，如浙江临安，采嫩莲伴以糯粉做清明狗，一家有几人便制作几只，挂起来留到立夏，然后烧在饭中，亦是每人吃一只。民谚云："吃了清明狗，一年健到头。"而在苏州上海一带则吃青团、熟藕等。清代《清嘉录》："市上卖青团、焐熟藕，为居人清明祀先之品……今俗用青团红藕，皆可冷食，犹循禁火遗风。"青团大概是由古代的青精饭发展而来。青精饭是用青绿叶子取汁染饭为青色，相传可延年益寿，后来想必就变成青团了。如今青团一般是用蔬菜取绿汁，染绿糯粉外皮，内有豆沙等馅料；或用青艾和粉、糖，蒸成艾团子，也叫作青团。四川成都则以炒米做团子，以线穿之，用色点染，叫作欢喜团。广东潮汕地区用朴子树叶和米舂粉，制成朴子果祭扫坟墓。另外，和以糯粉、糖汁为糊，而后加以鼠曲草制成"粄"，作为祭品，也是古俗。《荆楚岁时记》就有采此草制食的记载。绍兴民间称这种草为黄花麦果，制成小指大的茧果作供品（周作人《故乡的野菜》有记）。

清明的春饼，又名薄饼，也是节食之一。广东潮汕等地仍作祭祖兼食用。这种饼圆而薄，内包肉、蛋、鱼片、肝片、豆芽等，闽、台的润饼与之相类似。

青团

清明的踏青、游戏

清明时节，流行踏青以及种种游戏。其实清明是承续了古代春天节日如上巳节、寒食节的一些习俗才形成的，这些踏青和游戏也多是由上巳等节俗中承继来的。

清明踏青，杜甫《清明》诗说："著处繁花务是日，长沙千人万人出。"可见当时清明赏花游玩成了时尚。宋代张择端《清明上河图》也有人们至郊区踏青回来，轿子上插满杨柳杂花的描绘。《武林旧事》载："清明前后十日，城中士女艳妆饰，金翠琛缡（lí），接踵联肩，翩翩游赏，画船箫鼓，终日不绝。"

明代，明人谢肇淛《五杂俎》卷二："北人重墓祭，余在山东，每遇寒食，郊外哭声相望，至不忍闻。当时使有善歌者，歌白乐天《寒食行》，作变徵之声，坐客未有不堕泪者。南人借祭墓为踏青游戏之具，纸钱未灰，舄履相错，日暮，墦间主客无不颓然醉倒。"其实在北方，也仍有扫墓兼踏青游戏的，《帝京景物略》写北京人扫完墓也要在树下草上坐下，摆开祭墓酒菜，饱饮美酒。

晚明张岱《陶庵梦忆》卷一："越俗扫墓，男女袨服靓妆，画船箫鼓，如杭州人游湖，厚人薄鬼，率以为常。"可见《五杂俎》所记并非虚言。今天，扫墓兼游春之俗也仍沿袭。确实，扫墓也无须过分沉湎在悲伤情绪之中。

踏青之余，清明也有多种游戏，如打秋千就很吸引人。秋千源于北方，汉代刘向《别录》："春时悬长绳于高木，士女衣彩服坐于其上而推引之，名曰打秋千。"到了唐代，打秋千已经成为皇宫游戏之一。《开元天宝遗事》记载："天宝宫中至寒食节，竞竖秋千，令宫嫔辈嬉笑以为宴乐。帝呼为'半仙之戏'，都中士民，因而呼之。"由于人们在秋千上飘荡，如凌空仙子，唐玄宗还给起了个"半仙之戏"的佳名。宋代后，秋千之戏逐渐普及到民间。如山东秋千活动，《济南府志》载："季春三月……清明插柳……妇女归宁作秋千戏，士女盛饰结伴游春。"山东一些地区，老人小孩还一起出动荡秋千，欢呼为戏。有一种直秋千，供老人用。年轻人则玩转秋千、翻秋千等，花样百出。还有一种旋转式秋千，是在广场上竖起巨木，上放转盘，系上麻绳，放置木板，戏者坐在木板上，以人力推转。

　　放风筝也是清明游戏之一。风筝也叫纸鹞、纸鸢、纸鸢、鹞子，源于古代巫术，认为把风筝放飞，就带走了邪气、晦气。《红楼梦》也有记述。春季风盛，是放风筝的好天气，儿童追逐奔跑，也可以宣泄阳气，故而清明节多放风筝。南宋《武林旧事》卷三记载当时在杭州西湖断桥上的风筝比赛："桥上少年郎竞纵纸鸢，以相勾引，相牵剪截，以线绝者为负。此虽小技，亦有专门。"清代《清嘉录》载："纸鸢，俗呼'鹞子'，春晴竞放，川原远近，摇曳百丝。晚或系灯于线之腰，连三接五，曰'鹞灯'。又以竹芦粘簧，缚鹞子之背，因风播响，曰'鹞

纸鸢

鞭'。清明后东风谢令乃止，谓之'放断鹞'。"就是把纸鹞都放了，表示送走晦气。

山东潍坊风筝尤盛，清代郑板桥《怀潍县》诗说："纸花如雪满天飞，娇女秋千打四围。五色罗裙风摆动，好将蝴蝶斗春归。"今潍坊有国际风筝节。

蹴鞠，即踢球，《战国策》《史记·苏秦列传》等书已有记载，出土的汉代马王堆帛书中也记载了黄帝发明蹴鞠的神话。刘向《别录》有"寒食蹴鞠"之记，杜甫有"十年蹴鞠将雏远，万里秋千习俗同"之句。古代蹴鞠，一般是清明之前后，寒尽春生之时。《东京梦华录》记载宋代蹴鞠是两队轮流对射。

《武林旧事》记当时春季游赏，亦多有此戏。明清时连闺中少女、儿童也爱踢球，说明逐渐游戏化了。

斗禽，是指斗鸡、斗鸭、斗鹌鹑等游戏。斗鸡是两鸡相斗，最为古老，《战国策·齐策》载，齐国临淄人善于"斗鸡、走犬"。《春秋左传》记载把鸡装上金距，撒上芥末以增加其战斗性。唐代《东城老父传》记载玄宗时清明斗鸡之风俗。《武林旧事》载南宋临安的蒋英在春日园中"立标竿射垛，及秋千、梭门、斗鸡、蹴鞠诸戏事以娱游客"。此后一直沿袭至今，成为民间爱好之一。

又据《点石斋画报》记载，苏州有春郊斗马之戏，人骑马上互相斗，以角胜负。今已不见。两牛互斗的斗牛之戏，则在一些地区还保存着，也多于春夏之时进行。如浙江金华斗牛，至民国年间尚存，时间是在春季至端午停止。今天又已恢复。

射柳是军中之戏，明人徐树丕《识小录》："永乐时，禁中有剪柳之戏，剪柳，即射柳也。以鹁鸽贮葫芦中，悬之柳上，弯弓射之，矢中葫芦，鸽辄飞出，以飞之高下为胜负。往往会于清明、端午日，名曰射柳。"另外还有"击埌"之戏，晋代《风土记》有记载。

清明插柳以及祭祀蚕神、植树

清明有插柳之风。拿一根柳枝，从根部剥开皮，缓缓向下拉，使树皮和树叶卷成球状，再戴在发髻上。清人让廉的《春明岁时琐记》道："清明日，妇女儿童有戴柳条者，斯时柳芽将舒苞如桑葚，谓之'柳苟'。谚云：'清明不带柳，死后变黄狗。'其义殊不可晓，或曰：'清明不带柳，死在黄巢手。'盖黄巢造反时，以清明日为期，带柳为号，故有是谚也。"

民间又或把柳条插在门楣、轿子上，或把柳芽掐下，拌面糊糊煎饼吃，亦此俗之演变。古代又有射柳之戏，亦由插柳之风演变而来。

总之，插柳、戴柳，是清明的重要习俗与装饰，广泛流传于全国各地，起源也很早。宋代《东京梦华录》卷七："（清明）轿子即以杨柳杂花装簇顶上，四垂遮映。"《清明上河图》中就有此情景的描绘。

"清明不带柳，死后变黄狗"，清明时节戴柳与否成了生死大事，实在有趣。那么戴柳之俗是怎样起源的呢？《春明岁时琐记》说源于黄巢之时，当然只是传说，殊不足信。又《燕京岁时记》认为是从唐高宗时开始。"三月三日祓禊于渭水之隅，赐群臣柳圈各一，谓戴之可免虿（chài，蝎子一类的毒虫、害虫）毒。"但是北魏贾思勰《齐民要术》中早写道："《术》曰：'正月旦取杨柳枝著户上，百鬼不入家。'"清明既然是鬼节，故以柳条驱鬼。实际上柳和桑木一样是太阳神木，四川三星堆出土的青铜铸造的太阳神木就极像柳，也像桑树。王充《论衡》提及太阳升于扶桑，入于细柳。

又有学者认为柳枝驱鬼源于佛教，因为《灌顶经》有比丘以柳枝咒龙的记载（见殷登国《岁时佳节记趣》）。这是不对的。又张君《神秘的节俗》认为清明插柳，源于古代招魂时"旁招以茅"的仪式（《周礼·春官·男巫》有记），民间一些地方，于坟上插柳枝，上缀白纸布条，为招魂幡，依稀可证。柳枝作为招魂之具也是可能的。

清明前后，蚕乡养蚕人家多祭祀蚕神之礼仪。这是因为此时正是饲蚕的关键时刻，要祀蚕神，夺丰收。其渊源可追溯到古代的先蚕仪式。《夏小正》记载："（三月）妾子始蚕，执养宫事。"《礼记·祭义》："古者天子、诸侯必有公桑蚕室。"《吕氏春秋》的《季春纪》记有"后妃斋戒，亲东乡躬桑"。此后历代皇后均有"先蚕"礼仪，因为皇后要给天下妇女树立饲蚕的榜样。这和皇帝要行"演耕"礼是一样的道理。明代《天府广记》即有明代皇后举行先蚕礼、采桑饲蚕并祭祀蚕神的仪式。

东汉崔寔《四民月令》："清明节，命蚕妾治蚕室，涂隙（xì，同隙）穴，具槌、峙、簿、笼。"此后民间便于清明时不断进行蚕业生产，兼祭祀蚕神。《中国行业神崇拜》记载，民间祭祀的蚕神很多，但主要是马头娘、嫘祖两大系统。

如杭嘉湖一带，祭祀蚕神主要是在清明时，把蚕蚁供在神位前，点无气味的香，供上三牲祭拜；在做丝、采蚕茧完毕后又拜谢蚕神，这位蚕神即马头娘。在海宁斜桥、周镇一带，蚕农过去在清明前一日去上王坟，讨蚕花（相传王坟中是宋高宗赵构之御妹，死后葬此，也为蚕神）。第二日又去赶硖石大悲阁庙会，买一朵蚕花（纸绸制作的小花朵）簪在发髻上，以求蚕丝丰收。在桐乡芝村，也有著名的蚕花盛会。每年清明，蚕农于芝村龙船庙前河中船上搭建神台，抬出马头娘神像供在台上，祭供素食，然后演戏酬神，吸引远近大批蚕农。这些习俗均与马头娘有关。

马头娘形象一般是位身披马皮的年轻女性，这起源于晋代干宝《搜神记》载的故事。一位女子想寻父，对家中的马开玩笑说若去把她父亲带回家就嫁给它。马便找到其父，将他带了回来。"马不肯食，每见女出入，辄喜怒奋击。如此非一。父怪之，密以问女，女具以告父……于是伏弩射杀之，暴皮于庭……马皮蹶然而起，卷女以行。……（邻女）走告其父。……后经数日，得于大树枝间，女及马皮，尽化为蚕，而绩于树上。其茧纶理厚大，异于常蚕。"这是因为蚕宝宝的头像马而来的故事。还可追溯到《山海经·海外北经》载的："欧丝之野在大踵东，一女子跪据树欧丝。"马头娘蚕神始终是和女子、马相联系。

另一位蚕神是西陵氏嫘祖，是传说中黄帝的妻子，发明了养蚕。她也叫作雷祖，雷电声里，蛰虫出动，孵卵时节开始。故而嫘祖和蚕丝密不可分。北周时已经祀嫘祖为蚕神。宋代《路史·后纪五》："黄帝之妃西陵氏曰嫘祖，以其始蚕，故又祀先蚕。"《史记》载她的家乡在西陵（今湖北宜昌）。此地多在嫘祖诞辰（三月十五日）祭祀。宜昌西陵山有始建于晋代的嫘祖庙，今天已经修复，为湖北有名的胜迹。其他地方也有祭祀嫘祖之风。

又据《搜神记》载，汉代"皇后亲采桑，祀蚕神……"。《汉旧仪》："春桑生而皇后亲桑于苑中，蚕室养蚕千箔以上。祠以中牢羊豕，祭蚕神曰菀窳妇人、寓氏公主，凡二神。"此外还有蚕花五圣、青衣神等蚕神。

除了祭拜蚕神外，清明时还有驱除白虎的仪式。民间认为白虎是蚕业大敌，要设法去除。《湖州府志·岁时》："清明晚，则育蚕之家设祭以禳白虎，门前用石灰画弯弓之状。盖祛蚕祟也。"

马头娘

　　此外，清明有植树之风，源于在墓边植树的古俗，也很值得继承，以绿化祖国河山。

春节记事

人日记事

立春记事

元宵记事

中
和
记
事

花
朝
记
事

上
巳
记
事

清
明
记
事

夏

季节日篇

浴佛节 / 佛诞乌饭牛王诞

浴佛节的起源和浴佛仪式

浴佛节，又称佛诞节、龙华会、四月八节，节期在农历四月八日。过去，此节在佛教寺庙、佛教徒中流传甚广，今天寺庙中也仍过此节。香港还以此节为公众假日。在北方地区，也称此节为碧霞元君（泰山娘娘）的生日，前往寺庙祭祀。民间还称四月八为牛王诞辰、牛魂节，在是日饲牛等。江南一带，则有吃乌饭之俗。这些习俗都和佛教无关，因此，称此节日为四月八节更符合实际。

浴佛节起源于释迦降生的历史记载中，随佛教传播而兴盛，但仍具有强烈的中华传统文化的特点。据《佛陀本生传》说，佛祖释迦牟尼诞生时，一手指着天，一手指着地。天空中天女散花、奏乐，并有九龙吐水，为太子浴身。而又相传此日为四月八日，于是后世佛教徒有了纪念佛诞日的活动，于此日做法事，为佛祖洗浴（故而又叫浴佛节），又举行斋会、结缘、放生等活动。在这其中，浴佛仪式最为重要。

北宋《东京梦华录》卷八："四月八日佛生日，十大禅院各有浴佛斋会，煎香药糖水相遗，名曰'浴佛水'。"

南宋《武林旧事》则说："僧尼辈竞以小盆贮铜像，浸以糖水，覆以花棚，铙钹交迎，遍往邸第富室，以小杓浇灌，以求施利。"也就是把佛祖诞生时的太子像放在盆中，取香药煎水或取糖水用小勺浇洒，模仿九龙吐水之意，以求吉祥。至今佛寺仍沿袭此俗。不过，由于相传这

浴佛

浴佛水可以治病驱邪，于是有的僧人便把这水当成了打秋风的好东西，拿去给富人们浴佛，好趁机收些外快。或把铜佛水盆放在佛寺里，坐等施主上门。清代《清嘉录》记："僧尼香花灯烛，置铜佛于水盆，妇女争舍钱财，曰'浴佛'。"

斋会、结缘、放生

四月八，过去僧人多集信徒作斋会（善会），颂佛经，吃素筵，看戏剧。信徒须缴会印钱。这在清末的北京尤其盛行。

民间又有结缘、吃结缘豆之俗。煮熟豆子（黄豆、青豆等都可以），洒些盐汁。

掂豆一粒则念佛一声，到四月八给人吃。明朝《帝京景物略》卷二："四月八日舍豆儿，曰'结缘'。……先是，拈豆念佛，一豆号佛一声，……至日（四月八日），熟豆，人遍舍之，其人亦一念佛啖一豆也。"查嗣瑮《查浦辑闻》记："四月八日，都人煮豆，任人掬取之，谓之'结缘'。"

放生，是另一种四月八节俗。人们买些鱼、蚌、禽鸟之类放归大自然，以示佛家惜生及戒杀生之意。很早就有此俗。《武林旧事》卷三："是日西湖作放生会，舟楫甚盛，略如春时小舟，竞买龟鱼螺蚌放生。"清代《清嘉录》记："居人持斋礼忏，结众为放生会，或小舟买龟鱼螺蚌，口诵《往生咒》放之，竟日不绝。"

其实，放生并不值得提倡。游手好闲之徒，捉捕鸟雀、龟鱼等物，出售给人们放生，在捕捉过程中不知道有多少已经伤死。明代冯梦龙《古今谭概》有一则故事：南北朝时北方使节李谐至南方梁朝，好佛的梁武帝带他去放生处观看，问他："北方有否放生之处？"李谐回答说："我们不抓也不放。"即不惊扰大自然生物之意。

至于清人柴桑《燕京杂记》载北京悯忠寺（法源寺），四月八日作放生大会，"寺僧守门，进者索钱二百，否则拒之"。又有一招取外快之生财法："寺僧又于妇女所携之小儿女，各与一扑满（存钱罐），诱他带回满载，令明年赴会输之。以是一日间获金数千。其谓放生大会者，仅买数雀放之，实则一无所观。"这就可笑得很。

四月八祭碧霞元君、牛王诞、乌饭等

民间称四月八日为泰山碧霞元君诞辰，多于此日祭祀，以求福、求子，以泰山的碧霞祠以及北京妙峰山的碧霞元君庙最为有名。逢四月八，人们往妙峰山朝香，是很隆重的。过去在北京高梁桥娘娘庙每年的四月八日的庙会最热闹，有种种游艺活动，倾城妇女均借此祭祀求子。

牛王诞是民间俗节，四月八日有拜牛王爷、饲牛的活动。广西又称牛魂节。在这日，家有牛者，带上五色糯米饭和鲜草至牛栏，给牛祭魂，拜牛王求耕牛健壮，再打扫牛栏，以五色饭与鲜草饲牛。五色糯米饭是特殊的节日食物，用枫树叶（染黑）、栀子（黄）、红兰草（浅色为红、深色为紫）等植物汁水染糯米成黑、黄、红、紫色，煮成饭，加上白糯米饭的本色，五彩缤纷，十分好看，且芳香扑鼻。五色饭除了饲牛之外，更是人们的美食。或拌糖吃，或加上芝麻、花生、豆沙之类，或拌盐，放鸡鸭肉丁、蔬菜馅吃。吃不完的就放入钵中，掺上酒曲，酿作甜酒，数日后便可吃了。不少汉、壮人家都有此俗。牛王诞，可能是受佛诞的影响才出现，却已经本土化了（另外也有在三月三吃五色饭的，如海南苗族）。

在浙江、江苏、湖南、江西、福建、安徽等省，普遍讲究四月八吃乌饭，用乌树叶或天南竹叶汁浸糯米，煮成乌米饭，色泽乌黑发亮，有清香，很可口。民间传说吃了乌米饭便可不受蚊虫叮咬，还可以治痢疾。

关于乌米饭，民间有许多种起源传说。或说为了纪念战国军事家孙膑装疯避害，或说为了纪念北宋名将杨文广，或说是为劈山救母的沉香所发明，以奉与不见天日的母亲充饥。也有说是目连下地狱救母，将饭染黑，以防恶鬼劫夺的。其实它的来源极早，是源于道家之青精饭。梁代陶弘景《登真隐诀》中有记载，相传它可以使人益颜

牛王

色，健筋骨。可能原是与菊花酒、胡麻饭一样，为道家服食以求长生的饭，后来才普及民间。传到广西、海南等处，又发展为五色糯饭。清代又成了佛供。

明代《酌中志》卷二十则记载明代宫廷中："（四月）初八日，进'不落夹'。用苇叶方包糯米，长可三四寸，阔一寸，味与粽同也。"四月还尝樱桃，吃笋鸡，吃白煮猪肉，又以各样精肥肉、姜、葱、蒜搓如豆大，拌饭，以莴苣大叶裹食，叫作包儿饭。

与上述食品不同的，是江苏丹徒县宝埝一带所吃的"天狗"。这一带地方四月八过"赶狗节"。相传天狗是天上的恶兽，来人间糟蹋粮食。人们便捏制泥狗，倒下河塘，引诱天狗跳入河中淹死，以后这一天就过此节，家家捏两种狗：一种是泥狗，一种是面狗。晚上将泥狗推下河塘，再蒸面狗吃，放鞭炮，以示纪念赶天狗、求丰收之意。

天狗之祭祀，由来已久。《唐书》中有唐代皇帝秘祭天狗的传闻。这个赶狗节或许是由远古祭祀天狗的仪式变形而来，成为祈求农事丰收的习俗。

另外，四月十四为吕祖诞，四月二十八日为药王孙思邈诞，民间多举行庙会，有盛大的祭祀活动，这也与四月八求福的思想相关。农历四月四的山西潞城贾村民间赛社，则是规模宏大的祭祀农业神、土神等的活动：迎请神灵，然后以宫廷燕乐仪式为神灵供奉歌舞、戏剧，并布置各种銮驾、工艺品等，保存了古老的艺术形式。

端午节 / 龙神龙舟祭屈原

端午的起源

端午，又称端五、重五、重午、端阳、端节、蒲节（因旧时端午节时在门上挂菖蒲叶辟邪的风俗而得名）、天中节（古人认为此日太阳恰在中天，直射下来，人无影子，故而得名）、诗人节等。又因为日期在农历五月五日，习称五月五，先秦时又称为恶日，北方少数地区称为女儿节。它是中国四大传统节日（春节、清明、端午、中秋）之一，至今仍有广泛的影响。

端午节处于夏季，许多节日习俗都有夏季的特点。它的主要节俗包括划龙舟等水上游戏，纪念屈原、吃粽子、挂蒲、艾驱邪、雄黄抹额及五色丝系臂、设端午景、煎药汤沐浴，还有祭祀诸神、采药等。总之，是包含了体育娱乐、祭祀与纪念、驱瘟祛邪等活动的综合性大节日。因此，关于端午节的起源有诸多说法。

在江苏浙江一带，相传端午节划龙舟是为了纪念伍子胥投钱塘江而设，还有一说是为了纪念曹娥救父。在湘楚一带，相传楚国伟大的爱国诗人屈原于五月五日投汨罗江自尽，人们悲痛万分，争划舟船寻找，以后才有了五月五日划龙舟的习俗。这个传说出现得最早，在南朝吴均《续齐谐记》就有记载。因此全国不少地区也就采用了，认为端午是为了纪念屈原。在福建则认为是为了纪念闽王王审知。这些个传说影响极大，但据近代学者考证，端午的许多习俗早在屈原、伍子胥时代之前就已经出现。譬如闻一多先生的《端午考》和《端午的历史教育》等文中，认为端午是起源于古代南方民族对于龙图腾的祭祀仪式（当然他也积极肯定纪念屈原之说蕴含的爱国精神）。也有学者认为，端午吃粽子等风俗是源于夏至，因此端午源于夏至。但又有学者认为，五月五日是古代的恶日，因此古今都有许多驱疫、禳灾的习俗，端午之俗即源于此。这几种说法都是较可信的。

在先秦时代，普遍认为五月是个毒月，五日是恶日。《吕氏春秋·仲夏纪》中规定人们在五月要禁欲、斋戒，以浴驱邪。认为重五是死亡之日的传说也很多。《史记》的《孟尝君列传》记历史上有名的孟尝君，在五月五日出生。其父要其母不要生下他，认为"五月子者，长于户齐，将不利其父母"。《风俗通》佚文，"俗说五月五日生子，男害父，女害母"。可见从先秦以后，此日均为不吉之日。所以从古至今，我国大部分地区都有采药、沐浴、饮蒲酒、挂艾蒜、拴五色线等驱邪之习。这是端午的真正起源之一。又因为中国南方的濮、越等族，有祭祀龙神（水神），以龙舟载运逝者灵魂赴天国的习俗，就逐渐固定于五月五日划龙舟。这成为端午的又一个起源。后来，端午又融入夏至、夏天的一些节日礼仪，更丰富了端午的内涵。至于祭祀屈原、祭祀伍子胥、祭祀曹娥等传说，可能均与南方人以龙舟运载逝者之风有关。种种传说又为端午节增加了无限的魅力，增加了浓郁的地方特色和深厚的思想教育意义。同时各地还有数不清的体育文娱活动，使端午更加热闹非凡。端午作为古老而又年轻的节日，今天我们仍在采用其蕴含的爱国思想（如纪念屈原乃至女诗人秋瑾，称为诗人节）、勇往直前的勇决精神、联合一体的团结精神（划龙舟、凤舟等体育娱乐活动），加以弘扬宣传，使之成为世代相传的佳节。

端午的禳解、祛除及避五毒

如上所述，端午在古人心目中是毒日、恶日，在民间信仰中这个思想一直传了下来，所以才有种种求平安、禳解灾异的习俗。其实，这是由于夏季天气燥热，人易生病，瘟疫也易流行，加上蛇虫繁殖，易咬伤人，所以要十分小心，这才形成此习惯。种种节俗，有采药、以雄黄酒洒墙壁门窗、饮蒲酒等。端午一定要用到菖蒲、艾草。

菖蒲生在水边，有淡红色根，叶形如剑，根可入药、做香料。艾草叶带清香，既可入药，又可作艾绒为灸，还可驱虫。它们是重要的药用植物，为维护人们的健康做了贡献，又成为节日里的驱邪之物。

这些看似迷信，但又有益于身体健康的卫生活动是包含科学道理的。端午实在可算是传统的医药卫生节，是人民群众与疾病、毒虫做斗争的节日。许多卫生习俗是今天仍然应发展，并应弘扬传承的：

①采药。这是最古老的端午节俗之一。《岁时广记》卷二十二"采杂药"引《荆楚岁时记》佚文："五月五日，竞采杂药，可治百病。"后魏《齐民要术·杂记》中，有五月捉蛤蟆的记载，亦是制药用。后来有不少地区均有端午捉蛤蟆之俗，如江苏于端午日收蛤蟆，刺取其沫，制作中药蟾酥；杭州人还给小孩子吃冲洗尽毒素的蛤蟆，说是可以消火清凉、夏无疮疖。还有在五日于蛤蟆口中塞墨锭，悬挂起来晾干，即成蛤蟆锭，涂于脓疮上可使消散。这种捉蛤蟆制药之俗，源于汉代"蟾蜍辟兵"之传说。又如湖北监利于端午"采百草"，亦采药草之俗。采药是因端午前后草药茎叶成熟，药性好，才于此日形成此俗。

②沐兰汤。端午日洗浴兰汤是《大戴礼》记载的古俗。当时的兰不是现在的兰花，而是菊科的佩兰，有香气，可煎水沐浴。

《九歌·云中君》亦有"浴兰汤兮沐芳"之句。《荆楚岁时记》："五月五日，谓之浴兰节。"《五杂组》记明代人因为"兰汤不可得，则以午时取五色草沸而浴之"。后来一般是煎蒲、艾等香草洗澡。在广东，则用艾、蒲、凤仙、白玉兰等花草；在湖南、广西等地，则用柏叶、大风根、艾、蒲、桃叶等煮成药水洗浴。

不论男女老幼，全家都洗，此俗至今尚存，据说可治皮肤病、去邪气。黑龙江黑河则有五月端午节于药泉山下起"药泉会"的习俗。

③饮蒲酒、雄黄、朱砂酒，以酒洒喷。蒲酒味芳香，有爽口之感，后来又在酒中加入雄黄、朱砂等。明冯应京《月令广义》："五日用朱砂酒，辟邪解毒，用酒染额胸手足心，无会虺（古书上说的一种毒蛇）蛇之患。又以洒墙壁门窗，以避毒虫。"

此俗流传较广。至今，如广西宾阳，逢端午时便有一包包的药料

艾草

菖蒲

出售，包括雄黄、朱砂、柏子、桃仁、蒲片、艾叶等，人们浸入酒后再用菖蒲艾蓬蘸洒墙壁角落、门窗、床下等，再用酒涂小儿耳鼻、肚脐，以驱毒虫，求小儿平安。另外有的地区还用雄黄酒末在小孩额上画"王"字，使小孩带有虎的印记，以用虎辟邪。

这些活动，从卫生角度来看，还是有科学道理的。雄黄加水和酒洒于室内可消毒杀菌，饮蒲酒也颇有益。

④采茶、制凉茶。北方一些地区，喜于端午采嫩树叶、野菜叶蒸晾，制成茶叶。广东潮州一带，人们去郊外山野采草药，熬凉茶喝。这对健康也有好处。

端午还有许多辟邪、灭疫活动，与上述的习俗有密切的联系。如以五色丝系臂，曾是很流行的节俗。汉代应劭《风俗通义》有记："五月五日，赐五色续命丝，俗说以益人命。"另外又有称长命缕、续命缕、辟兵缯、五色缕、朱索等。据说也是因屈原而起，可以驱除灾害。为什么五彩丝线有这么大的威力呢？在东晋葛洪的《抱朴子》中记述有将五色纸挂于山中，召唤五方鬼神的巫术，大概是以五色象征五方鬼神齐来护佑之意，源于我国古代的五行观念。另外，五色丝系臂可能源于古代南方人的文身之俗。《汉书·地理志》记越人"文身断发，以辟蛟龙之害"。虽系传说，却透出了一丝值得玩味的信息。五色丝系于臂上，或为文身遗俗。另外还有其他佩饰之物。比如，《太平御览》引《风俗通义》佚文："又有条达等织组杂物，以相赠遗。"条达，即彩色织丝带，亦与五色丝相行。又有佩蟾蜍以辟兵之俗（此俗久已失传，仅《太平御览》中有记载）。这些习俗传到后世，即发展成许多种漂亮好玩的香囊等饰物。如《东京梦华录》记北宋开封过端午要购"百索、艾花、银样鼓儿"，是佩戴饰物。《武林旧事》记南宋杭州时赐予后妃诸臣

"翠叶、五色葵榴、金丝翠扇、珍珠百索、钗符、经筒、香囊、软香龙涎佩带"。清《帝京岁时纪胜》："幼女剪彩叠福，用软帛缉缝老健人、角黍、蒜头、五毒、老虎等式。"是在端午制小人形（由古代艾人发展而来）、粽子、蒜头、五毒、巷虎等形的小香囊佩戴。《清嘉录》中记有另一种健人："市人以金银丝制为繁缨（古代帽子上系在领下的带子）、钟铃诸状，骑人于虎，极精细。缀小钗，贯为串，或有用铜丝、金箔为之者。供妇人插鬓，又互相献赍，名曰'健人'。"妇女也于髻上戴艾，插石榴花朵，既可驱邪，又兼装饰。

在端午设置种种可驱邪的花草，由来亦久。最早的如挂艾草于门，《荆楚岁时记》："采艾以为人形，悬门户上，以禳毒气。"这是由于五月艾含艾油最多（此时正值艾草生长旺期），所以功效最好，人们也就争相采艾了。除采艾扎作人形外，也将艾扎作虎形，称为艾虎，《荆楚岁时记》注文云："以艾为虎形，或剪彩为小虎，帖以艾叶。内人争

佩兰

五毒图

取戴之。"同时也在门上挂蒲束及葛蒲削的蒲剑、蒲束扎的蒲龙。《清嘉录》卷五："截蒲为剑，割蓬作鞭，副以桃梗蒜头，悬于床户，皆以却鬼。"桃梗是辟邪之吉物，蒜头被认为象征武器铜锤，与蒲剑、蓬鞭相配，以赶却鬼祟。另外还焚烧艾蒿等以驱赶蚊蝇。在湖南、浙江等地则采葛藤挂于门楣上，传说葛藤是锁鬼的铁链子，可驱鬼辟邪。

与采药、采艾蒲等相联系的有踏百草、斗百草等游戏，是古人于野外游艺之遗俗。后来发展成为插花等装饰艺术。

民间认为五月是五毒（蝎、蛇、蜈蚣、壁虎、蟾蜍）出没之时，民间要用各种方法以预防五毒之害。一般在屋中贴五毒图，以红纸印画五种毒物，再用五根针刺于五毒之上，即认为毒物被刺死，再不能横行了。这是一种辟邪巫术遗俗。民间又在衣饰上绣制五毒，在饼上缀五毒图案，均含驱除之意。

端午也以桃印为门饰。桃是民俗中驱鬼之物，源于神荼、郁垒之神话，以桃木刻印，亦为祛禳之意。《续汉书·礼仪志》："朱索、五色桃印为门户饰，以止恶气。"后世的朱符、吉祥葫芦即源于此。《梦粱录》卷三有"士官等家以生朱于午时书'五月五日天中节，赤口白舌尽消灭'"之句，这是宋代之俗。《燕京岁时记》又记："端阳日用彩纸剪成各样葫芦，倒粘于门阑上，以泄毒气。"这是清代之俗。有的还在纸葫芦上垂丝穗、飘带等，更为好看，或在葫芦中剪出五毒形状，挂贴于门，亦表示将五毒之气泄尽之意，称为"倒灾葫芦"。

至今民间仍有悬镜于门以辟邪之俗。在唐代，专于五月五日午时于扬州扬子江心铸铜镜，以进贡皇帝，称为"天子镜"，这也是辟邪之意（见《唐国史补》）。所以后世多于门前挂镜驱邪。

神荼、郁垒

倒灾葫芦

端午的钟馗与张天师

端午日，民间多挂钟馗像。在人们心目中，能赶鬼的钟馗是代表正义、吉祥的神。

宋朝科学家沈括所著《梦溪笔谈》的《补笔谈》，记述说钟馗原是武举不中的武士，唐明皇病中曾梦见他捉鬼，使明皇的病一下子痊愈了。于是唐明皇让吴道子画了他的像，后世逐渐流传开来。

其实，《文苑英华》卷九十五有唐人周繇《梦舞钟馗赋》，写的是开元年间的事，有"皇躬抱疾，佳梦通神。见幡绰兮上言丹陛，引钟馗兮来舞华茵"之句。黄幡绰是唐明皇时的演员，由他引来钟馗起舞，表示赶鬼，为皇帝治病，可见当时"舞钟馗"就是一种驱鬼舞。钟馗形象是长髯、短发、高冠、斜领，曳蓝衫，挥舞竹简，身边跟随一个小鬼。据赋中说，这么一舞，皇帝病就好了。赋又说"彼号伊祁，亦名郁垒"，说明舞钟馗源于《山海经》等处记载的古老神话，是冬月傩舞的节目，因为赋中又有"傩袚于凝沍（hù）之末"的句子。敦煌遗书中曾发现唐写本《除夕钟馗驱傩文》，也可证明。另外顾炎武《日知录》等书有考证钟馗之名的来源——由于钟馗即终葵，即椎，就是用以驱赶妖怪的大棒，所以后人把钟馗当成了驱鬼之神。挥舞钟馗而赶鬼，后世即流行钟馗赶鬼的种种传说了。

钟馗画像，原是岁暮悬挂于家中。如唐人张说、刘禹锡等，都有谢赐钟馗图之文字。《补笔谈》记载唐人"于岁暮图钟馗像，以祛邪魅"。《东京梦华录》载十二月时"近岁节，市井皆印卖门神、钟馗、桃板、桃符……"，后来也移到端午日悬挂。

清代《清嘉录》："（五月）堂中挂钟馗画图一月，以驱邪魅。……"钟馗是历代画家都喜爱的题材，如徐悲鸿、齐白石等大师都画过钟馗像。最普遍的是画钟馗持剑，对着一只蝙蝠，作呵斥状，叫作恨福来迟。又常有《钟馗嫁妹》之传说画。

张天师，也是端午驱邪之神。他是道教的创始人张道陵，民间相信他能驱邪赶鬼，多作其画或像悬挂。《梦粱录》卷三："以艾与百草缚成天师，悬于门额上，或悬虎头白泽（一种神兽）。"可见宋代已经很常见。《燕京岁时记·天师符》载："每至端阳，市肆间用尺幅黄纸，盖以朱印，或绘画天师钟馗之像，或绘画五毒符咒之形，悬而售之。都人士争相购买，粘之中门，以避崇恶。"另外还有泥塑天师，以艾为人头，蒜为拳头，放在门户上。天师之像，则多是手持剑，骑猛虎，虎踏五毒，表示消灭五毒、再无病害之意。如陕西凤翔年画中就有此形象。或作一只老虎，吞食五毒，即天师之化身，叫作天师符。还有上述"倒灾葫芦"，亦与之有关。

钟馗

张天师

龙神与龙舟

端午最盛大、最重要的节日活动是划龙舟竞渡比赛，是奋发向前、激烈拼搏的体育活动，惊心动魄，每年总能吸引成千上万人争相观看，充分体现了我们的进取精神。

龙舟，又称龙船，是民间视为龙的特殊船只。民间龙舟赛，多在五月端午时举行（亦有二、三、四、六等月举行），但并不限于五日，也有在初一或初五，或十五日举行。当然仍以在端午日举行为主。在地点上，过去多在南方水域进行，最盛的是湖北、湖南、江西、江苏、福建、浙江、四川、广东、广西、云南、贵州等地。其次则是安徽、台湾、上海及香港、澳门等处。北方的龙船，则多是在开封、北京、天津、河北承德、西安等地，与古代皇帝游艺有关。国外则是日本、朝鲜、越南、泰国等东亚、东南亚国家有，多受中国影响。甚至加里曼丹、新几内亚等地也有龙舟（独木舟）竞渡之戏，均由我国南方传出。我国南方可谓龙舟之故乡。

　　关于龙舟的起源，民间有许多传说。或说是为了纪念屈原、曹娥、伍子胥等。闻一多先生则认为源于古代龙图腾崇拜。这是较准确的说法，影响最大，但也仍有局限性。我则认为，龙舟是综合了远古时代人们对龙神（蛇神、水神）的崇拜、祭祀以及魂舟观念的产物。

　　龙舟兴起于中国南方，古代楚、吴、越国为其故地。这些地区的人们处于湿热、多蛇鳄之区，常食蛇鳄，又受蛇鳄之害，故而以蛇鳄为图腾，并衍化为龙神，加以祭祀（南方龙神与北方龙神后来融合为一）。蛇多生于水旁，故而龙神又为水神。另外古代南方人多于江海上操舟捕鱼，浙江河姆渡遗址有距今已经七千年的成堆木桨。稍后各地也有木桨、木楫等新石器时代的船具出土，可见古代南方人善于操舟。祭祀龙神（水神）、善于操舟这两项风习在古文献中有零星记载。《越绝书》载古代越族"习于水斗""以船为车"，又"断发文身"，以避蛟龙之害。直到后世，这些风习尚有遗留，如南方的水上居民——疍（dàn）民，是在广东、福建、广西沿海港湾与内河上从事渔业或水上运输的居民,以船为家,多尊崇蛇、祭祀蛇。正是因为尊崇龙神,祭祀龙神,所以古人也视自己的舟船为龙,以求龙神护佑。他们在舟船上画雕龙形,期盼自己惊涛骇浪中的渔猎生活能够平安、逢凶化吉,这就产生了祭祀龙神的盛大祭日。直到近代,一些疍民、渔民仍在舟船上画一对龙眼,认为舟船成了龙,就会平安,捕鱼也多。从中约略可见古代的观念。

在祭龙时,人们把糯米装入竹筒或裹在树叶中献给龙神食用(投入江中),同时击鼓,划着龙形之舟,做竞渡游戏,既娱龙神也娱人。这就是后世竞渡的来历之一。

在一些文物上,可见到古代竞渡之情景。如浙江鄞州出土的一件春秋时的铜钺,上刻两条相向的龙,下以边框线表示狭长的轻舟,上有四人,头戴羽毛冠,持桨操舟。广西出土的一些先秦铜鼓上则多装饰一圈圈狭长船纹,有头戴羽冠的人正争划着船,竞渡之意显然。不过铜鼓上的船头装饰是披着羽毛的鸟头,是鸟舟,古代人们是视鸟为图腾,为日神或风神,鸟神与龙神同受崇拜,所以出现了鸟舟(后世又衍化为凤舟、龙凤舟)。另外,鸟还因作为引路、引逝者灵魂上天的使者而受人尊崇,鸟舟含有送逝者上天国的含义。

这里说到龙舟的又一个内涵:魂舟。在古代楚国之地长沙出土了两幅帛画,一幅为《凤夔人物帛画》,一幅为《人物御龙帛画》。前者绘一妇女对一只凤凰和一只夔龙做祈祷,众学者认为这是祈求死者灵魂升天,以凤夔为驾驭之物。后者是一位士大夫驾驭一龙,升上天空;龙弯曲作舟形,龙下有一鱼,更确切地暗示着这就是一条龙舟。无疑,这是表示死者的灵魂由龙舟运往天国、乘龙升天之意。龙舟尾有一立鹤,其义与凤凰一样,是引魂升天之使者。龙舟,有运送逝者灵魂之含义。这是由于人们生前过农耕兼渔猎生活，日日操舟，死后自然又以舟为棺，要把逝者以舟运达悬崖岩洞中，进行高地崖葬（悬棺葬），以与仙国中的祖先会合。因此以龙舟为载体，以鸟图腾为使者，引导逝者。这样龙舟就多了魂舟之意，鸟舟亦然。龙舟、鸟舟结合，即后世的龙凤舟。

至今，广东个别地区仍传龙舟为送老人之具，江西部分地区，端午期间有"号船"活动，号船队伍里有一具酷似真棺的棺，棺两侧各画一条龙舟，舟上绘阴间魑魅鬼怪竞渡之状。棺的抬杠前端圆形截面写"日"字，后端写"月"字，以表示阳界阴间。这可见号船是古代以龙舟送亡魂至阴界的仪式的遗存。这正是龙舟竞渡的习俗、划着龙舟寻找屈原尸体的传说的根源之一。至今民间仍有跪式划龙舟、祭祀屈原之仪式。近代东南亚达雅克人（加里曼丹岛居民）仍有以龙舟运逝者灵魂往天国的习俗，也可以证明。

另外，龙神为水神，古代的龙舟竞渡还有击鼓、呼唤、祈求下雨之仪式，到后世也衍化为祭祈求风调雨顺、谷物丰收。龙舟竞渡到后世，又往往祭祀龙母、龙王神，这可算是龙神人格化的产物。在四川、广东等地，均有杀公鸡、淋血于龙舟头上之俗，还有挂红布于龙头，以糯米祭龙等，也与元宵节祭祀龙灯之俗相同。可见元宵龙灯与端午龙舟均源于古代的龙神崇拜。不过龙舟更多地保存水神之特征及魂舟之俗，并融入端午之节俗。

在汉代帛画壁画、画像石中，亦有人物乘龙凤升天之形象，亦与龙舟、鸟舟之观念相关。

以上，是龙舟竞渡的深层次起源。（可参见《中国民俗学研究》第一辑，万建中文。）

龙舟竞渡与祭祀屈原、曹娥

龙舟一词，最早见于先秦古书《穆天子传》卷五："天子乘鸟舟龙卒浮于大沼。"

《九歌·湘君》中"驾飞龙兮北征，邅吾道兮洞庭"，"石濑兮浅浅，飞龙兮翩翩"，学者们也认为"飞龙"即龙舟。《湘君》即描写湘人驭驾龙舟，将玉佩沉入江中（与抛粽子入江相仿）悼念某位历史人物之诗。这与"魂舟"暗合，与楚国《人物御龙帛画》之像暗合，可互为印证。

《荆楚岁时记》载："五月五日，谓之浴兰节。……是日，竞渡，竞采杂药。"

此后，历代诗赋、笔记、志书等记载龙舟竞渡就数不胜数了。

龙舟，与普通船只不太相同，大小不一，桡手人数不一。如广州黄埔、郊区一带龙船，长33米，桡手约80人。南宁龙舟长20多米，每船五六十人。湖南汨罗县龙舟则长16至22米，桡手24至48人。福建福州龙舟长18米，桡手32人。龙船一般狭长、细窄，船头饰龙头，船尾饰龙尾。龙头的颜色有红、黑、灰等色，均与龙灯之头相似，姿态不一，一般以木雕成，加以彩绘（也有用纸扎、纱扎的）。龙尾多用整木雕，上刻鳞甲。除龙头龙尾外，龙舟上还有锣鼓、旗帜或船体绘画等装饰。如广东顺德龙舟上饰以龙牌、龙头龙尾旗、帅旗，上绣对联、花草等，还有绣满龙凤、八仙等图案的罗伞。一般龙舟没有这么多的装饰，多饰以各色三角旗、挂彩等。古代龙舟也很华丽，如画龙舟竞渡的《龙池竞渡图卷》（元人王振鹏所绘），图中龙舟的龙头高昂，硕大有神，雕镂精美，龙尾高卷，龙身还有数层重檐楼阁。如果是写实的，则可证古代龙船之精丽了。又如《点石斋画报》之《追踪屈子》绘芜湖龙船，也是龙头高昂，上有层楼。有的地区龙舟还存有古风，很精丽。

又如浙江地区，是以龙舟竞渡纪念曹娥。《后汉书·列女传》中载，曹娥是投江死去的，民间则传说她下江寻找父尸。浙江地区多祭祀之，《点石斋画报·虔祀曹娥》即描绘会稽地区人民祭祀曹娥之景象。

《清嘉录》中记吴地（江苏一带）竞渡，是源于纪念伍子胥。苏州因此有端午祭伍子胥之旧习，并于水上举行竞渡，以示纪念。另外还有广西的纪念马援、福州的纪念阎王王审知等仪式。

各种祭祀、纪念之仪式，无非是点香烛，烧纸钱，供以鸡、米、肉、果、粽子等。

人们祭祀龙神庙时气氛很严肃，多祈求农业丰收、风调雨顺、去邪祟、禳灾异、事事如意，也保佑划船平安。用人们的话说，"图个吉利"，表达人们内心良好的愿望。

在正式竞渡开始时，气氛十分热烈。唐代诗人张建封《竞渡歌》："……两岸罗衣破晕香，银钗照日如霜刃。鼓声三下红旗开，两龙跃出浮水来。棹影斡波飞万剑，鼓声劈浪鸣千雷。鼓声渐急标将近，两龙望标目如瞬；坡上人呼霹雳声，竿头彩挂虹霓晕；前船抢水已得标，后船失势空挥桡。……"这些诗句淋漓尽致地写出了龙舟竞渡的壮景。妇女们平时是不出门的，如今也争着来看龙船，银钗耀日；鼓声、红旗指挥下的龙舟飞驰而来，棹如飞剑，鼓声如雷；终点插着锦绮彩竿作为标志。龙舟向着标竿飞快地驰近……近代的龙舟比赛也大抵相同，不过规程稍稍严格一些。近年来，国内外都有大型国际龙舟比赛，吸引了各国健儿。

除了比赛速度外，划龙舟还有其他一些活动。比如龙舟游乡，是在龙舟竞渡时划着龙舟到附近熟悉的村庄游玩、集会。有时龙舟还有各种花样的划法，具有表演的含义。如广州的龙舟，挽手用桨叶插入水中，再往上挑，使水花飞溅；船头船尾的人则有节奏地顿足压船，使龙舟起伏如游龙戏水一般。浙江余杭龙舟，有的是让人把龙尾踩低，使龙头高翘，船头的急浪便从龙嘴中喷吐出来，如龙吞云吐雨一般。

也有的是游船式竞渡。如《淮南子·本经训》"龙舟鹢首，浮吹以娱"，是划着龙船、摇船在水上奏乐、游玩。《梦粱录》载南宋杭州"龙舟六只，戏于湖中"。湖上有龙舟，只是画舫游船的一部分。

唐、宋、元、明、清各代皇帝，均有临水边看龙舟的娱乐，也属于游戏之类。

《旧唐书》中记穆宗、敬宗，均有"观竞渡"之事。《东京梦华录》卷七，记北宋皇帝于临水殿看金明池内龙舟竞渡之俗。其中有彩船、乐船、小船、画舱、小龙船、虎头船等供观赏、奏乐，还有长达四十丈的大龙船。除大龙船外，其他船列队布阵，争标竞渡，作为娱乐。宋张择端《金明池夺标图》即描绘此景。又明代皇帝，在中南海紫光阁观龙舟，看御射监勇士跑马射箭。清代则在圆明园的福海举行竞渡，乾隆帝、嘉庆帝等均往观看。

又有夜龙舟。在浙江武进，过去有夜龙舟，在四面挂起小灯以竞渡。四川五通桥从1982年起出现了夜龙舟，在舟上装电灯，配焰火，漂浮河灯，辉煌夺目。浙江少数地方还于水上设堆堆浮焰，让张灯结彩的龙舟从焰中穿过。

又有旱龙舟，是在陆地上进行的模拟龙船比赛的活动。如《南昌府志》载："五月五日为旱龙舟，令数十人舁（yú，共同抬东西）之，传葩代鼓，填溢通衢，士女施钱祈福，竞以爆竹辟除不祥。"浙江武义县，过去也有旱地推端午船之俗，也认为可除邪崇。另广东的佛山、东莞、信宜都有旱地划龙舟之俗，实际上是一种舞蹈，但日期不一定在端午。佛山秋季的旱地龙舟最为壮观。又如《徽州府志》载："五月五日，迎神船逐疫，船用竹为之，袭画状似鳅，以十二人为神，载而游绪市。"另有把小型旱龙船给小儿做玩具的。

福建石狮市的蚶江与台湾鹿港两地民众则喜欢对渡泼水，在海上驾船竞渡，互相追逐，互泼龙舟水，唱"对渡泼水"的民谣，以获得吉利，也使两地民众情谊更深。

在划龙船时，又多有唱歌助兴的龙船歌流传。如湖北秭归划龙船时，有完整的唱腔，词曲根据当地民歌与号子融汇而成，歌声雄浑壮美，扣人心弦，即"举楫而相和之"之遗风。又如广东南雄县的龙船歌，是在四月龙船下水后唱到端午时止，表现内容十分广泛。流传于广西北部桂林、临桂等地的龙船歌，在竞渡时由众桡手合唱，有人领呼，表现内容也多与龙舟、端午节俗有关，歌声宏远动人。《广西民间音乐选集》中收有临桂县《龙船歌》组曲及谱子，如号子般的节奏鲜明、热烈，唱起来必定十分动人。

又有女龙船。在过去，许多地方的龙舟竞渡均不许妇女参加，认为妇女接触龙舟很不吉利。如今各地都出现了女子龙舟队，英姿飒爽的女子奋勇争先，丝毫不弱于须眉男儿。

与春节有舞龙也有舞凤一样，端午有龙舟也有凤舟。凤舟的来源如上所述，是源于远古的鸟舟、鹢舟。古代宫廷中有凤舟（如明代《天府广记》中记宫廷便有，是供皇帝游玩的），民间有凤船竞渡。清代檀萃撰《粤囊》载："龙舟以吊大夫，凤船以奉天后，皆于五日为胜会。庚午之夏，番禺石桥村人聚万金，制凤船，长十丈，阔丈三，首尾高举，两舷重翼为舒敛，背负殿宇，以奉天后，游各水乡。"1964年后香港又出现了凤艇赛。这种凤艇艇身稍短，可坐16名队员，饰有凤头、凤尾，由女队员竞渡。这的确是一种很好的比赛形式，合龙凤呈祥之意。

有的地方还有龙凤船。广东《顺德县志》载："大良之龙凤船妙极华丽。"但今已不见了。湖南汨罗市的龙舟，前装龙头，后置凤尾，凤尾是用包有红纸的竹篾做成扇形插于船尾，如雉尾一般，也可称为龙凤船。龙凤船，似乎是龙船与鸟船相融合后留下的痕迹。

《中华民族传统体育志》中《龙舟竞渡》一文，收录了全国各地较完备的龙舟竞渡资料，可参看。

端午的其他游艺娱乐

端午除了划龙舟外，还有一些游艺活动。如从采药活动中衍化出来的踏草、斗草游戏，十分有名。踏草游戏，即类似踏青的游玩活动。斗草，又分文斗与武斗。文斗，是把花名草名相对，如对对联一般，谁对不上就算输了。如《红楼梦》六十二回香菱斗草即此类游戏。《镜花缘》中亦有详述。武斗，是采来花草，双手各持一端，与另一人手持的花草互相拉扯，谁的折断就是输了。踏草又名踏百草，斗草也叫斗百草，是在《荆楚岁时记》中就有记述的。

另外端午有射箭之戏，《金史·礼志》："金因辽俗，重五日插柳去地约数寸，削其皮而白之。先以一人驰马前导，后驰马以无羽横簇箭射之。既断柳，又以手接而驰去者为上。断而不能接去者次之。每射必发鼓以助其气。"至明代，是把鸟雀贮于葫芦中射之。

打马球，也是端午之戏之一。马球，是骑在马上，持棍打球，古称击鞠。三国曹植《名都篇》中有"连翩击鞠壤"之句。唐代长安，有宽

打马球

大的球场，玄宗、敬宗等皇帝均喜马球。章怀太子墓中《马球图》，画出了唐代马球的兴盛：二十多匹骏马飞驰，马尾扎结起来，打球者头戴幞巾，足登长靴，手持球杖逐球相击。《析津志》记辽国把打马球作为节日的传统风俗，于端午、重九击球。《金史·礼志》也记金人于端午击球。宋代、明代，马球仍流行。明《宣宗行乐图》长卷中绘有宣宗赏马球之场面。

　　当时的官员王直有端午日观打球的诗："玉勒千金马，雕文七宝球。鞚飞惊电掣，仗奋觉星流。欻过成三捷，欢传第一筹。庆云随逸足，缭绕殿东头。"北京白云观前也有群众骑马击球之典。清代天坛一带也还有马球运动，直至清中叶之后，马球才消失了。近年西安又出现了仿古马球运动，使这一古老的体育运动在绝迹多年后又出现在中华大地上。

此外，北京还有游天坛的风俗。《帝京景物略》卷二："五月五日之午前，群入天坛，曰避毒也。过午后，走马坛之墙下。无江城系丝段角黍俗，而亦为角黍。无竞渡俗，亦竞游耍。"上海还有钟馗赛会，由一男子饰成钟馗，手挥宝剑，前举一纸糊蝙蝠，作"恨福来迟"状；跟随全副仪仗，穿行街市以驱祟。另外端午期间还有马戏、抢鸭活动。

端午的花饰与衣饰

端午采艾、蒲草为门户、厅堂装饰兼驱邪，可追溯到春秋战国时期的采药之俗。

后来变成了多种节日的花饰，包括妇女衣鬓装饰、家中插花、挂花装饰等。如《武林旧事》记南宋宫中端午布置："意思山子数十座，五色蒲丝百草霜，以大合三层，饰以珠翠葵榴艾花。蜈蚣、蛇、蝎、蜥蜴等，谓之'毒虫'。及作糖霜韵果、糖蜜巧粽，极其精巧。又以大金瓶数十，遍插葵、榴、栀子花，环绕殿阁。"又载："市人门首，各设大盆，杂植艾蒲、葵花，上挂五色纸钱，排钉果粽，虽贫者亦然。"到后世就发展为高雅的插花艺术形式。《清嘉录》卷五记载五月端午："（苏州）瓶供蜀葵、石榴、蒲蓬等物，妇女簪艾叶、榴花，号为'端午景'。"清朝画家郎士宁曾绘《端午图》，图上有大瓶，插满石榴、蜀葵，旁边盆内置粽子、李子、樱桃等。

人们一般把蒲、艾、榴花、蒜头、龙船花（山丹，另一种龙船花则为茜草科龙船花属），合称天中五瑞，作为端午节花的主要花材。妇女们还喜欢在鬓上插石榴花等作装饰。

山丹

　　端午的衣饰，主要是各色五色丝、香囊、虎符等。古人还有珍珠索、龙涎香佩带等系于脖颈，或佩戴在身。至今还很常见的是各种绣花小香袋，有各种花卉、鸟兽、瓜果、人物等，是很精美的民间手工艺品。

　　民间还有端午送肚兜给孩子的习俗。如陕西一些地区，外婆要给自己的外孙送一条肚兜，上绣各式图案，以辟邪祟，还有给小孩子送绣满五毒图案的背心，表示以毒攻毒。古代女子要在此日换生衣，即过夏天的新衣，以及衲着艾草的虎与五毒图案的艾虎衫。

端午的食品

　　端午食品，首推粽子。粽子的起源，多是引《续齐谐记·五花丝粽》："屈原五月五日投汨罗水。楚人哀之。至此日，以竹筒子贮米，投水以祭之。"据此，可推粽子起源于祭祀屈原之食品，但这只是传说

粽子

而已。其实，以竹筒贮米煮食或以叶子裹米煮食，本是原始社会未发明陶器时的炊煮之方法。至今在民间，尚有竹煮饭、叶包饭之俗。因为有屈原传说的广泛流传，所以就和这种传说相融合了。认为抛粽子入江是祭祀、纪念屈子。其最初的含义实则是为了祭拜龙神。

《齐民要术》引晋代周处的《风土记》有"仲夏端午，烹鹜角黍。"注："粘黍一名'糉'（粽），一曰'角黍'。盖取阴阳尚相裹，未分散之时象也。"角黍也即粽子，因包黍米，锥尖如角，因而得名，也可用糯米做，后世多用糯米。至于粽的得名，据说是因为尖角如棕榈叶心之形状，故而称粽（糉）。《本草纲目》即如此解释。

最初的粽子不过是一团米而已。以后花样就逐渐增多了。唐宋时名目就有巧粽、青菰粽、碧筠粽、果粽、蜜粽、杨梅粽、九子粽、百索粽等。唐明皇有诗歌云："四时花竞巧，九子粽争新。"九子粽即以彩线把九只粽子扎在一起，是一种节日礼品。唐代皇宫中还有一种射粽游戏，把粽子摆在桌上，用小弓箭来射，射中了才能吃。又有一种解粽子比赛，吃时比谁的粽叶最长，解得最快。如宋代陆游有"盘中共解青菰粽"之句（见明代《山堂肆考》）。后世粽子中加甜、咸、肉馅，花样

九子粽

百出。各地粽子风味各有不同，粽子既成为节日食品，也可在平常食用。节日时也多作礼品互赠。

除粽子外，端午还有许多食品，如《梦粱录》载："艾、粽、五色米团、时果……"《武林旧事》载："糖霜腰果。"清代还吃各种果品。《燕京岁时记·五月端阳》："京师……每届端阳以前，府第朱门，皆以粽子相馈贻，并附以樱桃，桑葚、荸荠、桃、杏，及五毒饼、玫瑰饼等物。"

鸡蛋也是端午的食品之一，也和古代卵生神话有关。小孩子们未出被窝，家人就把鸡蛋送来，在肚子上滚几下再剥皮吃掉，据说肚子就不疼了。可见吃蛋是为了求健身之意。

天贶节 / 晒衣洗浴求平安

天贶节的起源

天贶（kuàng，增、赐之意）节，又称六月六、姑姑节。天贶节名源于宋代。《道教大辞典》载，宋代宋真宗称梦见神人降下天书，分别于正月、六月两次降天书于京师、泰山，于是定第二次降天书的日期——六月六日为天贶节，建天贶殿于泰山（今日的岱庙天贶殿）。后也有于此日祭祀泰山神（东岳大帝）之俗。

民间的节日活动，则主要是藏水、晾晒衣物书籍、人畜洗浴；妇女回娘家尝新、求丰收、求晴天等，与拜神没有多大关系。

六月六节俗，如洗浴、求平安等，体现了夏季节日的特点，起源是秦汉时的伏日（参见张君《神秘的节俗》）。

伏日就是入伏之日。夏至后第三个庚日是初伏，第四个庚日是中伏，立秋后第一个庚日是末伏。"冷在三九，热在三伏"，即说三伏天是最热之时。此时因为暑热最厉害，易生病疫，古人认为要加以禳解。《史记·秦本纪》："（德公）二年，初伏，以狗御蛊。"即杀狗以禳解热毒恶气。秦德公即制定伏日之人。所谓伏，就是隐伏避开盛暑之意。古代杀狗后把狗肉块送到东西南北四城门祭祀神灵（因为狗会看门），以求全城安宁。这是当时抵御暑热的方法之一，这种禳毒思想成了后世避暑热种种方法的思想起源。

稍后，在汉代，伏日有赐肉之举，朝廷在伏里要赏赐大臣酒肉。

汉代已经把伏日延长为三伏，当时民间视为与腊日一样的大庆典节日。《汉书·杨恽传》："田家作苦，岁时伏腊，亨羊炰（páo）羔，斗酒自劳……是日也，拂衣而喜，……顿足起舞，……"可见当时伏日饮食、歌舞之一斑。后世又有在六月六尝新、饮食者，或受到此伏日的影响。

魏晋以下，伏日仍有吃"辟恶饼"的。《荆楚岁时记》说六月伏日吃汤饼，名为辟恶饼，是一种面食，或是把面团放入汤煮食。辟恶就是辟热毒之恶。又《荆楚岁时记》佚文"伏日或沉饮食于井"，即把食物饮料放在井水中凉浸。又如《魏典略》载当时"常以三伏之际，昼夜酣饮极醉，至于无知，云以避一时之暑"。这又是后世种种避暑法的源头之一。

后世的伏天吃食很多，《清嘉录》载："街坊叫卖凉粉、鲜果、瓜、藕、芥辣索粉，皆爽口之物。"

藏水、晒衣与书、洗浴

明清以来，民间有许多避暑之法，如藏水。沈榜《宛署杂记》卷十七："六月六日，各家取井水收藏。以造酱醋，浸瓜茄。水取五更初汲者，即久收不坏。"这源于古代浸饮食于井中之风俗。清代民间还在六月六日喝绿豆汤解暑，或喝六一散：六份石膏、一份甘草配合出来，或加一味青蒿，即青蒿六一散。喝了就可以消暑解毒，是很普遍的中成药水。伏日制酱也很盛行，有"伏酱腊醋"之说。

"六月六，晒红绿。"六月太阳猛烈，适宜晾晒衣物，民间多于此日晒衣物后贮存起来。寺观及普通藏书人家也要晾晒书籍、经典，连皇宫内府也要晒内藏的各种档案文书。《万历野获编》中的《风俗》篇载："六月六日本非令节，但内府皇史宬晒曝列圣实录，列圣御制文集诸大函，则每岁故事也。"《宛署杂记》也载："曝所有衣物，是日朝内亦晒銮驾。"

六月六盛行洗浴，是求人口平安、洗浴祛暑之意。《万历野获编》载："至于时俗，妇女多于是日沐发，谓沐之则不腻不垢。至于猫犬之属，亦俾浴于河。京师象只，皆用其日洗于郭外之水滨，一年惟此一度。"不但人们要洗浴，连动物们也要洗。明清时洗象是京师之一景，皇帝朝会，要用驯象驮宝器作为仪仗，表示太平有象。每年六月六，要在宣武门外护城河为大象洗浴，让大象尽情冲浪戏水，吸引大批游人观看。

明代徐文长有诗："帝京初伏候，出象浴城湍。"即写此。《点石斋画报》中《年例洗象》一画即画此景。

除了洗象外，也洗别的牲畜。《燕都游览志》说："每岁六月六日，中贵人用仪仗鼓吹导引，洗马于德胜桥之湖上，三伏皆然。"

六月六，请姑姑

六月六日，在北方不少地区均有妇女回娘家之俗，即请姑姑回家，所以六月六又称姑姑节。相传这是源于晋国大夫狐偃与女儿、女婿和解团聚之故事。在陕北地区，妇女们带上一些食品，骑着小毛驴，仔细梳妆打扮，"梳油头，戴翠花，红绸袄子绿背褡"，赶回去和娘家人团聚。小孩也要跟母亲回去，回来时要用红色在额上印个标记，作为辟邪求福的象征。团聚的饭菜都很丰富，临走时还要带上一些礼品。河南妇女回娘家时，还要包饺子吃，吃前先敬祖，往祖坟祭拜，以饺子上供。

尝新、求丰收、求晴、虫王节

广西等地区的农家以此日为尝新、吃新之节日，因为此时正值新谷收获之时，农家要煮新米饭吃，并杀鸡宰鸭，欢庆丰收。或吃新芋头，俗云"六月六，开芋屋"。

南宁一带，过去多摆三牲往田边祭祀土地，是祈谢丰收之俗，还在田野中插满纸旗，以驱除虫害。湖北武昌、黄陂等地，每年夏至后逢卯日"吃新"，又叫过半年，以庆贺新谷萌发。除了杀牲祭祖、饮宴外，还摘新谷穗祭祖。近代湖南宁远地区则在六月择辛日尝新，还要把新米饭拿来喂狗，据说五谷是由狗尾插种的（见《中华全国风俗志》）。如今，敬神一类习俗已经少了，民间一般是在六月六尝新，吃丰盛的菜肴，然后迎接夏收夏种、夏粮入库。

六月多遇大雨，因季节使然。如遇上连绵阴雨，对夏季农忙是不利的，民间又多有求晴之俗。《燕京岁时记》："六月乃大雨时行之际，凡遇连阴不止者，则闺中儿女剪纸为人，悬门于左，谓之扫晴娘。"这是在北方广为流传的求晴天风俗。多剪纸为妇女形象，伸展双臂，两只手各拿一把扫帚或拿树枝，做出一派驱云赶雨之状。

在江苏淮安，民间有吃炒面之俗，相传是一位妇女首创，给四海龙王吃碗炒面，就不再布雨，天也晴了。可见吃炒面也是为了求晴。

虫害对农业危害甚烈，为了避免虫害，民间又在六月六日或稍后一些日子祭祀虫王。《中国行业神崇拜》介绍了这些习俗。虫王也即掌管百虫之神，如获罪于他，他就放出害虫危害庄稼。其形象是一个大汉，手持装满虫子的瓶子。他一旦发怒，把瓶盖打开，虫子就飞出来。又《北平岁时记》卷六："（六月）二十二日，俗称虫王生日。相传虫王为掌管虫蝗之神，北京西郊各农圃，多于是日祀之。"

民间又有祭青苗之神。如昆明一带，多于六月六做青苗会，祭祀青苗太子，祈求秧苗肥壮，虫害不生。别的地区也有祭祀青苗神的习俗。

古代蝗虫灾害极烈。人们普遍信奉驱蝗神刘猛将军，同时也用火烧、网捕、土掩埋、众人围攻等方法，努力消灭蝗虫，确保丰收。

另外，在山东，民间于六月六日举行祭祀东岳大帝的庙会。还有人认为六月六日是麦王的生日。在广东一些地区，六月还有龙舟比赛。甘肃榆中也有农历六月六庙会，妇女求子者，跪在太白泉边捞起水中石子，用红布包好，相传便可得子。六月荷花盛开，不少地方还定六月中某一天为荷花生日，举行种种游戏，观赏荷花。

青苗神

莲诞节 / 芙蓉生辰醉花汀

莲诞的起源

莲诞节，又名荷花生日、莲花生日、观莲日，是个地方性节日，专以观赏荷花、进行和花有关的游艺娱乐为节俗，影响至今。我国的传统名花中，牡丹于谷雨时观赏，菊花于重阳观赏，竹于竹醉日观赏（五月十三日或八月八日）。

莲花于六月间盛开时最为美丽，因而人们定六月某日为莲花生日，进行观赏游艺活动（在山东定在六月六日，而在江苏定为六月二十四日）。这个节日，在江南水乡一带莲花盛开的地方尤为盛行。

莲花，又称荷、芙蓉、芙蕖、藕花等，位列中国十大传统名花，属于较重要的花卉种类。我国是莲花的原生地之一，早在五千多年前的仰韶文化遗址已出现了碳化的莲子化石，说明当时利用莲子作食物。周代，藕作蔬菜已很普遍了。《诗经·山有扶苏》："山有扶苏，隰（xí，低湿的地方；新开垦的田）有荷华。不见子都，乃见狂且。"这诗句是写泽地边荷花盛处，女子与情人相会失约之叹。《楚辞》中，《离骚》有句："制芰（jì，古书上指菱）荷以为衣兮，集芙蓉以为裳。"《少司命》写："荷衣兮蕙带，倏而来兮忽而逝。"《九歌·湘夫人》写："筑室兮水中，葺之兮以荷盖。"《离骚》之句，喻的是诗人屈原的高洁，后两节句子也皆与情侣相会有关。

汉代后写莲花之诗更多。如著名的民歌"江南可采莲，莲叶何田田。鱼戏莲叶间。鱼戏莲叶东，鱼戏莲叶西，鱼戏莲叶南，鱼戏莲叶北"，是一首题名为《江南》的古歌辞。余冠英先生在《乐府诗选》中认为，莲为双关隐语，影射"怜"字，即爱字。

采莲暗指寻找爱人，鱼则用来代指情侣，此诗是写情侣游戏、相爱之作。又《西洲曲》中亦有"开门郎不至，出门采红莲。采莲南塘秋，莲花过人头"等句子。至三国曹植《芙蓉赋》："……于是娈童媛女，相与同游，擢素手于罗袖，接红葩于中流。"在唐诗宋词中，以莲、莲子、采莲等为题材喻写男女之情爱者也很多见。而以莲喻高洁者，则有李白、杜甫、白居易、王维、苏东坡等，无法计数，与荷有关的诗文、故事极多。

莲花的文化内涵，基本是取民间以莲为情爱、相合的象征含义；又取文人以莲花为高尚、纯洁的含义；还有佛教与传统的道教均视莲花为神圣的花。其中，以莲花为情爱象征，是源于古代男女情侣自由地在水滨相会之俗，如同桑林之会一般。后世青海某地六月六日有莲花会，男女可以自由相恋，即其遗风。汉代后，男女之间的这种自由逐渐少见了，《诗经》《楚辞》中的直接描写男女相爱之诗境，便演变成了唐诗宋词以及以后的诗词中隐约写及采莲、怀念恋人之境界。同时在民间也保存了一些隐约的影子。如甘肃一带的剪纸"莲生娃娃"，描绘胖娃娃坐于莲花之中；广西宾阳县一带的元宵送灯求子，灯是白莲花与鱼形。均以莲花象征生殖、生育。以莲花为高洁象征，是经屈原及历代文人不断吟咏而发展起来的，因为荷"出淤泥而不染，濯清涟而不妖"（宋周敦颐《爱莲说》之句）。

莲诞节正是在这深厚的中国莲花文化的土壤中发展起来的。人们在这个节日中，赏莲、栽莲，吟咏游戏，流连忘返，尽情饱览莲的秀色。节日的主题，不外是爱莲、赞莲之高洁；借莲抒发美好的爱情、友谊等。

观莲节起源很早。在明人张岱的《陶庵梦忆》卷一里，记录苏州人过荷花生日的热闹景象："六月二十四日，偶至苏州，见士女倾城而出，毕集于葑门外之荷花宕。……舟楫之胜以挤，鼓吹之胜以集，男女之胜以溷，歊暑燁烁，靡沸终日而已。荷花宕经岁无人迹，是日，士女以鞋靸不至为耻。"《清嘉录·荷花荡》也记："六月二十四日又为荷花生日。旧俗，画船箫鼓，竞于葑门外荷花荡，观荷纳凉。"后世相沿成节，划画舫入荷荡，纳凉饮宴，十分欢乐。

莲诞的种种习俗

在莲诞节，有许多习俗。除上述的乘船赏荷、纳凉外，还有乘船采莲之俗。女人们喜欢乘坐小船，划往荷花丛中，采摘莲花回来插瓶。如清代画家陈枚的《月曼清游图册》组画中，《六月》画的就是女人们撑船采莲归来，船上瓶中插满了荷花的情景。

插荷于瓶，也是很古老的习俗。南北朝时《南史·晋安王·子懋传》载："有献莲华供佛者，众僧以铜罂盛水，渍其茎，欲华不萎。"宋代欧阳修、陆游等文士均采摘荷花于居室中以祛暑。杨万里有诗："红白莲花共玉瓶，红莲韵绝白莲清。空斋不是无秋暑，暑被花销断不生。"因此，后世插荷于瓶的习俗十分流行。

放荷灯也是一种节俗。江苏一些地区，在荷花生日时，以彩纸作灯，燃之放入水中花旁，以示庆祝之意（见《中华全国风俗志·江苏》）。

情侣夫妻之间，还要互赠莲子，表示怜爱。《广群芳谱》引《内观日疏》："六月廿四日为观莲节，晁采与其夫各以莲子馈遗为欢。"至于文人雅士，则喜欢吟咏荷花诗词，写画荷花并饮荷酒，吃荷花食品等，作赏荷宴。

在浙江省嘉兴南湖水面，过去还有别开生面的抢荷花船比赛，于莲诞日举行。在荷花水面上放两条或更多的船，用长绳相背而系，双方再向相反的方向划船。在每一方前50米处各置一丛荷花，或各由美丽女子妆成荷花仙子立于那里。哪一边把船划到荷花处或荷花仙子处，哪一边

放荷灯

就是胜者，可将荷花带走。比赛时，两边船呈拉锯状态，时东时西，十分热闹，常要很久才能决出胜负。

北京什刹海有荷花市场，是从1916年后开设的（1989年又重新开办），节期从端午至中元。市场面对水中芙蓉花丛，杨柳垂丝，设下茶棚及各类小吃、玩具、书画摊、杂技棚、曲艺场之类，游人赏玩荷花之余，又可游乐于市场中，亦为一大乐事。

清代李静山《增补都门杂咏》中"什刹海"一首咏道："柳塘莲蒲路迢迢，小憩浑然溽暑消。十里藕花香不断，晚风吹过步粮桥。"北京积水潭（西海）也可赏荷，清代严辰《忆京都词》及注释记积水潭之荷花可观玩，而且有酒家卖荷叶粥，清香可口："忆京都，赏夏绿荷湾。冰果登筵凉沁齿，三钱买得水晶山。不似此间蒸溽暑，纵许伐冰无处所。"

莲花除可观赏，又可制作种种食品，供人们品尝、祛暑。人们在赏花之余，都要品尝这许多美食，如莲子可以制作甜点心，润甜香清。莲子，除可做羹、做汤外，还可做莲子粉、拔丝莲子、莲子粥等。宋代有莲子饭，叫作玉井饭，取"太华峰头玉井莲"之意。今天"八宝莲子粥"也还是常吃的食品。另外有藕，既可作水果生吃，也是最常吃的菜品之一，还可以做江米藕甜食。这是由宋代《武林旧事》中记载的"生熟灌藕""二色灌香藕"发展而来。还有"藕鲊（zhǎ）"，是用米粉加盐及其他作料拌制的藕菜，《武林旧事》中有记载。至于炒藕片、骨头炖藕汤、凉伴藕丝等均是常吃的菜。凉糖雪藕，常作宴会上的甜菜。藕粉，则是以藕捣碎，用沸水调食，是藕之精华所在，具有生津健胃之功能。

莲花瓣亦可食，可油炸吃。宋代名菜"雪霞馔"一味，则是将新荷花瓣在沸水中焯一下，与嫩豆腐食用，红白交错，极为美味。又有"蓬糕"，以清香的白莲花煮捣成泥，掺入米粉和白糖蒸成。莲花还可制成清香的莲花酒，以白莲浸汁，放入瓷器，加药料制成。莲花酒在宋代已出现，苏东坡有诗："请君多酿莲花酒，准拟王乔下履凫。"唐代冯贽《云仙杂记》卷一："房寿六月召客，坐糠竹簟，凭狐文几，编香藤为俎，刳椰子为杯，捣莲花，制碧芳酒，调羊酪造含风鲊，皆凉物也。"到了明代，高镰《遵生八笺》中还记有将莲花、白面、绿豆、糯米磨成末与川椒造酒之法。

以莲叶造酒，也是很有名的。明末《乌程县志》："湖人好饮白酒，暑月开樽，熟，或入竹叶，或荷叶，芳烈而清，名碧香清。"在明代，还有以荷叶水露煮的荷露酒。又有荷叶杯，是以荷叶作酒杯。三国时有人于三伏天避暑，取大莲叶置砚格上盛酒，刺叶与柄通，屈茎如象鼻，互相吸饮，又叫碧筒杯。苏轼仿其制，写诗赞曰："碧筒时作象鼻弯，白酒微带荷心苦。"此外还有荷叶入馔，如唐柳宗元诗："绿荷包饭趁墟人。"《武林旧事》记"荷包旋鲊"及荷叶饼等。今闽广常食的还有荷包饭，以及荷叶包鸡、荷叶蒸蜂蛹、粉蒸肉等。

又有荷花茶。清沈复《浮生六记》卷二："夏月荷花初开时，晚含而晓放。芸（作者之妻子）用小纱囊撮茶叶少许，置花心，明早取出，烹天泉水泡之，香韵尤绝。"近人周瘦鹃等文士还有饮此茶者。

如今，济南等市选莲花为市花，每年举办盛大的荷展，挂荷花灯，摆缸莲于道路旁，举办莲花书法绘画展等，正是对古莲诞节的继承。

夏至节 / 度暑美食迎夏收

夏至节应从立夏说起

夏至节，在芒种后十五日，是白天最长的一天，北半球白昼从此渐短，日期一般是在阳历6月21日前后。夏季节日较少，因为繁忙的夏收、夏种、迎夏粮入库多在此时展开，需要有较好的饮食；夏至天气又最炎热，需要种种饮食休憩，纳凉防暑，所以夏至便成了节日，相沿至今。

夏至又称夏节，《吕氏春秋·有始》记："夏至，日行近道，乃参于上。"是较早的记载。汉代已经成为较重要的节日。当然，由于此时正是夏忙，所以节日活动较少。有也无非是饮食、防暑、求丰收而已。在夏至节日活动中还融合了一些立夏日活动，故而先从立夏讲起。

立夏，也是二十四节气之一。立夏日是夏季正式开始的标志。据先秦《礼记·月令》及《后汉书》等载，立夏日，天子带领百官前往京城南郊迎夏，"车旗服饰皆赤"，即穿红色衣服，佩红玉，坐红色车马，插红旗。这是因为按照阴阳五行观念，夏属南方、属火，颜色为红。所以顺应天时，去郊外迎夏天到来时要以红色为装饰。在后世，立夏也还有尝新等节俗。如苏州有"立夏见三新"之谚，三新为樱桃、青梅、新麦，用来祀享先祖。

宴饮则有酒酿、咸鸭蛋、海蛳、面筋、芥菜、白菜、白笋、馒头等，蚕豆也在此日尝新。过去苏州酒店还于此日将酒酿、烧酒等免费赠予老主顾，叫作馈节。吴地之风也大抵如是。在常熟，尝新的食物更为丰盛，有"九荤十三素"之说。九荤有鲥鱼、鲦鱼、咸蛋、海螺蛳、爁（放在微火上煨熟）鸡、腌鲜、卤虾、鲳鳊鱼、樱桃肉等；十三素包括樱桃、梅子、麦蚕（把新麦面揉成细条蒸熟）、笋、蚕豆、茅针、豌豆、黄瓜、莴笋、苜蓿（香港等地人称草头）、萝卜、玫瑰、松花。在南通，则吃煮鸡、鸭蛋，据说吃了可以不疰（zhù）夏。疰夏是中医之所谓夏季长期发烧、食欲不振、消瘦、口渴、多尿、皮肤干热的病，患者多为小儿，因此这一天都给小孩吃蛋。

在安徽徽州，立夏日则吃肉、吃苣叶稞，据说吃了肉就可不掉肉，使身体保持强壮；吃了苣叶稞（一种油炸面食），可不中暑、不生疖；孩子还要吃鸡蛋韭菜油炒饭，也是为防疰夏。而浙江开化，要吃猪脚，说是可强身壮骨，说是"立夏食猪脚，登山不歇脚"（脚不酸疼）；也吃竹笋，叫接骨笋。武义县则吃红枣、桂圆煮鸡蛋，吃蚕豆烧肉、竹笋烧肉、蚕豆汤等。江西南昌此日则吃米粉肉，叫作撑夏，也是为了防止夏日消瘦之意。南昌妇人有吃立夏茶之俗，据说吃了可不打瞌睡（早在《武林旧事》中就记载南宋时人家各烹新茶，配以诸色细果，馈送亲戚比邻，叫七家茶）。浙江一带有烧夏夏饭之俗，立夏前一日，孩子们去邻舍亲友家乞一碗米，在此日集中起来，到野外挖土搭灶，煮咸肉、豌豆、新鲜蚕豆和菜饭吃，还要分送赠米之人家，也是防疰夏之意。有人还吃五虎丹（红枣，黑枣，胡桃，桂圆，荔枝）；"三两半"（党参，黄芪，当归各一两，牛膝半两）。可见立夏尝新之风极多。

此外，立夏日还有称体重之俗。过去是用杆秤，用绳索吊秤于树，悬竹筐或竹椅坐之，全家上下分别坐上去称量体重，记录下来，也是注意夏季身体健康之意。苏南有一首《海虞风俗竹枝词》："时逢立夏出奇谈，巨秤高悬坐竹篮。老小不分齐上秤，纽绳一断最难堪。"描述了这种有趣的风俗。有的地方在称完后还吃豆沙馅团子，即塌饼，求得身体健壮。立夏尝新与称人，均与防暑、夏至饮食相关，故于此处略述。

至于夏至，先秦已经要在此日祭神，驱疫。《周礼·春官》载："以夏日至，致地示物魅。"《史记·封禅书》载："夏至日，祭地祇，皆用乐舞。"汉代后，除了立夏日外，也要过夏至，官员可放假度夏，夏至还吃粽子等食品。《岁时记》载仲夏日吃角黍，《荆楚岁时记》也记载夏至日吃粽子。此外还要防备农作物受到虫害。《荆楚岁时记》："（夏至）取菊为灰，以止小麦蠹。"是把菊叶烧灰撒在麦上，以除虫害。或因菊花叶可以杀虫之故。宋代，官员可放三日假，还要吃些食品，如《武林旧事》载张约斋赏心乐事有夏至日吃鹅脔（luán，切成小片的肉），并泛舟入西湖纳凉、避暑、赏花、食果等。《辽史·礼志》载："夏至之日，俗谓之'朝节'。妇人进彩扇，以粉脂囊相赠遗。"以彩扇送风，香囊祛暑。

夏日期间，和尚有禁足的规定。《梦粱录》卷三："四月十五日结制，谓之'结夏'。盖天下寺院僧尼庵舍，设斋供僧，自此僧人安居禅教律寺院，不敢起单云游。自结制后，佛殿起楞严会，每日晨夕合寺僧行持诵经咒，燃点巨烛，焚爇（ruò，点燃）大香。或有寺院，朝廷降赐钱会、匹帛、金银钱，启建祈忏会四十九昼夜，每日六时修忏，祈国安民，其僧人一刻不敢妄出，斋戒严肃，不敢触犯，神天报应在目前。大刹日供，三日或五日换堂，俱都寺主办，皆十万檀信施助耳。盖孟夏望日，乃法王禁足、释子护生之日，自此有九十日，可以安单办道。"这是因为佛门不杀生伤生，而夏日期间草木虫蚁极多，僧人外出，容易伤害他们，所以要禁足，不予伤生。《五杂俎》卷二即持此说。从四月十五日起，九十日内，便是禁足之期，包括夏至在内。

夏至饮食

夏至饮食，与民间立夏的饮食习惯有联系，但又有独立性。此时因为天气热，人们容易睡眠不安，饮食减退，易消瘦、得疰夏病，因此要注意休息，吃些好的饮食。民间多吃好的饮食补养身体，如古代吃粽子、鹅脔、各种新果。近代，江苏等处吃豌豆糕，胡朴安在《中华全国风俗志》下篇卷三载道："夏至节，人家研豌豆粉，拌蔗霜为糕，馈送亲戚，杂以桃杏花红各果品，谓食之不蛀夏（疰夏）。"北京则吃夏至面，俗谓"冬至饺子夏至面"，还有"头伏饽饽二伏面，三伏烙饼摊鸡蛋"之说。浙江杭州喜欢吃乌饭，相传是为了纪念狱中的孙膑。江南江北，还吃红枣烧鸡蛋，黄芪炖鸡等滋补身体，广西吃酸粉、各种凉糕等。广东、广西都爱夏至吃狗肉，是相沿自秦代杀狗的古俗。广东在夏日还吃冬瓜盅、冬瓜炖鸭汤，以清热补肺。又有吃竹笋炖肉的，笋要去壳，整枝放入锅内炖。在闽台，每逢"半年节"，要用药膳中的莲子、茨实、山药、茯苓炖食鸡鸭、猪肚、龟等，叫作半年补（秋冬之际也吃）。

在山东民间，则吃生葱、黄瓜、煮鸡蛋。《山东民俗》载莱阳地区于夏至日煮新麦粒吃，因为此时正是荐新麦之时，儿童们用麦秸编一个小笊篱（竹篾、柳条等编成的漏水而又能打捞东西的长柄用具），在锅里捞吃麦粒，也算一种游戏。还有一种用新出的未熟青麦粒蒸熟后在石碾上或石磨上压糊糊、搓成条的"辗转"，是清甜可口的应节食品。

夏日防暑的冷食、冷饮

夏至期之后的日子，是天气最热的时候。宋人周尊道《豹隐纪谈》载一首《夏至九九歌》："夏至后，一九二九，扇子不离手。三九二十七，吃茶如蜜汁。四九三十六，争向路头宿。五九四十五，树头秋叶舞。六九五十四，乘凉不入寺。七九六十三，入眠寻被单。八九七十二，被单添夹被。九九八十一，家家打炭墼。"这是说，一九二九的时候热得扇子离不了手；三九热得口渴，饮茶如蜜；四九时夜晚人们也热得只好睡到屋外；五九天气转凉，树叶飘下；六九时天气更宜人，不必入深山寺庙避暑了；七九八九，夜晚要盖被子入眠了；九九时，则要准备炭盆了。

夏至后人们多要进行种种防暑工作。人们要歇晌，午眠，吃凉食、冷食，吃补食、瓜果，以迎接夏收夏种的繁忙季节。

凉食、冷食，在夏至大行其道。早在周代，就设有专门的为王室管理冰政的"凌人"。《周礼》卷五："凌人掌冰，正岁十有二月，令斩冰，三其凌。"在十二月斩下冰块堆积在冰窖中，要藏三倍于夏日的冰才够需求量（因为冰要融化掉三分之二）。《诗经·七月》有"二之日凿冰冲冲"，也是指把冰凿藏应用。到了夏季，把冰块放入青铜制造的冰鉴中待融化，便可降温。以后历代也都有冬季藏冰之俗。明代《帝京景物略》卷二，也写到当时皇家冬日采冰之事。夏季去取冰出来，可供纳凉，夏日时候要赐予大臣，当然首先要满足皇家之需。《燕京岁时记·颁冰》："京师自暑伏日起，至立秋日止，各衙门例有赐冰。届时由工部颁给冰票，自行领取，多寡不同，各有等差。"民间没有赐冰，则主要靠购买。商家于冬日藏冰，盛夏时卖给海鲜店，冰镇渔产品；或卖给做冷饮生意的小贩。如宋孟元老《东京梦华录》载夏日冰镇冷食有"冰雪冷元子""黄冷团子""冰雪凉水荔枝膏""冰雪细料馉饳（gǔduò，古时一种面制食品）儿"。还冰镇各种冷饮，如《清嘉录》所记。冰冻后的冷饮自然更凉爽宜人。

唐宋时还有刨冰、雪糕、冰酪等。要说雪糕的历史，还要从刨冰说起。《续夷坚志》载唐人夏日里吃冰："（洮水）冬月结小冰子，如芡实，圆洁如一耳垂之珠……盛夏以蜜水调之，加珍珠粉。"后来的刨冰多是取雪冰块调以果汁制作成。宋代出现了雪糕、冰酪等名目，即类似于今天的冰激凌。意大利旅游者马可·波罗曾到中国学会了这种制作法，带回欧洲，意大利人在此基础上制成了冰激凌，以制造冰冻奶酪、糖等。

古代夏日的冷饮也极多。《东京梦华录》《武林旧事》里，记录的砂糖绿豆、漉梨浆、木瓜（不是番木瓜）汁、卤梅水（酸梅汤）、香薷饮、红茶、苦茶、甘豆汤等，均是今天我们还常饮的饮料。另外如"金银花、菊花点汤"，今亦常见。逐渐发展为夏日里常用的药茶，多用凉性解热的中草药制作。

民间还有"结茶缘"之俗，免费提供茶水，于路边摆设茶壶、茶杯供行人饮用解暑，亦是美俗，如今也还存在。它的来源很早，宋代《西湖老人繁胜录》卷一就写到杭州富人于夏日"散暑药、冰水"。《清嘉录》里叫作结茶缘，后人也有叫奉茶、施茶的。

在两广一带，夏日更喜欢食用酸味，如酸萝卜、黄瓜、藕、豆角、木瓜、椰菜、刀豆、杨桃、马蹄子等，满街皆是酸味摊，十分吸引人。

凉粉，是凝结如半透明的冻状，用凉粉草煮汁加入淀粉制成，配以糖汁，极为味美，生津止渴，消炎退火，很受南方人喜爱。四川凉粉则爱用豌豆粉制作。

瓜果是夏季防暑的最好食物之一，人们常在井水中浸瓜果，然后再吃，所谓浮瓜沉李，大受欢迎。冬瓜、苦瓜，则作菜肴吃，也可以去暑热。黄瓜、西红柿等可生吃、做凉拌菜吃，都很爽口。另外还吃葱、蒜等防病。

夏季防暑的工具、活动

夏季为了防暑，要有扇子、伞、凉帽、凉席、竹夫人等。

扇子，起源极早。据沈从文先生考证，扇子起源当不晚于新石器时代。晋代崔豹《古今注·舆服》："五明扇，舜所作也。"周代的铜器上刻画有长柄大扇子，江陵楚墓出土有长柄羽扇残件。是由奴隶持掌，作仪仗用的。春秋战国晚期到两汉，流行一种形似菜刀的"便面"，江西靖安的李洲坳东周墓葬就有出土。江陵马山出土有朱黑两色漆篾交编成的便面扇，最为精美。"便面"一名出于《汉书·张敞传》。到了魏晋南北朝时期，麈尾扇、羽扇及比翼扇相继出现。麈（zhǔ），是领队的大鹿，尾巴花纹清疏，麈尾扇是在执扇上加以麈尾毛制成的。羽扇用羽毛制成，加长木柄。比翼扇又出于麈尾扇，上改加鸟羽，为仙子升天翅膀之象征。执扇，或叫绢扇、绡扇、缯扇，或叫团扇，是用竹木为框架，糊上细薄丝织品的扇子，有圆形、秋叶形、长圆形等，扇面上可作书画，是很好的工艺品，汉代已有。《西京杂记》说天子夏设羽扇，冬设缯扇。西汉成帝时女文学家班婕妤作《怨歌行》道："新裂齐纨素，鲜洁如霜雪。裁为合欢扇，团团似明月。出入君怀袖，动摇微风发。常恐秋节至，凉飙夺炎热。弃捐箧笥中，恩情中道绝。"将秋凉后的执扇被弃巧妙地象征女郎的悲凉命运，留下"秋扇见捐"的成语。大约因为以纺织品制扇太昂贵，《晋书》载义熙元年曾禁绢扇。唐宋时纨扇最为流行，诗词中多有咏及，如"轻罗小扇扑流萤"等。折扇，据说是由中国的腰扇发展而来，也有认为是北宋初从日本或高丽传入的。

明代，折扇广泛流行，并在扇面上作书画、作描金装饰，更为精美。民间则还有羽毛扇、蒲葵扇、檀香扇等。折扇、团扇、檀香扇、竹扇、羽毛扇、蒲葵扇等今日都还流传极广泛，如苏州杭州的折扇、檀香扇，四川的竹织龚扇等，都是著名的工艺品。虽然有电风扇、空调的普及，但扇子在夏日也不会消失，因为它兼有审美和实用功能，又使用方便。

伞，在夏日可用作遮挡阳光之用，很受欢迎。相传是由鲁班发明的，有数千年历史了。过去都是用绸绢、油纸制伞，如今杭州丝绸画伞、四川泸州油纸伞、广西油纸伞等工艺伞仍深受欢迎。

凉帽、斗笠，过去都用竹篾编制，十分实用，既遮阳又挡雨，有尖顶、圆顶等，上编织出菱形、回形等花纹，妇女以彩带系戴。如今民间仍有制作，但已经比不上机制的草帽、花帽流行了。

蒲葵扇

凉席，多用竹篾编成，凉爽宜人，又可吸收汗液，即古诗文中多写及的竹簟。过去夏季便少它不得。瓷枕、紫砂枕，则是可与竹簟配对的。如今都少见了。

又有竹编的竹夫人，或叫竹姬、青奴，是一种长圆形的竹笼子，一端有底，一端开口，浑身有空孔，粗约五六寸。夏天人们入睡时，在竹夫人笼内放些有清凉香味的薄荷、晚香玉、栀子等香花，将它夹在手脚中，可以吸收汗液，以度酷暑。唐代陆龟蒙《竹夹膝》诗歌即写此。苏东坡也有诗："留我同行木上座，赠君无语竹夫人。"因它内放香花，花香助人入梦，故又称百花娘子。《吴友如画宝》有幅《竹妖入梦》，就画一男子抱着竹夫人入眠。

此外，夏季的游戏有游泳、戏水、饲养金鱼、钓鱼等。过去还有水傀儡，清代后已经失传，如今又加以恢复。又有抛掷水球，是人站于岸上，用气球向水面抛掷以赛远近。宋徽宗《宫词》："戏掷水球争远近，流星一点耀波光。"此外水上游戏还有水秋千，从秋千上跃入水；弄水，即弄潮，手持彩旗于滚滚潮头中表演各种技巧。均是宋代水戏。

在夏至，还有求雨或求晴、祭田公田婆等风俗，皆是与农业有关的祈求丰收活动，与古代皇帝于此日祭祀地神有关。

竹夫人

浴佛记事

端午记事

天贶记事

莲诞记事

夏
至
记
事

秋

季节日篇

七夕节 / 慧美爱神度良宵

七夕的起源

七夕节，又称乞巧节、巧节、女儿节、少女节、洗头节、双星节、双七节、七巧节、情人节。日期在农历七月七日，故而民间习称七月七（唐、五代有过六夕之俗，即在七月六日夜过节，近代山东、广东等地亦以六夕乞巧，不多见）。

七夕的起源，历代多以牛郎携子女与织女相会于银河鹊桥上的美丽神话故事来加以解释。牛郎与织女相传是天上的两颗星星，位于人在地面上所见的天空中的银河两旁。古人划分天上的星宿，共二十八宿，牛郎星、织女星分别属于牛宿、女宿。按今天的说法，牛郎星属于天鹰座，织女星属于天琴座。其实牛郎星包括三颗星，即河鼓一、河鼓二、河鼓三，正中的河鼓二即被古人视为牛郎星（牵牛），两边的两颗星被视为牛郎用扁担箩筐挑着的两个孩子。牛郎星东南的六颗牛宿星，被认为是牛郎牵着的牛。织女星也有三颗，即织女一、织女二、织女三，构成三角形，被视为织女用的梭子。织女东南的四角形的渐台一、二、三、四，被认为是织女的织机。这就构成了一幅在天上男耕女织的农业家庭的图景。这正是我国农业经济的反映。

古人对天上的星辰有一定观察后（战国时湖北随县曾侯乙墓木箱漆画上绘的二十八宿已经有牛宿和女宿，说明至少战国时已对这两颗星有了了解），便展开丰富的联想，于是把牛女双星想象为一对夫妻，牛女神话也就开始产生，再融入现实中的生产劳作情景，就开始定性了。《诗经·大东》："维天有汉，监亦有光。跂彼织女，终日七襄。虽则七襄，不成报章。睆彼牵牛，不以服箱。"已经有故事的雏形，到了后世，湖北睡虎地秦简有"牵牛以取织女"的记载。西汉《史记·天官书》："织女，天女孙也。"《后汉书·天文志》："织女，天之真女。"

称织女为天帝之女，表明秦汉时牛女神话细节已经出现。东汉时这个神话流传更广，《岁华纪丽》卷三引东汉应劭《风俗通义》佚文："织女七夕当渡河，使鹊为桥。相传七夕鹊首无故皆髡（kūn，古代剃去男子头发的一种刑罚），因为梁以渡织女故也。"

《古诗十九首》中《迢迢织女星》道："迢迢牵牛星，皎皎河汉

牛郎织女

女。纤纤擢素手，札札弄机杼。终日不成章，泣涕零如雨。河汉清且浅，相去复几许？盈盈一水间，脉脉不得语。"在河南南阳的一块汉代画像石上有牛宿、女宿之形象：一男子牵牛持鞭耕田，旁边有三颗星；一女子坐于四颗星内，若织布之状。在西汉长安的上林苑昆明池边还立有牵牛织女两座石像，将昆明池比喻为天上银河，将牛女两座石像比喻为天上的双星。今天两座石像尚保存在西安市斗门镇，当地建有石婆庙加以保存，逢到七夕节演戏祭祀。汉代班固《西都赋》："临乎昆明之池，左牵牛而右织女。"唐代杜甫有"织女机丝虚夜月"之句，后代咏及这个神话的诗文就更多了。

在张君《神秘的节俗》一书中认为织女传说源于楚国之汉水女神，并认为《诗经·汉广》中写"汉有游女，不可求思"中的游女即汉水女神（织女）。因此七夕当源于楚国，织女映射着少司命等生育神、爱情神以及儿童庇护神、寿命神的影子。我们认为此说是正确的。后世习俗中确实有向织女祈求生育、爱情婚姻以及祈求儿童平安、祈求长寿之俗。当然这又源于古代的万物有灵论、自然崇拜。人们是视牛女双星为神。

七夕的乞巧慧、求美、求爱

七夕的节日活动很多，但多半是青年男女们的活动。首先是设丰盛的瓜果、糕饼、甜酒、巧菜及种种供品，祭祀双星，然后向双星祈求种种青春的心愿，憧憬未来生活的幸福前景。尤其是年少的女孩子们，在七夕更要有许多活动，故而七夕又得名女儿节、女节。的确，七夕之日是女儿们最忙碌的日子。

首先是乞巧，这是七夕节最重要的活动。早在汉代就已经出现。东晋葛洪《西京杂记》载："汉彩女常以七月七日穿七孔针于开襟楼，俱以习之。"南朝宋孝武帝《七夕》诗说："迎风披彩缕，向月贯玄针。"这里的七孔针（玄针），是一种特制长针，上有七孔，专供穿线乞巧用，并不能用作缝衣等。少女们把彩线来回穿过七个小孔，穿得快的人就算乞得巧了。宋人金盈之《醉翁谈录》卷四："其实此针不可用也，针褊（biǎn，狭小）而孔大。"还有用金、银、石制作的。《荆楚岁时记》："是夕，人家妇女结彩缕，穿七孔针，或以金、银、鍮石为针。"到了后世，女孩们也还多用普通的缝衣针，用七根或九根。历代诗文中皆有穿针的记述，举不胜举。

　　从穿针之俗，又衍化出丢巧针的习俗。即把针丢入水中，视水里针影而占拙巧。

　　向牛郎织女星祈求种种现实生活中的幸福，形成星辰崇拜中很富于诗意的习俗（星辰崇拜作为自然崇拜的一部分，在我国流传很广，牛女双星不过是其中之一而已）。至于民间种种把双星设想为夫妻、男耕女织地进行劳动生产的传说故事，则是受到现实生活的影响，不断添加而成，使牛女双星既有神性，又富于温暖的人性。比如传说中织女和牛郎之所以被天帝勒令分开，是因为织女耽误织云锦天衣之任务，所以天帝才命令他们一年一度相会（见《荆楚岁时记》之记载）。有学者认为，这里边包含着远古原始社会为促进生产，而在男女之间定下的禁忌，即不准男女无限制地相会，要有固定节期（见王惕《中华美术民俗》）。这是可能的。到了封建时代，天帝的形象为西王母形象所取代，也即成为封建家长的化身。牛女的被迫分离，成为封建时代男女无法自由相恋、无法自由婚姻的现实折射。

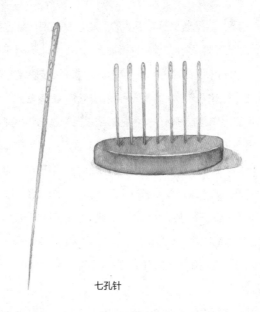

七孔针

　　总之，七夕节的习俗，根源于古代对星辰、星辰神的崇拜，又融合了民间的现实生活故事，衍化出许许多多有趣的节俗。而牛女神话传说在民间也基本定型：牛郎遭兄嫂虐待、分家，只分到一头老黄牛。老牛让他去天河边见沐浴的织女，抱走她的衣服，让她嫁给自己，生下一对儿女，勤劳耕织，过着幸福生活。王母娘娘下令天兵天将下凡，把织女捉上天去，牛郎用箩筐挑着一对儿女追上天庭。喜鹊成群飞来，驾起鹊桥，让他们一家在桥上相会。这故事的广泛流传，更促进了七夕节的传播。

　　汉代之前，七夕夜之风俗主要是出户外观星、观织女渡河、求祈等。唐人韩鄂《岁华纪丽》引西汉《窦皇后传》载："后，观津人也。少小头秃，不为家人所齿。遇七夕夜，人皆看织女，独不许后出。"

千百年来，七夕夜人们都爱指点天上双星，引孩子们观看，并讲述牛女神话，使孩子们获得天文知识和文学的熏陶。

又有丢巧针。"妇女曝盎水日中，顷之，水膜生面，绣针投之则浮，看水底针影。有成云物、花头、鸟兽影者，有成鞋及剪刀、水茄影者，谓乞得巧。其影粗如槌，细如丝，直如轴蜡，此拙征矣。妇或叹，女有泣者。"清代《清嘉录》卷七则说，苏州风俗是在七夕前夜就准备一碗水，置于庭中承受露水，七夕之日于日出时晒曝，水面生膜后即丢针乞巧。也偶有用松树针来丢针乞巧的。清代画家陈枚《月曼清游图册》中《七月·桐荫乞巧》一画，即画妇女们正在桐荫庭院里仔细观察着水碗中的花针之影。

又有让小蜘蛛（蟢子、喜子）于盒中瓜果上结网，乞求得巧。《荆楚岁时记》："陈瓜果于庭中以乞巧，有喜子网于瓜上，则以为符应。"宋代《东京梦华录》卷八："或以小蜘蛛安盒子内，次日看之，若网圆正，谓之'得巧'。"《武林旧事》卷八："以小蜘蛛贮盒内，以候结网之疏密，为得巧之多少。"

古代宫中以锦彩扎结宫殿、天河等以乞巧，如唐明皇、南唐李后主都有此雅兴。

民间，还有以竹木或麻秸编做乞巧棚，内摆五色彩帛剪成的仙楼，刻牛女像及仙人于上，以乞巧。"小儿则置笔砚纸墨于牵牛位前，书曰'某乞聪明'。女孩则置针线箱筥于织女位前，书曰'某乞巧'。"（宋代陈元靓《岁时广记》）可见此时不仅女儿，连男子也加入了乞巧的队伍，以求读书、识诗文之巧。到后世，男孩和士子们又多兼拜魁星，因为相传他是主管文运之神（顾炎武《日知录》卷三十二，认为魁星源于古人"魁主文章"之魁星崇拜），本是进士，但在殿试时皇帝见他貌丑，不点为状元；他悲愤地投河自尽，被鳌鱼救起，就升天为魁星了。后世多塑造他为相貌丑陋的鬼形，立在鳌鱼头顶上，而举其一足，左手托斗，右手执笔点斗，叫作"魁星点斗，独占鳌头"。读书人都很崇拜他，认为七月七日是他的生日，在此日祭拜他，设置纸扎、泥塑的魁星像，摆果品、菜肴祭祀，以求文运亨通。过去，闽台、江浙等地士子祭拜魁星最勤，连中秋夜、重阳夜也要祭拜，以应秋闱夺标之意。此俗无疑是由向牛女双星乞巧演化来的。

在七夕夜，求巧实际是求智慧、知识。孩子们进行种种游艺活动，也确实可促进智力发展，有益身心。女孩们除了上述穿针丢针外，还要陈设种种精美的手工艺品，互相比试，叫作呈巧。这些美好的习俗近世在广州等地仍广泛流传（详见后文）。通过这种种制作，女儿锻炼了审美与实践能力。青年男女还要在一起吟诗作对，吹拉弹唱及智力游戏，如背诗文名篇、对对联、写诗、猜谜、连缀成语，或弹琴吹箫，或玩七巧板、益智图、积木等，既娱乐又富于教育意义。

向牛女星乞巧，源于织女是传统中的纺织、刺绣能手，自然是心灵手巧的智慧女神；牛郎是耕种劳动能手，自然也可向他乞巧。唐代冯翊撰《桂苑丛谈·史遗》中有个故事，说郑侃之女采娘喜欢刺绣，某年七夕拜双星时，织女高兴地以金针一枚赠她，使她从此成为刺绣高手。唐代诗人元稹道："鸳鸯绣了从教看，莫把金针度与人。"即写此典故。在织女身上，融合了另一个女星神"婺女"的影子，婺女星位于织女近南方，《史记·天官书》说她："主布帛裁制嫁娶。"她们同为女性，加上织女的纺织、刺绣传说流传更广，所以婺女之神性很容易就融入织女神中去（见张君《神秘的节俗》）。

七夕节求美，则是女孩、女性们的专有活动了。织女无疑又是一位

魁星点斗

美神，因为她本是主管爱情、婚姻的神灵之一，而爱与美是不可分的。
她是年轻的女性，心灵手巧，其容貌也是非常秀美的，所以妇女、女孩
子们都要向这位美神求美。

在中国远古，是否也有美神呢？想来是有的。《山海经·中山经第五》就写一位武罗神，"……人面而豹文，小要（腰）而白齿，而穿耳以璩（jù，古代一种金银耳饰），其鸣如鸣玉。是山也，宜女子"。她所住的山是适宜女子的，还有吃了可以宜子的鸟，吃了可使人更美丽的荀草。这个武罗神岂不就是有些美神的影子吗？武罗神的形象又使我们想起《九歌》描写的美丽的山鬼。袁珂《中国神话传说》书中怀疑武罗神和山鬼即同一传说的分化。因此山鬼也可能是古代的美神。而后世织女之形象，或许就有武罗神、山鬼形象包含在内，成为姑娘们心目中的美神。

　　在民间，七夕时姑娘们都要精心地梳洗打扮，穿上美丽的丝绸裙裳，用胭脂水粉、眉笔细心地美容化妆（裙衣与脂粉都是家人买来送给女儿们的节日礼物），再用木槿叶汁水或百花水洗头发，以凤仙花汁染红指甲，再梳理出各种发式，戴上戒指、耳环等饰物，真是娇媚可爱！平时，未出嫁的姑娘们是不能梳发髻的，只有七夕这日可以把辫子预先束成发髻。经过一番梳云掠月，这才高高兴兴去乞巧，同时也求美、求爱情婚姻。这对姑娘们来说真是很好的美育手段。不过，从现在所知少数地区的七夕祈育、祈儿童健康的习俗来看，称织女为流传悠久的少司命女神也不为过，不是吗？虽然观音传入我国后充当了送子娘娘的角色，后世又有天后娘娘、王母娘娘、九子母等送子之神，但七夕祈育之俗还是保存了近三千年！

　　从前述《西京杂记》记载汉宫中有习俗，在百子池边奏乐、相连爱之习俗来看，乞巧无疑是具有祈求生育、求得百子之含义。而晋代《风土记》则又载，七夕，无子者可向织女"乞子"。在唐代，则有化生之俗，更为乞子之戏。唐薛能《吴姬十首》云："芙蓉殿上中元日，水拍银台弄化生。"《岁华纪丽》云："七夕，俗以蜡作婴儿形，浮水中以为戏，为妇人宜子之祥，谓之化生。"化生，源于我国古代于水中沐浴、求子之俗。沐浴，是为了除去不吉祥、求得子。在这年复一年的节日活动中，那女郎们学会了美容、化妆的技巧，使自己美丽可亲，的确是从织女那里乞得了美。在闽粤，求美、美容的习俗尤为盛行。七夕之时，家中必设胭脂水粉、花露水等化妆工具于乞巧桌上，供家中女儿使用，也用来供奉织女。广东民间有一首《乞巧歌》："乞手巧，乞貌巧；乞心通，乞颜容；乞我爹娘千百岁；乞我姊妹千万年。"道出在七夕既乞巧、又乞美丽颜容。而这种梳妆打扮的习俗由来已久，晋代《风土记》就有"散香粉"之记录。散香粉，当是供织女妆饰所用，后来就沿袭了。

民间还有种种与求美有关的节俗。如珠江三角洲一带的妇女们喜欢往溪河中洗浴"天河水"，可使容颜美好，头发黑长。不少地方传说着，七夕夜，草上的露珠、雨珠是织女和牛郎相会时洒下的泪珠，用来擦面与头发，也可使脸容更美、头发更漆黑。

在浙江等地，又称七夕为洗头节，女子要洗头发。相传织女每逢七夕，用木槿叶汁于机杼边洗头发，再赴鹊桥边与牛郎相会。因此是日女子们要去井边打水，采木槿叶搓碎和水成胶状，以洗头发。《浙江风俗简志·宁波篇》便有此记载。有的女郎更要采集千百朵鲜花放在水盆中，汇成百花水洗发，更为美好。

与求美紧密联系的，就是求婚姻、爱情美满，这也是七夕夜的主要活动之一。

前面说过，织女兼有婚姻神与爱神的职能。这是因为织女原是源于楚国汉水之滨的神，也即游女，能自由地与男性相会的女性、女神，是远古婚配关系的折射。故而这么一位女神在后世保留了婚姻神与爱神、又兼生育与送子神的身份，成为保佑少女们将来能遇到理想中的爱人、婚姻美满的女神（参见张君《神秘的节俗》）。

再说，七夕夜鹊桥会也会使人联想到夫妻、情侣相会，故而七夕也被称为爱情节、情人节。这正合七夕原是远古男女相会的固定性的佳期的来历，确实是爱情、有情人的节日。

《西京杂记》卷三载："戚夫人侍儿贾佩兰云：'在宫时见戚夫人侍高祖，至七月七日，临百子池作于阗乐。乐毕，以五色缕相羁，谓为相连爱。'"然后才是穿针之俗。这七夕求爱之风虽为汉宫风俗，却又与民间风习相联系。唐代《长恨歌》说："七月七日长生殿，夜半无人私语时。在天愿作比翼鸟，在地愿为连理枝。"是唐明皇与杨玉环的动人故事。清代沈复《浮生六记》说："七夕，芸设香烛瓜果，同拜天孙于我取轩中。余镌'愿生生世世为夫妇'图章二方，余执朱文，芸执白文，以为往来书信之用。"民间的姑娘们，一般在七夕乞巧之时于心中默默期盼，将来自己会长得更美丽，会遇到合适的爱人，婚姻会美满。在有七夕洗发习俗的地区，则传姑娘们若于七夕时用木槿叶汁洗发，就可年轻美丽，早日找到如意郎君。而在山东西南地区，妇女们包饺子吃，饺子中包红枣或丝线等，如有人吃到，则意味着能得巧、得福、得早日婚嫁。在广东一些县份，妇女们爱于深夜坐在露天，淋天上的细雨。据说这雨是双星相会的喜泪，若能淋到，则一生都无别离之苦。在香港则拜姻缘石，向织女求爱情、婚姻美满，早得好婿。这种种习俗无疑都隐含着视织女为爱神（婚姻神或媒神）的古代观念。

如今，不少城市又兴起在七夕夜向爱人赠送鲜花、相约相会、表达爱意之风，流行广泛，可以说正是符合七夕之本义。符合《西京杂记》"相连爱"之情感。

七夕求生育、儿童健康、求寿富丰收

由于织女具有爱神、婚姻神的神性，人们引申开去，又认为她可以庇护少儿、主掌生育，也就是古代少司命神形象的神话遗风。随着织女的影响日益扩大，少司命神反被忘记（见《上巳节》一章）。又宋代庄季裕《鸡肋篇》："襄阳正月二十一日谓之穿天节，云交甫解佩之日。郡中移会汉水之滨，倾城自万山泛彩舟而下，妇女于滩中求小白石有孔可穿者，以色丝贯之，悬插于首，以为得子之祥。"是受交甫传说影响而流传的节俗。汉代刘向《列仙传·江妃二女》："江妃二女者，不知何所人也，出游于江汉之湄，逢郑交甫。见而悦之，不知其神人也，谓其仆曰：'我欲下请其佩。'……遂手解佩与交甫。"这传说是和织女相关的，也与七夕节俗有关。七夕日妇女们汲水、以水洗浴之俗，以及于盆中水面上放婴儿求子等习俗，均和远古的沐浴、求繁衍子嗣之俗同源；交甫解佩日的风习也同起一源。为什么要用蜡等制作婴儿呢？这又与女娲造人一类的神话有关。以泥蜡之类制造小儿象征真正的儿童，给妇女游戏，也就可以生子了。这是模拟巫术的方法。《岁华纪丽》认为，化生之俗"本出西域，谓之摩睺罗"，并不准确。

当然，化生之名确源于佛经《俱舍论》卷八："有情类，生无所托，是名化生。"人们就借用以述说此种风俗了。摩睺罗本为摩睺罗迦（也叫磨喝乐，魔合罗），亦是佛经中的神名，人们借用来做求子用的婴儿雏偶之名称。这是因为唐代佛教广泛传播的缘故，但却仍掩不住中国本土强烈的祈求生育之观念。

以化生祈子及摩睺罗祈子，流传很广，唐代实物，如洛阳的齐国太夫人墓出土的骨雕童子即此类"化生"，或举手伸足，或立在盆中。摩睺罗大盛于两宋之世。如《东京梦华录》载："（市上）皆卖磨喝乐，乃小塑土偶耳。悉以雕木彩装栏座，或用红纱碧笼，或饰以金珠牙翠，有一对直（值）数千者。"小儿也须买新荷叶执之，以模仿磨喝乐。这是泥质的磨喝乐。《岁时广记》有记当时苏州制作的磨喝乐"以金银为之"，以苏州所造为天下第一。而《武林旧事》载南宋皇宫中的"摩睺罗十桌，每桌三十枚，大者至高三尺，或用象牙雕镂，或用龙涎、佛手香制造，悉用镂金珠翠"。《梦粱录》载"悉以土木雕塑，更以造彩装栏座，用碧纱罩笼之，下以桌面架之，用青绿销金桌衣围护，或以金玉珠翠装饰尤佳"。还有铸金为进贡之物者。浙江衢州市曾出土一件盛于银丝盒中的金娃娃，裸体，左手握莲枝，右手握镯环，活泼喜笑，即金质的小摩睺罗。传世的还有不少泥塑、玉雕的小摩睺罗，男女童子造型都有，古文献记载还有织女造型的（如元代杂剧《张孔目智勘魔合罗》）。后世至清代后尚存摆设摩睺罗之俗。《五杂俎》记明代有蜡质小儿之"化生"出售于市。《中华全国风俗志》记载浙江七夕，"市中以木雕塑孩儿，衣以彩服而售之，名为摩睺罗"。清代张尔岐《蒿庵闲话》："大同风俗，七夕以蜡制为女子形，送婚姻家，名摩睺罗。"已演变为婚姻礼俗。

到了近代，如东南沿海一带的浙江温州东屏镇等地，磨米粉印人形饼，叫作巧人仔；扎七星亭祭拜织女，亭柱上扎有戏剧人物故事，即磨喝乐；两广一带有瓷制的牛女及一对孩子；广州一带七夕乞巧多要制作各种仕女、儿童、戏剧故事等泥塑及通草、丝绸制雏偶形象。这种种巧制仍是古风之流传。

近世七夕节，妇女还向织女求保佑儿童健康成长、无病无灾，这主要流传于南方。

因此这种思想应是源于楚国南方广大地域供奉的少司命神、花婆神（民间又称床头婆等），与织女神性互相交汇，使织女又成了儿童守护之神。民间流传的以下风俗，皆源于远古向儿童守护神求护佑的巫术、祭祀仪式。

在广西，七夕有给孩子戴七结之俗。七结，是一根红头绳上结七个均匀的圆结，以求儿童健康成长。广东拜"檐前之神"的风俗也类似于此。民间还有汲取七夕水沐浴、洗脸、洗头发之俗，相传可使面容头发更美，亦可视为向织女神祈求护佑之俗。民间又多将七夕水密封，称为七水，相传调药有治热性疮疖的特效。过去在广西，七水曾贮存于中药铺作为药品出售。

在广东，还有于七夕节时为十五六岁的少年男女举行成年礼之风，不过却是祭拜公婆神，以谢护佑。据《广东民俗大观》中《潮汕"公婆神"》一文记载：潮汕民间祭祀公婆神，于床下设香炉，逢七夕祭拜，称"公婆生（日）"。在庙里也塑有偶像，供人们祭拜。到少年男女年满十五岁，就准备丰盛的礼品祭祀公婆神，以示成年，拜谢公婆之恩（海丰则于十六岁时祭拜）。此后便不必再拜了。此外惠来、南澳岛等地也有七月七日"出花园"之俗。福建惠安、台湾高雄、浙江东屏镇也有类似的祭拜织女及成人礼节。有的地方虽无七夕出花园之俗，但也有拜床神、结婚前"出花园"之俗。无疑此俗源于古代的祭拜少司命神，与广西的拜花婆（床头婆）之俗类似。

可见七夕向织女祈求小儿健康之风，确是由楚国的小儿守护神之神性衍生而来。织女身上确实有少司命神与花婆等其他生育神的影子。

织女本只是少儿守护神，主管健康无灾，而古人又有七夕向其祈求长寿之诉求。《太平御览》卷三十一引晋周处《风土记》，七夕乞愿时便有"乞寿"："七月初七日，其夜洒扫于庭，露施几筵，设酒脯时果，散香粉于筵上，以祈河鼓、织女，言此二星神当会。守夜者咸怀私愿，或云见天汉中有奕奕正白气，有光耀五色，以此为征应。见者便拜而愿乞富乞寿，无子乞子，惟得乞一，不可兼求……"这是吸收了司寿之大司命以及寿星的神性，使其不仅守护少儿，更主管了成人的寿命。汉代后民间多向寿星老人及南斗、北斗祈寿，向织女祈寿多只停留在妇女口头上。在浙江武义县，七夕用鸡、肉等置于庭院中礼拜北斗，显然保存了古代七夕乞寿的丰收。

《风土记》说织女还主管富裕，《太平广记》也载有唐代名将郭子仪七夕时遇见织女，获得长寿富贵的传说。直到清代，画家还常用这个题材作画，北京颐和园长廊彩画中还有一幅画描绘这个故事。织女还主管庄稼瓜果、丝帛、财宝。《史记正义》云："（织女）主果瓜，丝帛，珍宝。"《晋书·天文志》也有同样记载。故而人们于庭中祭拜时都忘不了陈设瓜果以及各样珍玩，设"谷板""种生""花瓜""巧采"等，既是呈示巧思，也有供奉织女、祈求丰收之意。在香港西贡还有一座织女庙，供奉七星姐妹，其中七尊神女像，最大一尊即织女。人们常向她们进香求福。《中华全国风俗志》下篇卷六："（武昌）七月七日为七巧，俗谓'吃星'。是日户无大小，必纯肉食。为塾师者，生家亦遗以肉。谓有见天门开者，神降求必应，唯不逾三事。"求神之事，亦不出前述范围。又《清嘉录》卷七载："（苏州）七夕后看天河显晦，卜米价之低昂，谓晦则米贵，显则米贱。"以此占卜丰歉，源于古代织女主管丰收之意，稍为特别。七夕，可谓是祈愿之节。

七夕的种种活动

由于地域文化的差异，同一个七夕节，全国各地的节日活动内容也各不相同，呈现出丰富多彩的特色。这里略加阐述各地区的活动。

在浙江嘉兴塘汇乡古窦泾村，有七夕香桥会。每年七夕，人们都赶来参与，搭制香桥。所谓香桥，是用各种粗长的裹头香（以纸包着的线香）搭成的长四五米、宽约半米的桥梁，装上栏杆，于栏杆上扎上五色线制成的花装饰。入夜，人们祭祀双星，乞求福祥，然后将香桥焚化，象征着双星已走过香桥，欢喜地相会。这香桥，是由传说中的鹊桥传说衍化而来。

在胶东地区，多于七夕拜七姐神。年轻妇女穿上新装，欢聚一堂，于庭中盟结七姐妹，口唱歌谣："天皇皇，地皇皇，俺请七姐姐下天堂。不图你针，不图你线，光学你七十二样好手段。"不少地方还制作"巧花"，少女们用面粉制牡丹、莲、梅、兰、菊等带花的饼馍食品（巧果），还有巧菜，即于酒盅中培育麦芽（宋代"种生"），用巧果、巧菜来祭祀织女。

巧果

在陕西，七夕夜女孩子们则要用稻草扎成一米多高的"巧姑"之形（又叫巧娘娘，即织女），并让她穿上女孩子的绿袄红裙，坐在庭院里；女孩子们供上瓜果，并端出事先种好的豆芽、葱芽（种生，妇女们称巧芽芽），剪下一截，放入一碗清水中，浮在水面上，看月下的芽影，以占卜巧拙；并穿针引线，竞争快慢；又举行剪窗花比赛，以争智巧。

在福建，女子们摆设香炉和各式祭品：茶、酒，花瓶中插花，还有五子（桂圆、红枣、榛子、花生、瓜子）和给织女用的脂粉，祭拜双星后，即把献给织女的脂粉分成两半，一半投向屋顶给织女，一半自己梳妆美容。相传与织女共用脂粉，可使自己的美丽容貌保持不衰。而五子的摆设，寓有求生育之意。妇女们吃茶食瓜果，玩乞巧游戏。

在广东，最重视七夕节的是清代、民国年间，流传着许许多多有趣的风习。明末屈大均《广东新语》中，即已记载了"七娘会"的盛况，民间多称"拜七姐"。在《中华全国风俗志》中引胡朴安所言："七月初七日，俗传为牛女相会之期，一般待字女郎，联集为乞巧会。

"先期备办种种奇巧玩品，并用通草、色纸、芝麻、米粒等，制成各种花果、仕女、器物、宫室等，极钩心斗角之妙。初六日陈之庭内，杂以针黹、脂粉、古董、珍玩及花生、时果等，罗列满桌，甚有罗列至数十方桌者。邀集亲友，晚招簪姬。作终夜之乐。贫家小户，亦必勉力为之，以应时节。初六夜初更时，焚香燃烛，向空礼叩，曰迎仙。

"自三鼓以至五鼓，凡礼拜七次，因仙女凡七也，曰'拜仙'。礼拜后，于暗陬中，持绸丝穿针孔，多有能渡过者，盖取金针度人之意，并焚一纸制之圆盆，盆内有纸制衣服、巾、履、脂、粉、镜台、梳、篦等物，物凡七份，名梳妆盆。初七陈设之物，仍然不移动，至夜礼神如昨夕，曰'拜牛郎'，此则童子为主祭，而女子不与焉。礼神后，食品玩具，馈赠亲友。"

又据参加过民国年间的"拜七姐"活动的老人回忆，广州西关一带，尤为盛行"拜七姐"。活动一般是在少女少妇中进行（男子与老年妇女只能在一旁观看，并行礼祭拜而已），预先由要好的十数名姐妹组织起来准备"拜七姐"，在农历六月份便要将一些稻谷、麦粒、绿豆等浸在瓷碗里，让它们发芽。临近七夕就更加忙碌，要凑起一些钱，请家里人帮忙，用竹篾纸扎糊起一座鹊桥，并且制作各种各样的精美手工艺品。到七夕之夜，便在厅堂中摆设八仙桌，系上刺绣台围（桌裙），摆上各种精彩纷呈的花果制品及女红巧物，大显女儿们的巧艺。有用剪纸红花带围着的谷秧、豆芽盘，盘中点着油灯，灯光透出彩画薄纸灯罩，艳彩夺目；有精心布置的插花，幽香四溢的白兰、茉莉、素馨及其他鲜花插在铜瓷花瓶里；有茶匙般大的荷、玫瑰、夜合、山茶插在小盆中，一朵真的配一朵假的，真假难辨；还有把苹果桃柿等生果切削拼叠成各种鸟兽形状的果盘；寸许长的绣花衣裙、鞋、袜及花木屐；用金银彩线织绣的小罗帐、被单、帘幔、桌裙；指甲大小的扇子、手帕；用小木板敷土种豆粟苗配细木砌的亭台楼阁，总之是越细致越显得巧。又用米粒、芝麻、灯草芯、彩纸制成各种形式的塔楼、桌椅、瓶炉、花果、文房四宝及各种花纹和文字的麻豆砌成的供品；还挂一盏盏的玻璃或彩纸的花灯、宫灯及柚皮、蛋壳灯（上雕山水花鸟图案）、动物形灯。最惹人爱的，是女儿们用彩绸扎制的精美的雏偶，即布娃娃。雏偶有牛郎、织女及一对小儿女的形象，一般放于上层，下边是吹箫弹琴舞蹈的小儿形象，庆贺双星相会之意。还有"西厢""红楼""杨门女将"等成套的戏剧人物形象（也有瓷塑雏偶，是家长买给小儿女作节日礼物的）。

另外，当然也少不了陈列化妆用品，如小胭脂盒、镜、彩梳、绒花、脂粉等，既供织女使用，也供女儿们自用。还有蜡制瓜果、小动物等。此外就是甜咸点心、茶、酒、瓜子、花生等食物，必不可少的是烛台、香炉、插上香烛，并用最好的檀香点燃。

女儿们在七夕夜要尽情梳妆打扮，用天河水沐浴、洗头发，然后换上锦绸裙袄，头上梳发髻，戴上白兰、素馨等花饰；再画眉、抹脂粉、点绛唇、额上印花；用凤仙花汁染指甲。经过这番打扮，女儿们一个个如同仙子下凡，围坐于八仙桌旁、鹊桥边上，进行各种游戏：或自娱自乐，或吟诗作对，或行令猜谜，并穿针祭拜乞巧；并指点天上北斗七星（相传织女是七星姐妹中的一员）及双星，讲述牛女故事、诗文典故；或请来歌姬，演唱粤曲，奏八音乐等，女儿们也自奏琴箫等乐器。这时人们可往各处人家参观乞巧桌陈设，到的人虽多，主人却也仍高兴招待。欢庆至半夜十二点钟，为织女下凡之吉时，此时所有的灯彩、香烛都点燃，五光十色，一片辉煌；姑娘们兴高采烈，穿针引线，喜迎七姐，到处欢声鼎沸。最后欢宴一番，这才散去。诚如清诗人汪瑔《羊城七夕竹枝词》所说："绣闼瑶扉取次开，花为屏障玉为台。青溪小女蓝桥妹，有约今宵乞巧来。"

今天广州拜七姐之风又有所恢复，传承不衰。

其他地区的七夕之风也大略与上述相近。如清代《帝京岁时记胜》："七夕前数日，种麦于小瓦器，为牵牛星之神。谓之'五生盆'。……街市卖巧果，人家设宴，儿女对银河拜，咸为乞巧。"另外北京还要摆设切成莲花形的西瓜、香瓜等，并于盆中瓜果麦秧上扎彩线，十分美观。北京佚名竹枝词《燕台口号一百首》，即有"澹澹银河一水澄，五生盆结彩层层"句。又丢巧针求巧。在清代皇宫中亦有祭祀双星，宫女丢巧针之俗。在颐和园昆明池上要搭建浮桥，隐喻天上鹊桥，供帝后观玩。还有饮宴、演戏等。

七夕的种种装饰、歌舞、饮食等

七夕节有种种美丽装饰，如前述的七夕鹊桥（竹纸扎桥、香桥、浮桥等）、七夕雏偶（化生、磨喝乐、草扎、布绸制、瓷塑、泥塑、纸塑、通草塑、木雕、面塑或酥糖塑的牛郎织女、仕女儿童、戏剧人物等）、七夕花（莲花、莲叶、各种香花等，还有唐代《妆楼记》载的薛瑶英用轻帛剪成、染以闪闪发光的颜料的渡河吉庆花）。又有种生、花瓜、谷板、楼阁等饰物以及灯饰、女红等，备极精巧，均可称七夕饰物、七夕灯、七夕女红。明代《广东新语》及黎遂球《素馨赋》还记，广州有素馨花艇、鹊桥等。

又有七夕玩具，包括七巧板、益智图、鲁班锁、竹蜻蜓、积木、十五巧等。

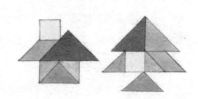

七巧板

鲁班锁

益智图

七夕香烛是特制的彩色香烛，连烧给织女的五色纸钱都是彩色的，以营造绮丽氛围。

七夕衣饰，以刺绣、锦缎、丝绸的裙衣（上衣下裙）为主，有的喜欢穿雪白绫制裙衣，为月下所宜。至于首饰，除了戒指、耳环、镯、钗等，还有各种茉莉、素馨花串、白兰香囊以及各种花饰等，饰在发髻、脖颈、胸前、手上、手臂上……七夕文具，亦不可少。不论是男或女均要设笔砚、纸墨，还有笔筒、砚床等，以及绘画颜料、诗集史籍、画册等，以求智慧使用。

七夕绘画，尤为重要。《析津志》就载："宫廷宰辅，士庶之家，咸作大棚，张挂七夕牵牛织女图，盛陈瓜、果、酒、饼、蔬菜、肉脯……"邀请亲眷作巧节会，叫作女孩节。元代白仁甫《梧桐雨》杂剧写杨玉环七夕乞巧时也写道："龙麝焚金鼎，花萼插银瓶。小小金盆种五生，供养着鹊桥会丹青帧，把一个米来大蜘蛛儿抱定。"

历代画家多有七夕图画供节日悬挂，其题材一般是取双星于鹊桥上相会、双星在银河边耕织；或绘下界儿女们穿针乞巧、奏乐歌舞等场面，或绘唐明皇、杨贵妃长生殿私语等，都十分动人。如清代画家姚文瀚的《七夕图》气势恢宏：画幅上烟云弥漫，星宿历历，宽广银河上鹊群飞舞，架一道彩虹般的鹊桥。桥两边牵牛织女正缓步行来，准备相会。在下边又画出牵牛和织女使牛耕田、坐在织机前织布的图像。画幅下方，则画人间景象：金碧楼阁，莲池中莲花盛开；殿外有众仕女、小儿，陈设了瓜果香案，穿针乞巧；庭院桐荫下，莲池边，又有两组仕女奏琴击鼓；众小儿挥舞着旗子，正在嬉戏起舞。画上人物众多，天上人间景象合在一起，堪称壮丽之作。又如近代徐燕荪的一幅《乞巧图》，众女子于园中陈列瓜果、香炉、水盆，一名女子在穿针，另有几名女子在一旁观察水影，颇生动。

至于民间年画、剪纸等，亦多把牛女故事作为题材，绘牛郎于天河边初见织女时抱走织女的衣服，在人间成亲、耕织、鹊桥上相会等，形象朴实可喜。山东潍坊、广东佛山年画等就有不少以牛女为题材的。

七夕歌谣，如前述的几首，均为少女们唱诵求祈之作，琅琅动听。又如这一首广东歌谣："手执花针扣转手，福如东海千年寿。今年乞巧同拜仙，乞来灵巧共丽娇。"

七夕乐舞古已有之，《西京杂记》记在百子池边奏于阗乐。《乐府诗集》中载隋代音乐家白明达作有《七夕相逢乐》，唐代《教坊记》记有《七夕子》《化生子》的曲名，说明唐代还有叫化生童子起舞的。其含义正与《西京杂记》所载一脉相承。其舞姿舞容可从齐国太夫人墓出土的骨雕化生童子、敦煌壁画上的莲池童子、宋代的摩睺罗塑像上大致推测。近年广东民间还流传乞巧舞，是女儿们乞巧时跳的。《广东民俗大观》中记载："少女们沐浴洁身后穿自己巧手缝制的白色嵌青纹的衣裙，头插银钗，耳挂金环，手持纸扇，分立乞巧桌边绕行拜舞，持扇屈膝行礼，边行边诵乞巧词。同时八音（锣鼓音乐柜）伴奏。少女们边舞边唱，走过象征性的鹊桥，然后再穿针乞巧。"

七夕还有抛彩球的游戏。《明诗纪事》引朱日藩《滇南七夕歌》："高倚银河搭彩楼，女郎三五对抛球。抛罢绣球无气力，鹦哥花月外如钩。"

乞巧节，各地有许多节日饮食。一般叫作巧食、巧宴等，风味各异。如宋代的笑靥儿、花瓜，即后世说的果食、巧果，是普遍的节日点心。七夕瓜果是必备的节食，如西瓜讲究切成莲瓣形或驼峰形，还有花瓜形，雕镂极精。一般瓜果也采用，江南水乡又吃鲜藕、红菱，闽广爱吃荔枝等，大抵如是。

巧宴也即乞巧之宴会，所制作的食物较为细致，形状精美，酒多为甜味酒。也吃饺子、面条、馄饨等，北方制作花馍，花样百出，以面制成。江浙一带则喜欢制作织女等形状的酥糖，俗称"巧人""巧酥"。浙江沿海则用饼模（饼印）印出果品、禽鸟走兽以及人形的"巧人仔"，以糯粉制作，染作粉红色。

至于七夕的诗文、小说、戏剧都很多，都富于趣味。诗文中咏七夕的极繁，如六朝时庾信的《七夕赋》、唐代柳宗元《乞巧文》都是写七夕节的散文名篇。南朝谢惠连有《七月七日夜咏牛女诗》；唐代，崔颢《七夕词》，杜牧《秋夕诗》，李商隐、温庭筠亦各有《七夕》诗，秦观有《鹊桥仙》词，都很有名。

关于七夕的故事，在六朝《续齐谐记》《述异记》佚文中，都有较早的记载。《博物志》记有人浮槎入天河、遇织女等类传说，亦清新可喜。后人作小说，亦从神话传说取材。戴不凡《小说见闻录》录有旧本《牛郎织女》小说梗概，及《鹊桥相会》等民间戏剧梗概，可参考。当代则有电影《牛郎织女》，由名演员严凤英主演，很受欢迎。

概言之，七夕不愧是慧、美、爱的美妙节日！

中元节 / 普度祭祖放河灯

中元节起源

中元节，又称七月半、鬼节等，日期在七月十五日。广西等地则于七月十四日过此节，因而称七月十四。相传是宋末为了避战祸而提前过节，相沿至今。这是一个祭祀祖先、普度幽魂的节日，大部分城市已不再过此节，但不少地区至今仍很有影响。不过近代以来其内涵已发生很大的变化，原有的迷信风气淡化了，娱乐、敬祖追远的节俗内涵增强了。

中元节起源，有不少不同的看法。或认为源于道家的三元说，以正月十五为上元，七月十五为中元，十月十五为下元。《道教大辞典》以三元为三官之别称。三官即"上元赐福天官紫微大帝，中元赦罪地官清虚大帝，下元解厄水官洞阴大帝"，三个元节即三官大帝之诞辰。中元节时，地官到凡间考察核定人们的善恶。《修行记》说："七月中元日，地官降下，定人间善恶，道士于是夜诵经，饿鬼囚徒，亦得解脱。"民间多拜三官。又因为阴间地狱之门大开，为求地官赦罪，各家祖先之灵魂、孤魂野鬼也会从阴间来到人间，所以民间要举行祭祖、普度孤魂野鬼之活动，有的还要祭祀主持城池安全、冥事的城隍神，这多源于南北朝时。

至于佛家，则于中元节举行盂兰盆会，历史同样悠久，相传是源于目连救母之典故。

以上两说，虽有根据，但也未完全准确。又《中国年节》载，相传蔡伦发明纸后，其嫂子为了销售纸，假称烧纸给祖先可以当钱，于是民间才有中元给祖先烧纸之俗。

又山西定襄传说，元代百姓不堪忍受元统治者暴政，设计藏匕首在面塑绵羊中，互赠亲邻以通消息，七月十五日起义反对暴政。于是后世民间流行在此日塑绵羊，互赠作节食。这些当然是传说，不足信。

我国古代，于四季有祭祖之俗。《管子·幼官图》："修春秋冬夏之常祭。"《春秋繁露·四祭》："古者岁四祭。四祭者，因四时之所生庸，而祭其先祖父母也。故春曰祠，夏曰礿（yuè），秋曰尝，冬曰蒸。此言不失其时，以奉祀先祖也。""尝者，以七月尝黍稷也。"《礼记·月令》："（孟秋）农乃登谷，天子尝新，先荐寝庙。"即指秋尝。秋尝即后世中元祭祖的源头之一。可见，中元节还是源起于农业社会中季节性的祭祀活动。当然，商周时除了祭祖还要尝新、聚宴，后世中元节也有沿袭的。

另外，周代还有祭祀为国战死的战士英魂之俗，从《九歌·国殇》述及的活动看是祭祀魂鬼之仪式歌。后世各地尚有官府令道人僧侣作法事超度亡魂的。如抗日战争胜利后北京曾举行超度牺牲的军人英魂的仪式。广泛流传的普度、祭祀野鬼之活动，显然与《国殇》所载同出一源。

道家的中元活动

道教是极重视中元的，是日道观要作斋醮荐福，道士诵经，度济恶鬼囚魂。

后世，于中元节祭祀城隍神的仪式最为热闹。城隍神是指城池之神，由周代蜡祭八神中"水庸"神演化而来。水即隍，庸即城，唐代之前已经称为城隍神，唐宋后多将具体的人纳作某城之城隍神，以求护佑城市平安。大概有功于当地即可作该地城隍，如苏州祭祀春申君，杭州祭祀文天祥，南宁祭祀苏缄等，城隍神已经人格化了。人们又相信，城隍神可以主宰当地水旱、灾疫、冥事（城隍兼管当地亡魂）、治安等。故于中元节时祭祀城隍，求城隍老爷镇压恶鬼，保佑城民安全等。

城隍老爷于清明、中元、十月朔出巡，称三巡会。《中华全国风俗志》下篇卷三载山东："城隍出巡，仪仗甚丰，妓等白衣白裙手捧链索扮作女囚（囚魂），若戏中所演之苏三者。乘敞轿随行，谓藉以谶除罪恶。"上海也有三巡会，也大略类似此俗。民间相信出巡后恶事就消失了。

民间祭祖、祭孤魂

按照上述地官之传说，七月从初一至三十，阴间之门大开，祖先之魂及孤魂野鬼纷纷跑出，所以要祭祀。其实这是源于古代"秋尝"及祭鬼之俗，前已述及。

祭祖，多是在家中或祠堂中烧香、上供、敬拜祖先并焚化衣饰、纸钱。如广西南宁一带，至今仍要在七月十四杀鸭祭祖、焚烧各式纸制祭品。早在宋代，《东京梦华录》就载："（中元）先数日，市井卖冥器、靴鞋、幞头、帽子、金犀假带、五彩衣服，以纸糊架子盘游出卖。"可见纸制供品花样已经很多了。而有不少地方要赴祖坟扫墓，如清明时一般。如今多将祭祀仪式作为祭祖思亲、祭扫尽礼之俗，也有意义。所以南方、港澳乃至海外华人中尚盛行此俗。

中元又拜祭孤魂，因为俗信此时地狱里无人祭祀的鬼魂游荡于人间，无食无衣，十分可怜，为了结其苦难，人们就要备下丰盛的祭品来祭祀。这里边包含着同情弱者的仁善思想。也有人认为如不祭祀，他们会给人们带来麻烦，使家人生病痛，家畜伤亡。

祭祀孤魂，主要是在街边道旁放置食品，烧冥衣纸钱。至今北方农村尚常见。有的在家门口悬挂写着"普度阴光"的红灯，摆列供品，叫作施食。晚上则放河灯，以招引水中鬼魂。在江浙地区，沿街设案，搭成孤鬼台，挂起旗幡，供孤鬼牌位，供品有鸡、鱼、肉三牲、鲜果、菜、酒，并请道士作法超度。乡间还要清除路边杂草，以让野鬼通行无阻。在广西，则多于溪坝边祭祀孤魂，点香烛，以米饭加水拌小鱼虾等，泼洒于地，焚烧纸钱，叫作糁水饭。广西宾阳县逢七月十四，除了糁水饭之外，僧、道、师公还举办龙华佛会、赈济孤魂，在水上放柚子灯；还有礼斗添粮、散福米，挂起北斗七星旗；以及唱戏酬神、烧纸衣、纸马、纸扎宝塔等。

在台湾，祭祀、普度孤魂仪式很隆重，分为公普、私普两种。公普，又称庙普，以寺庙为中心，祭典较盛，先于庙前插下灯篙，即悬挂着一盏灯笼的竹篙，在夜间点亮；又放水灯于水中，召唤水鬼。都是通知鬼魂前来享受三牲菜饭之意。庙中要搭建祭坛，挂神像画轴，奏乐祭祀，祭坛边设孤棚，摆三牲、粿、饭，并插线香，插写有"庆赞中元"或"普醴阴光"字样的三角小红旗，其上下首写善男信女之名。还摆有"看牲"，用鸡鸭鱼肉及面塑制作花鸟虫鱼、戏剧人物等。祭祀时还要建戏台演戏，民间多宴请亲友，热闹一番。祭祀及超度完毕，人们争抢供品，叫作抢孤，相传抢到后一年幸运。人们还抢"庆赞中元"的小旗，被认为是海上护身符，航海者极为珍视。至于各行业或家庭的私普，择在屋前供奉三牲及其他食品、焚烧纸钱而已。

佛家盂兰盆会

佛家盂兰盆会是七月半举行的重要活动，至今我国佛寺仍在举行。日本也仍有此活动，影响颇深。"盂兰盆"是梵文的音译，或作"乌蓝婆拏"。意思为倒悬，形容苦厄之状。它的源起，与佛教经典《佛说盂兰盆经》记载的目连救母故事相关。目连，也叫目犍连，是释迦牟尼的十大弟子之一，神通广大，据说其母身亡，沦入轮回六道的"饿鬼道"中。目连为救母，"即以钵盛饭，往饷其母。食未入口，化成火炭，遂不得食。目连大叫，驰还白佛。佛言：'汝母罪重，非汝一人力所奈何……'至七月十五日，当为七代父母及现在父母厄难中者，具百味五果、以著盆中，供养十方大德。……佛敕众僧，皆为施主咒愿，七代父母，行禅定意，然后受食……时目连母得脱一劫饿鬼之苦"。所以佛弟子修孝顺者，都应奉盂兰盆。这《盂兰盆经》，实是中土大僧人据印传佛经之有关记载改编，故将盂兰盆解作一种盆子，"故后人因此广为华饰，乃至刻木割竹，饴蜡剪彩，模花叶之形，极工妙之巧"。（《荆楚岁时记》）用这种盆子盛着馔果，供奉诸佛，解脱轮回中受难的亡魂，是一种集体性的大型佛事。《荆楚岁时记》另载"七月十五日，僧尼道俗悉营盆供诸佛"，《颜氏家训·终志》也说"及七月半盂兰盆，望于汝也"，说明这风俗至少在南北朝时即在华南华北都很流行，已成为普天同有的、至关重要的活动。这其实也是因为中国人民重视祖先祭祀的缘故。

到了唐宋，盂兰盆会仍常见，唐代多在盆中设各种美术品。宋代，高承《事物纪原》卷八"盂兰"条："今人第以竹为圆架，加其首以斫叶中贮杂馔，陈目连救母画像，致之祭祀之所。"孟元老《东京梦华录》中元节说："印卖《尊胜目连经》。又以竹竿斫成三脚，高三五尺，上织灯窝之状，谓之'盂兰盆'，挂搭衣服、冥钱在上焚之。"

到后世，佛教徒因附会目连救母传说，有放焰口、施饿鬼之俗。把饭食酒肴等抛洒于地，并拜佛、奏乐诵经，超度恶鬼，使恶鬼得食，也就多与道家祭孤魂、古代祭祀阵亡战士英魂的仪式相混淆。

目连救母的故事，对后世影响巨大，形成许多传说、戏剧流传于民间，成为特殊的艺术形式。相传目连母被贬入地狱，目连重重追寻，知母投生为犬，买归供奉，并在中元节设盂兰盆会超度其母，玉帝即封其母为劝善夫人（见《集说诠真》引《目连记》）。于是后世也有以此为题材的目连戏，表现目连母刘氏进地狱、过奈河桥、变犬、封为劝善夫人的种种情节。这里边包含了不畏艰险、穷究地狱的可贵思想。

目连戏，又称《目连救母》，宋代已有杂剧，《东京梦华录》卷八："构肆乐人，自过七夕，便般《目连救母》杂剧，直至十五日止，观者增倍。"明代张岱在《陶庵梦忆》中详细记载"目连戏"说"余蕴叔，演武场搭一大台，选徽州旌阳戏子剽轻精悍、能相扑跌打者三四十人，搬演目莲，凡三日三夜。四围女台百什座，戏子献技台上，如度索舞絙、翻桌翻梯、筋斗蜻蜓、蹬坛蹬臼、跳索跳圈、窜火窜剑之类，大非情理。凡天神地祇、牛头马面、鬼母丧门、夜叉罗刹、锯磨鼎镬、刀山寒冰、剑树森罗、铁城血澥，一似吴道子《地狱变相》，为之费纸札者万钱。人心惴惴，灯下面皆鬼色。戏中套数，

目连

如《招五方恶鬼》《刘氏逃棚》等剧，万余人齐声呐喊……"，这种场景到清末民初仍可见到。鲁迅先生《女吊》一文，即写目连戏以及戏中杂技表演等。

这种种奇景从戏文中汇总表现出来，也会造成恐怖感，不利于身心健康，但也可表现出人民顽强、英武的精神气概。如令人惊心动魄的种种技艺表演，即目连戏中的精华。如今一些节目已经独立出来，作为杂技或体育项目，如调吊（又分男吊、女吊），可在悬挂的绳子上做出种种优美造型。

这里顺便说一下，盂兰盆的来历一般认为是由梵语之名讹传而成，但南宋陆游《老学庵笔记》载："故都残暑，不过七月中旬。俗以望日具素馔享先，织竹作盆盎状，贮纸钱，承以一竹焚之。视盆倒所向，以占气候。谓向北则冬寒，向南则冬温，向东西则寒温得中，谓之盂兰盆。"民间有以盂兰盆作预测冬天气候的工具，这似又是中国固有的传统。可能古人原就有盂兰盆，后来才加入佛家教义，成为一种供奉用品。

七月半赏月与放河灯、水灯

中元节还有放河灯之俗。放河灯，顾名思义是在河中放一盏盏灯，任其漂流。其实不仅河，凡是湖池等水域也都可以放，称放水灯更合适些。因此中元和元宵、中秋并列为中国三大灯节。此俗源于佛教寺庙，或自印度传来，今泰国、日本等地亦有类似风俗。佛教认为孤魂野鬼在轮回途中，要经过无边苦海、冥河，因而要点燃灯火，指引亡魂过渡，获得超生，也好辨别路径，前来接受人们的食物施舍。有的还要扎制大纸船，称为法船，以供亡魂乘坐，渡出苦海。当然随着时代的进步，水灯的原意渐被遗忘，成为一种娱乐祈愿活动了。

宋代中元节夜放江灯，如《梦粱录》载："后殿赐钱，差内侍往龙山放江灯万盏。"这是宫廷中的水灯活动。明清之时，多在中南海、北海水中放灯，让灯在水中漂流，蔚为壮观。寺庙中同时也放水灯。后来民间也放灯于水域，逐渐形成习惯。市上也有各式灯出售，如明代《酌中志》载："十五日'中元'，甜食房进供佛波罗蜜，西苑做法事，放河灯。京都寺院咸做盂兰盆追荐道场，亦放河灯于临河去处也。"

河灯的主要形式，是莲花灯。因为莲花清净无尘，象征佛法。一般在灯下放置一方形木块，上固定蜡烛，再在蜡烛边围彩纸莲瓣，以便于水上漂流；也有供儿童手提玩赏的莲花灯，则不带木块。也有在带梗莲叶中插香烛，即称一灯，叫荷叶灯。还有很简便的瓜灯：半个西瓜皮点烛即可。还有燃香的蒿子灯、茄子灯。"或以短香遍粘蒿上，或以大茄满插短香，谓之蒿子灯、茄子灯等名目……"（清代《帝京风俗志》）

《帝京岁时记胜》中说到河灯有荷花、荷叶灯、星星灯（在青蒿上缚香），"镂瓜皮、掏莲蓬，俱可为灯"。人们还要在此夜赏月玩灯，"结伴呼群，遨游于天街经坛灯月之下，名斗灯会，更尽乃归"。可见当时过中元之盛（七月半赏月，在明末张岱《陶庵梦忆》中也有生动的描写）。

河灯除上述各种外，还有那手巧艺人扎出星、鱼、宝塔、龙凤、花篮、舟船等形状，千百种灯放入河中，光彩闪耀，更吸引人。七月十五放河灯较有影响、规模较大的地区很多。

东北的吉林市，直到民国年间还盛行夜间于松花江上顺流放下莲花灯、满河星灯、三星灯、鱼灯、大小宝塔灯等，人们挤满大堤上观看，河边有大商号雇下的大彩船，鼓乐齐鸣，并有各种曲艺娱乐以及饮食摊档等，人们直至夜深才尽兴而散。近年放河灯又有所恢复，但不一定是在中元。

山西河曲县的西口河灯会也很著名。河曲县毗邻黄河，民歌《走西口》中的西口，即县城"水西门口"，称"西口古渡"，是黄河口大渡码头，与内蒙古、陕西隔河相望。

当年很多人经由此口去长城外谋生，历尽艰辛，尤其黄河上的河工在波浪中丧生不少。

为纪念他们，清代便建起禹王河神庙和大戏台，每年中元祭神、披红、唱戏，并在河中放入纸船、焚烧纸钱，抛供品，又以瓜瓢、瓷碗等为灯，放入河中为祭祀的鬼魂引路。后来西口河灯会逐渐形成娱乐性节日习俗，人们制作荷花、鸟兽、鱼虾、龙凤等形的灯，底座刷油以防水，共放3650盏灯，每隔数米放一盏，寓意一年吉祥顺利。

各式灯彩倾洒如点点繁星，人潮汹涌，加上唱戏、放烟花爆竹等活动，十分壮观。如今，西口河灯会已成为晋、陕、蒙三省区人们祈福的盛会。

广东的中元节也有地方特色，如粤东五华县，每五年一次举行中元醮会，在狮熊山上搭建戏台，纸糊金刚、佛像，挂竹织灯，扎塔山，吹鼓手们弹吹奏乐，拜神、打醮，少年男女们互相对唱情歌，游人尽情游乐，而拜神打醮以求消灾邪的目的反不太重视了。在十五夜，则烧纸衣、放河灯，用木板钉成船，中点灯烛，放入水中。又放鸽鸽"上天"，放鱼"入海"，以谢天地造福之恩，维护天地万物生长。这一夜，歌声如潮，烟花爆竹声声，人们一直热闹到夜深方散。

广东潮州的中元节叫鬼节，设祭孤台，摆各式牲醴糕饼瓜果等，由法师举行放焰口的仪式，并在江中派船下放许多陶钵制造的豆油灯，顺流而下，引领魂灵受祭。

云南、广西等地也都有放灯之风。如云南白族于中元节放灯，以南瓜、葫芦、木瓢为小船，外罩纸灯罩，有龙凤鱼禽、花篮、莲花、楼阁等，还有牛女、八仙、散花天女等，放入河中漂流，如银河飞泻下九天。

江南、苏浙一带也有在七月三十日放水灯，因为相传地藏王菩萨生于此日，于是放灯祈福。妇女们多放荷花灯，灯下联竹筒以增加浮力。又有贝壳灯等。

中元节的艺术

中元节的特有艺术形式除精美的各式水灯外，还有各种纸扎的供品、鬼神人物。虽是迷信用物，但从艺术角度来看是有一定价值的，可作民间美术品观赏。《中国民间美术全集》就收录了不少。

其中，供品主要是纸制衣饰物、用具，包括衣、帽、鞋、裙、被子枕头，房屋楼阁、车舟，马匹、马鞭、铜锤、刀枪等，以供祖先与孤魂使用。多装饰剪纸、彩绘等，色彩斑斓。纸钱、纸元宝、金银塔等自不可少。这是源于古代以真正物品陪葬之俗。

纸扎鬼神，除佛祖、金刚等扎制做供奉外，还有鬼王鬼卒，如广东潮阳多扎青面凸眼、持旗持刀的鬼王，配以鬼卒；广西宾阳县又扎高高的竹篙鬼（无常老爷），形象可畏。这些祭祀完了就和供品一起烧掉以求保佑。另外全国各地也有扎八仙、钟馗、妈祖等，反映人民群众的崇敬心理。还有纸扎的各种仕女、侠士、武将、老人、儿童等组成许多戏剧人物。都以竹纸扎糊彩绘而成，人物形态各自不同，是很好的艺术品。

其实这是由古代殉葬的俑发展而来，烧掉以供鬼神驱使，是其本意，可称为纸俑。《礼记·檀弓》便记载以草扎人形刍灵，可算是其前身。中元也有歌舞活动，多是富于宗教性的道公、师公之舞，在祭祀仪式上举行，也有其民俗价值。

特别值得一提的是河北固安屈家营传统音乐会，用笙、管、笛及击奏类乐器鼓、铙、钹、云锣等演奏，脱胎于寺庙之乐，盂兰盆会时必举行演奏活动，以求雨、迎神、祈福、驱邪禳灾，又燃放荷花灯等。在音乐活动中贯穿着善恶报应、虔敬天地的思想内涵。如今乐队仍在中元演奏，从中可窥见原有的思想内涵。

中元节食物

中元节食物，历代多为素馔以供佛。

在岭南，多准备面制的桃子、粘米饼等食物，四处抛洒供鬼魂食用。珠江三角洲一带，用稻草扎成鸟巢般大小的草窝，放入米粉捏的小鸭子，漂在河中，供水鬼食，粉鸭子数目是视家中男孩数目而定的，据说水鬼食后就不会再伤害小男孩。

在广西的汉、壮族，过七月十四必杀鸭，祭祀先祖后鸭就归人享用了，几乎不用鸡。无疑这和远古的祭祀仪式有关，大概古代以鸡祭神，以鸭祭鬼，相沿至今（岭南个别地区以鸭祭鬼之俗犹存）。广西人过七月十四还喜用蕉叶包"叶包糍"，糍有素的、花生馅的、肥肉或冬瓜馅的，以糯粉制作，均为甜味，十分可口。祭祖时把糍与鸭共摆。另外还有炒鸭杂、豆腐、米粉等。人们走亲访友，大快朵颐。广东一些地区则包叶仔粽，类似于叶包糍。

在北方，中元节则有面塑食品，如山西霍县一带制作猪头、羊头、麦秸、针线、顶针、剪子，"坐饽饽（女人坐在莲花上）"等，据说食用后可以治病。

中元节的特殊习俗

中元节除了祭祖，供奉城隍、佛祖、普度施食等，还有求丰收的。如《清嘉录》卷七"斋田头"条："中元，农家祀田神，各具粉团、鸡黍、瓜蔬之属，于田间十字路口再拜而祝，谓之'斋田头'。"这种习俗大概源于古代的中元祭祖、报秋成、祈盼粮食丰收等发展而来。如南宋《梦粱录》记人们制作用庄稼穗扎束成的麻谷窠儿："卖麻谷窠儿者，以此祭祖宗，寓预报秋成之意。"

在山西晋中、忻州地区，七月十五日杀牲煮肉、上坟祭祖及捏面人、互赠花馍；还要在自己耕种的土地上挂红、黄、蓝、白、绿五色剪成的穗状纸，远望红红绿绿，十分好看。相传是为对付一个强抢民田的恶霸才出现的，其实它应是源于古代的祈求巫术。东晋葛洪《抱朴子》记载，把五色纸挂于山中，祈求实现心中的愿望。农民于土地上挂五色纸，原是表示祈求风调雨顺、农业丰收的美好心愿。另如广东蕉岭县人以竹插于田中，上挂纸张，叫挂田钱，亦祈求丰收之意。这与一些地区于田边挂起旗帜的含义是一样的。

中元节的影响

中元节曾是中华民族的大节日之一，在一些地区尤其受到重视。比如台湾过中元节，就较隆重。这与台湾特殊的地理条件与历史渊源有关。台湾的居民多从大陆迁去，越过重重风涛，开辟蛮荒，多有没于海涛中成为游魂者。所以人们要施舍、普度,使这些远离故土的游魂得食,以示安慰同情之意。其中也隐含着对大陆家乡的深切怀念。清代诗作中多记载了台湾热闹的中元节活动,如清人周长庚《台湾竹枝词》云:"竹子高高百尺幡,盂兰盛会话中元。寻常一饭艰难甚,粱肉如山饷鬼门。"又钱琦《台湾竹枝词》:"中元胜会赛盂兰,豪夺争先上醮坛。海面放灯僧说法,鬼声人影夜漫漫。"这是写普度、抢孤、放水灯于海面的情景。也可见其盛况之一斑。而清代道光年间,台湾府知府邓传安所著《蠡测汇钞》中,收有一篇清代道光八年(1828)的《牒台湾府城隍文》,更隐含着对故土的怀念,请城隍爷送幽魂返归家乡,感情深挚。

又如香港,至今有于中元节焚香烧衣,以牲醴祭祀祖先之习俗。还要设坛供佛,唱戏酬神,并扎种种龙袍纸衣等焚去,供奉神灵。这些民间工艺品,以剪纸、纸扎工艺制成,还装饰种种纸扎人物,颇为精美,并且向孤苦人家"派米",以表示救孤祭贫。

每逢节期,街上有热闹的迎神队伍,空地有临时佛坛、戏棚,晚上人们纷纷涌来观剧。东南亚的华侨聚居区,在此日也过节。如新加坡的华裔族群,多举行隆重活动,搭起戏棚演戏,演歌舞节目。祭祀先祖时烧金银箔纸,供奉丰盛的鸡、鱼、肉三牲等供品,也祭祀孤魂野鬼,祭罢再吃丰盛的中元宴。还举行慈善募捐活动,将捐得的钱做救济贫苦居民所用。另外,在泰、马、印尼等国华裔中也流传此节。

综上所述,中元节至今在民间、寺庙仍有影响。人们怎么样继承、发扬这个包含着较多封建迷信因素的节日呢? 首先是取祭祖、怀念先人之意;放水灯作为娱乐、追思活动也可以流传,多地也都恢复了;中元节演戏歌舞奏乐等也可以作娱乐,还发扬了此节包含的怜贫惜孤的思想,这都是可取的。

中秋节 / 人月共圆果饼香

中秋节起源

中秋节，又称月节、仲秋节、端正月、团圆节。因日期在农历八月十五日，故又称八月半、八月十五。

中秋节的主要内容是家家团圆，亲人相聚、饮宴、赏月，吃月饼瓜果，儿童玩花灯、兔儿爷以及做游戏等。这是一个富于诗意的大节日。

中秋节，根源于我国古代对月的崇拜以及月下歌舞觅偶之俗。中秋一词，早已出现在《周礼·夏官·大司马》中："中秋，教治兵。"当时祭月也要在秋天举行，如《周礼·春官·典瑞》"以朝日"，郑玄注："天子常春分朝日，秋分夕月。"从《国语·周语上》等书看，我国很早就有"秋暮夕月"之俗，历代皇帝均要祭祀"夜明之神"，即月神。月神祭坛多在西郊，如魏代"八月，夕月于西郊"。明清两代在北京建月坛，亦位于西郊。

《天府广记》载在祭月时皇帝要亲临祭祀，要奏乐，跳六佾（yì）舞，献上白色玉璧、丝帛，身穿白衣，以象征月光的明洁。宫中为何重视祭月呢？是因为它原是原始习俗，与祭天祭日等并列之故。

在民间，沿袭远古流风，也受到皇家祭月影响，同样要祭拜月亮，祈求福寿平安。祭月是中秋的源头之一。

从民俗资料看，中秋与元宵近似，都曾有在月下嬉戏、歌舞的内容，并有觅偶之俗。在中秋夜对歌觅偶，于福建、两广、海南等汉、壮等族中较为盛行。因此我们有理由相信，元宵及中秋的部分活动源于古代的跳月活动。古代逢月望十五夜常有跳舞嬉戏的，如《太平寰宇记》载："（广西南仪州）……每月中旬，年少女儿，盛服吹笙，相召明月下，以相调弄，号曰夜泊，以为娱。二更后，匹耦两两相携，随处相合，至晓则散。"后世仍有踏月、对歌等活动，而其中贯穿着寻偶求子的主题，为中秋夜更添情趣。这是中秋的源头之二。

中秋赏月，是重要的活动。最迟在魏晋时已有。《晋书·袁宏传》载："谢尚时镇牛渚，秋夜乘月，率尔与左右微服泛江。"此后历代中秋赏月的诗文就多不胜数了。赏月成为中秋的源头之三。

历代关于月亮、中秋节有种种优美的神话。如相传月中有兔、蟾蜍、姮娥；还有吴刚伐桂、唐明皇游月宫、吴彩鸾会文箫等脍炙人口的典故。人们于中秋讲述这些故事，还制成兔儿爷等种种绘画、工艺品玩赏。可以说这些故事对中秋节俗也颇有影响，是中秋节俗源头之四。

八月正值农业丰收之时，古代有收新谷、酬农神、庆丰收之俗，后亦影响到了中秋节俗，至今在少数地区的中秋节尚存此类习俗。这是中秋的源头之五。

中秋节具有团圆节的性质。早在两宋，《梦粱录》已有中秋团圆家宴的描述，这是由我国传统的重孝道、重人伦与家族血缘关系的文化发展而来，以圆月象征家族的圆满。这是中秋的源头之六。

因此，构成中秋节俗的因素主要有祭祀、求平安、娱乐、求偶求子（性爱与生殖崇拜）、家庭团聚、祈求丰收等因素。可见其文化内涵仍是深植于我国农业社会文化之中，为农业文明的节日。正因为它具有农业文明的温馨的人情味，所以至今仍有强大的生命力。那一轮明月，那月下欢聚，不仅是家庭的团圆，也象征全民族的大团圆。

祭月与神话传说、神马、兔儿爷

八月中秋夜，祭月是重要的活动。

祭月源于远古的月崇拜，月神后来成为人格化的神，皇家叫夜明之神，道教称为太阴星君。民间也拜女性月神，即那位美丽的女神嫦娥，虔诚地向她祭祀求福，或称她为月姑、月姐。

嫦娥，原名姮娥，也叫常仪等，相传是古代英雄羿的妻子，羿下凡射落危害人间的九日，她也一起来到凡间，成为凡人。羿便往西王母处求不死之仙药，以求长生。嫦娥误服，即飞升月中，成为月神。这个故事早在战国时《归藏》一书已有记载，《文选》注两次引《归藏》，均谓嫦娥服不死药奔月。汉初湖南马王堆帛画上已经画有一名女子飞向月牙，无疑是她的形象。西汉时《淮南子》载："羿请不死之药于西王母，姮娥窃以奔月。"另《初学记》引古本《淮南子》，尚于"窃以奔月"句后有"托身于月，是为蟾蜍，而为月精"之句。这故事流传千百年，对种种祭月之俗很有影响。

祭月的方式，主要是向月而拜，或把神马挂于月出方向，或将木雕的月姑像供奉，并设供案，排列祭品。北方主要供奉苹果、梨、西瓜、葡萄、毛豆（喂玉兔用），南方多供柚子、芋头、柿子、菱角、花生、藕等，是拜月必不可少的果品。当然也还要有月饼、清茶、饼糖等。月升起后就由妇女先拜，再让儿童拜，有的地方不让男子拜，因有谚云："男不拜月，女不祭灶。"但很多地方男子也拜月。拜完月后才能烧去神马，撤供，分果品与月饼给家人共享。至于拜月的心愿，宋代金盈之《醉翁谈录》卷四载："登楼或于庭中焚香拜月，各有所期。男则愿早步蟾宫，高攀仙桂。女则愿貌似嫦娥，圆如洁月。"

嫦娥

拜月

祭月时还多喜挂起灯笼，点起好香，香烛辉煌，家家门前都有，灯烛焰远望如金龙一般盘旋，即如《红楼梦》七十四回所述。苏州等地还要燃菱香"熏月"。

关于月亮的神话，流传较广泛的还有玉兔捣药、月中蟾蜍以及广寒宫桂树等。月中有兔、蟾，可以追溯到春秋战国时期的文献。《楚辞·天问》已经有句："夜光何德，死则又育？厥利维何，而顾菟在腹？"这个"菟"有学者认为即兔。汉初马王堆帛画上已经明白画出一弯月牙，云气缭绕，一只青绿色蟾蜍及一只白兔正在月中。相传蟾蜍捣药，可成仙丹。汉代画像石已经有蟾蜍两足人立，持杵而捣药的形象。后来也叫玉兔捣药。晋代傅玄《拟天问》："月中何有？白兔捣药。"也流传后世。

古人又说月中有广寒宫，《锦绣万花谷》引《十洲记》："冬至后，月养魄于广寒宫。"五代王仁裕《开元天宝遗事》："明皇游月宫，见榜曰广寒清虚之府。"即指此。还传说月中有桂树，《淮南子》即有"月中有桂"的记载，可见此说多么古老。

唐代段成式《酉阳杂俎》："旧言月中有桂，有蟾蜍。故异书言月桂高五百丈，下有一人常斫之，树创随合。人姓吴名刚，西河人，学仙有过，谪令伐树。"吴刚砍桂成为著名的故事。

关于月的传说还有好多，如天狗食月：相传凶恶的天狗会吞噬月亮，造成月食，民间要敲锣打鼓驱赶，使月光重明。玉斧修月：《酉阳杂俎》载，月为七宝合成，常有八万二千人修整，食凿下的玉屑可得长生。架梯修月：是《类说》所载，有道术的周生架梯上天，摘下明月。这几个故事都不太有名，只略提一下。（还有唐明皇游月宫、吴彩鸾、月老，后边将讲到。）

因为玉兔、广寒宫、桂树等神话流传极广，后人便常从中取材作

月中兔

装饰画、剪纸、神马、玩具。如神马上常装饰月宫玉兔的美好形象。《燕京岁时记》："京师谓神像为神马儿，不敢斥言神也。月光马者，以纸为之，上绘太阴星君，如菩萨像，下绘月宫及捣药之玉兔，人立而执杵。藻彩精致，金碧辉煌，市肆间多卖之者。长者七八尺，短者二三尺，顶有旗，作红绿色，或黄色，向月而供之。焚香行礼，祭毕与千张、元宝等一并焚之。"取材于月中玉兔的还有民间有趣的兔儿爷。过去孩子们过节就最喜欢兔儿爷，争相购买，使之成为中秋节最为重要的玩具。只是如今也少见了，只作为工艺品在出售。

兔儿爷又叫彩兔，以黄泥塑成，多用模印，再配上双耳，染绘彩色，有的还描金勾勒。其形千奇百怪，或着五彩衣冠，或披战袍，戴金盔甲，左手抱臼，右手持杵，背插旗帜或伞盖，底座有莲花，坐骑有老虎、鹿、狮、骆驼等，但一般都是粉白脸，三瓣嘴，犹存兔形，大的高可三尺，小的仅三寸左右，威风凛凛，博得小孩的喜爱。每逢中秋，家长买它给小孩子玩，也要祭拜。如清代杨柳青年画《桂序升平图》：绘兔儿爷高坐案上，前供西瓜、桃子、月饼、石榴等，两小儿在跪拜，一小儿在击磬助兴，含吉庆之意。这种场面家家皆然。但兔儿爷毕竟只是月神下属，并无月神之尊，所以可任人戏玩，甚至出现了可活动、发声的兔儿爷，如"呱嗒嘴兔儿爷"，胎内空着，嘴唇活动，系线从腔中引出，下扯其线，兔唇就吧嗒有声。还有活臂兔儿爷，扯线时双臂即活动作捣药状，这就纯是玩具了。

兔儿爷初现，大概是在明代。明末纪坤的《花王阁剩稿》说："京师中秋节，多以泥抟兔形，衣冠踞坐如人状，儿女祀而拜之。"《燕京岁时记》也载："每届中秋，市人之巧者，用黄土抟成蟾兔之像以出售，谓之兔儿爷。有衣冠而张盖者，有甲胄而带纛旗者，有骑虎者，有默坐者。大者三尺，小者尺有余，其余匠艺人无美不备，盖亦谑而虐矣。"故而清代方元鹍《竹枝词》云："中秋月色净无瑕，洒扫庭前列果瓜。儿女先时争礼拜，担边买得兔儿爷。"另外济南、天津等地也有兔儿爷出售。

兔儿爷

赏月与团圆

前面说过，赏月是中秋夜的重要活动。唐宋两代，赏月已经广泛流传于皇帝贵族与士大夫之中。唐代白居易写下的八月十五夜赏月、聚玩饮酒、吟诗、思亲，以及关于月亮神话的诗歌有七首之多。宋代，《梦粱录》载中秋夜："金风荐爽，玉露生凉，丹桂香飘，银蟾光满。王孙公子，富家巨室，莫不登危楼，临轩玩月。"又载："天街买卖，直至五鼓，玩月游人，婆娑于市，至晓不绝。盖金吾不禁故也。"

明清后，赏月更为普及，连普通老百姓也要赏月。如明代田汝成《西湖游览志余·熙朝乐事》记："民间以月饼相遗，取团圆之义。是夕，人家有赏月之宴，或携榼湖船，沿游彻晓。苏堤之上，联袂踏歌，无异白日。"近代江浙"守月华"之活动类似于此。

赏月地点也有所不同。古代有望月台，如《开元天宝遗事·望月台》："与贵妃临太液池，凭栏望月……"民间一般在家中庭院，或在酒楼观赏，自然也可以在山野水边观赏，同时也点上花灯、烛火，使野外一片灯烛辉煌。这在广州、香港等地尤其盛行。在南方地区，还喜欢荡舟赏月，如广州珠江上的小艇，中秋夜载客人们赏月，随波荡漾，亦是一景。在广西马山、上林等地则于水边或水畔搭建竹排房（以毛竹扎排，上搭棚）赏月，并在房内过夜。月亮的圆净光辉被热爱自然的中国诗人引至数不尽的诗作中。至今，中秋雅聚吟咏、作诗会仍很盛行。重视家庭亲情的中国人还把圆满的月光引申为象征家庭团圆之义，直传至今。每逢佳节倍思亲，早在唐代，中秋夜思亲思友就已经成为诗咏主题。

宋代《梦粱录》载："（富家）或开广榭，玳筵罗列，琴瑟铿锵，酌酒高歌，以卜竟夕之欢。至如铺席之家，亦登小小月台，安排家宴，团聚子女，以酬佳节。虽陋巷贫窭之人，解衣市酒，勉强迎欢，不肯虚度。"此时中秋节已经成为全家团聚之节日了。

由于中秋节吃的月饼是圆的，所以也以月饼象征团圆，更增团圆节之内涵，也使月饼更具有文化上的含义了。

中秋食品：月饼、瓜果、糕酒等

中秋节有众多食品供人们祭月及赏月时食用，其中最具有节日特色的就是月饼。

月饼源于何时，已难确考。或谓唐代已经有玩月羹，《月令粹编》卷十三引唐朝郑望之的《膳夫录》："汴中节食，中秋玩月羹。"据考证是桂圆、莲子、藕粉制作，或即月饼前身。宋代，苏轼有诗："小饼如嚼月，中有酥与饴。"在南宋《武林旧事》中"市食"一节也已经记"月饼"，但是否专作中秋节物仍不清楚。民间又有元朝末年大家吃月饼相约杀鞑子的传说。明人沈榜《宛署杂记》载："士庶家俱以是月造面饼相遗，大小不等，呼为月饼。"已经以月饼表达团圆之意。月饼制作之法，是以各种甜咸馅料揉入面皮中，放入饼模压制而成。月饼模上雕有蟾蜍、兔子、桂花等和月亮有关的图案，还有各种吉祥字句，印在饼上，十分美观。饼模是民间重要的美术品之一。

月饼不断发展，出现了京月、广月、苏月、甬（宁波别称）月等式月饼。清末《燕京岁时记》说北京月饼："中秋月饼，以前门致美斋者为京都第一，他处不足食也。供月月饼大者尺余，上绘月宫蟾兔之形，有祭毕而食者，有留至除夕而食者，谓之团圆饼。"这是指京式月饼，以酥皮、冰糖馅为特征。

月饼

　　广式月饼，是指两广的月饼，以糖浆为面皮，有多种馅料。《中华全国风俗志》下篇卷七载道："饼作圆柱形，高及二寸，径不及三寸。有酥皮、硬皮二种（俗有专以硬皮者为月饼，酥皮者为酥饼）。酥皮饼有薄皮数层，富于脂油。作红黄白赭诸色，硬皮饼其皮仅以较厚之外层，以火烘作赭色而已。无论体积如何，仅因其馅之材料不同，设立种种名目。如味咸者有咸肉、梅肉等月饼，味甜者有甜肉、金腿、烧鸡、叉烧、豆沙、豆蓉、莲蓉、麻蓉等月饼。……又有所谓月光饼者，饼甚小，其表面绘花草人物等。"

　　又如苏月，喜用桃仁、瓜子、松子配桂花、玫瑰花等天然香花制作。甬月多用苔菜为馅心。潮月以重油重糖著称，与京月都属于酥皮类饼。

　　江苏泰州月宫饼，是大型月饼，属较为特异的品种，最大可达25斤，买者以人口多少择其大小。饼圆似月，上列玉兔、元宝，象征团圆吉祥，馅以糖果仁为主。

　　还有湖北的荷花饼，浸入水中，饼层层浮漾如荷花形，也很美观。

　　传统月饼糖多油重，近年来出现许多以果瓜为馅的、低糖低油的月饼，颇受欢迎。

吃月饼也有不少讲究。一般民间切月饼都要均匀地切开成若干份，按家中人口数平分，象征团聚。家中有人外出，便留下一份至除夕归家时吃，也象征团圆一堂，不缺一人之意。

　　在闽台等地则有吃状元饼的，是很有趣的游戏。据说源于郑成功为了驱逐侵略者收复台湾而犒赏士兵的举动，后来文人为获取功名彩头而加以仿效。状元饼也是月饼，却是成套的，即按旧式科举制度的名称，准备广月、潮月、苏月、宁月（甬月）等大小六十三个月饼，配套组成，每套包括一个状元饼、两个探花饼、四个榜眼饼、八个进士饼、十六个举人饼、三十二个秀才饼，此外还有贡生、童生、白丁饼。状元饼最大，直径一尺有余，其余逐渐减少，白丁饼仅仅硬币般大小。过节时饼上用红纸标明名称，将玲珑骰子轮掷，以点子多少来夺取状元饼。获状元者次年再送一套状元饼来供娱乐。清代郑大枢《风物吟》有一诗即写此："夺采抢元喝四红（指骰子投出红四点），月明如水海天空。野桥歌吹音寥寂，子夜挑灯一枕风。"注云："（中秋）士子递为宴饮，制月饼，朱书'元'字，掷四红夺之，以取秋闱夺元之兆。"

　　与月饼一起吃的还有很多食物，如各种应节的果瓜非吃不可。明代《帝京景物略》："八月十五祭月，其祭果饼必圆；分瓜必牙错瓣刻之，如莲花。"各种时鲜果物如葡萄、藕、苹果、梨等也要吃，这是北京的食俗。沪上、苏州一带则添吃豆荚、毛芋等。

　　南方如广东等地还吃柚子、柿子等，并煮芋头熟，祭月后吃，叫作剥鬼皮。清乾隆《潮州府志》："中秋玩月，剥芋头食之，谓之剥鬼皮。"据说可驱邪，也和八月十五杀鞑子的传说有关。

　　中秋节还有桂花馅香糕、桂花酒等应节，因为秋季桂花正盛，月中传说又有桂树。

南宋林洪《山家清供》即说以米粉、桂花作糕，称为广寒糕，士子尤其爱食用，以象征秋试得高中、蟾宫折桂之意。《帝京岁时记胜》载，八月桂花盛开时，把花摘下酿酒，密封三年即成香甜味醇的桂花酒。

广州等地，中秋夜还喜欢炒螺食用，每至节期，家家炒田螺声脆响不停。苏州则喜欢于秋八月吃鲃鱼肉、鲃肝汤。吃蟹则全国皆有。

中秋爱情与求生育之俗

中秋节，因为有了美妙的月光而富于诗意，月下正是少年男女们踏歌觅偶的最好时光，因而又是追求爱情的节日。

前边说过中秋的部分活动源于古代的跳月，少年们于月下歌舞嬉戏，见到意中人便成佳偶。到近代，这类古俗也仍有所存留，富于情趣。如《清嘉录》载吴地风俗："妇女盛妆出游，互相往还，或随喜尼庵，鸡声喔喔，犹婆娑月下，谓之'走月亮'。"这可能是古代跳月的一种变异习俗。在福建省南平、尤溪一带则流传抛帕招亲之俗。中秋夜，广场上搭彩台，布置成月宫，设玉兔、桂树等。月上时，许多待嫁姑娘扮成嫦娥登台，身穿古装，美丽绰约，先与大家对歌，然后把绣有各式花朵的手帕向四方抛去。观者纷纷抢拾。如拾得的手帕与嫦娥手中的花色相同，就可领奖。如是未婚男青年有意时，就将手帕还给她，嫦娥若默许，便脱戒指回赠。此后双方便交友相恋。这分明是古代觅偶之余风了。

在广西，春秋两季有对歌觅偶之俗。如《粤西丛载》记载广西宾阳县旧有的习俗："宾州罗奉岭，去城七里，春秋二社，士女毕集。男女未婚者，以歌诗相应和，自择配偶，各以所持扇帕相传，谓之'传扇'。归日，父母即与成礼。"今宾阳于中秋节仍举办歌会，歌手们争相对歌。当然因为时代变迁，"传扇"内容已经不见了。

在海南岛的儋州，称中秋节为八月会，实际即爱情之会。儋州青年女子们穿彩布杂镶的上衣，宽阔的长裤，腰系银链，头插鲜花，于月下牵手并肩对歌，和男子们交往对阵，互相合意便成对离群，尽情倾谈，结成好友，日后说不定就可鸳鸯好合。

在广东东莞，未婚男子们认为中秋夜月老来为男子做媒，便于月下焚香结队而拜，乞求月老牵红线。在台湾，中秋夜有未婚女"偷菜求郎"之俗，装饰美丽的女子踏着月光偷摘别人菜圃中的大葱及蔬菜，摘到后便预示她能遇到如意郎君。因此台湾有"偷着葱，嫁好夫；偷着菜，嫁好婿"之谚。在广西也有未婚女子偷采菜蔬禾苗，祈求早日遇见意中人之俗，也是中秋夜追求美好爱情的流风。

在少数民族中，中秋夜追求爱情的习俗更多了。如广西壮族有中秋歌墟；云南阿细人于中秋夜"跳月"，欢乐歌舞；苗族群众则要"闹月"，吹芦笙、跳舞，寻找意中人；广西侗族要"行月"，芦笙歌舞队往附近村寨赛歌赛舞。这些习俗，或多或少与中国古代的月下觅偶活动有关。

早在商周时代，月下寻偶活动已经有较广泛的流传，如《诗经·月出》，为一男子怀念女郎之词："月出皎兮，佼人僚兮，舒窈纠兮，劳心悄兮。"汉代刘向《说苑·善说》载，楚国鄂君子皙泛舟于水上，船盛饰翠盖、犀尾、桂花枝，听越女唱歌"今夕何夕兮，搴舟中流。今日何日兮，得与王子同舟"，似亦应是写于月明之夕，楚、越男女对歌觅偶之古俗。至今岭南一些地区尚有泛舟赏月之俗。

唐代，在李复言《续玄怪录·定婚店》中记载了一个优美的传说，写一位老翁，在月下检书，即天下人之婚牍；囊中又有赤绳子，以系夫妇之足。赤绳系足，则男女必好合。这个月老，大概是由月下觅偶发展、衍化出来的形象吧！元代林坤《诚斋杂记》卷上，记钟陵西山，每至中秋，车马喧阗，有许多美丽女郎，"夜与丈夫间立握臂，连踏而唱，惟对答敏捷者胜"。有一位书生文箫，遇一美人吴彩鸾，两人下山结为夫妇。这个动人的故事无疑是在中秋夜对歌觅偶的现实生活基础上演化出来的。

中秋夜，不少地方盛行着求子之俗。这是古代生育崇拜的体现。月属阴、属女性神，节日里又有追求爱情的活动，故而有不少求子之俗。各地的求子之俗又不相同。

如广州人祭月，多喜用大盘盛芋头，中藏一大芋，名叫芋头母，旁绕小芋，取子孙众多之意。而贵州中秋节，则有偷瓜送子之俗：亲友们偷摘园中之瓜，故意使园主知道，讨其怒骂，骂声越严厉越好。偷来后给瓜穿衣，彩绘成人面，送至无子之家，或把瓜放在床上，盖上被子，口里念"种瓜得瓜，种豆得豆"。得瓜之人盛宴待客，并伴瓜入睡，次日煮瓜吃掉，以为即可得子。安徽歙县、江苏六合、湖南衡城等地区也有摸秋之俗，即偷瓜送子。这是因为瓜形似孕妇圆浑浑状，又多籽，故送瓜给无子夫妇，以求得子。这是古代巫术的遗存。如今，逐渐变成游戏了。

另如安徽黟县，中秋夜舞草龙，以稻草扎龙形，糊彩纸，夜里把蜡烛插满龙身，舞行街市，并都是小儿来舞。无子人家可换下龙身上的蜡烛，相传便可得子。

民间还有"照月求子"的习俗，相传无子的妇女如于中秋夜坐于天幕下静浴月光，便可受孕。还有偷取冬瓜，下插一枚红辣椒之俗，瓜比喻女之大腹，配象征男子生殖器的小辣椒，以求得子，颇引人喜笑。偷青、摸月亮菜等俗亦类此。

以瓜喻求子，至少宋代已有。《东京梦华录》卷八："八月秋社……人家妇女皆归外家，晚归，即外公姨舅皆以新葫芦儿、枣儿为遗，俗云'宜良外甥'。"葫芦象征生殖、怀孕妇女，可追溯到远古，原始时代的陶器中就有葫芦形孕妇的形状。后来也以瓜代替葫芦。

中秋祭土地、请神

土地神即社神，源于古人对土地的崇拜。前文说过，古有秋季庆丰收、酬农神之俗，因为古人重视春秋二社，春社求丰收，秋社是报秋成，谢土地神恩。

如广东东莞，中午祭祖先、土地神，晚上才过中秋节。台湾则于傍晚以牛、羊、猪三牲以及润饼（类似春饼）、米粉芋（加芋头煮米粉汤），祭谢土地神。广西钦州每年八月、九月"跳岭头"，跳酬神的傩舞，祈求风调雨顺。福建嘉定演杂剧以娱土地。龙岩各乡村则用灯扎成假人，列队游行以迎土神，有的还举办盛大的赛会。

中秋节还祭别的神。如东南沿海地区视海潮为神，过中秋时观潮、祭海潮神，以求航海平安。

中秋似乎是众神下凡之日，民间有许多降神活动。所降之神有篮神、箸神、桌神、月姑、八仙、仙女等。小儿女们往往将其作为一种游戏来举行。

如请篮神，是由女人参与的。于屋内选一黑暗角落，置一竹筐，外围女人衣，筐内放一椰壳，即篮神替身，前放一矮凳。妇女唱《请篮歌》："请篮姑，请篮娘，你系佛山人氏女，你系省城人氏娘。家婆严令吞金死，丈夫严令早辞阳。"降神后，围观之人可向篮神发问。

请桌神则男女均可参加。先于平地上放一碗，装满清水，再倒置一四脚方桌，桌正中心压在碗上，然后挑四人立于桌角，以左手指头轻按桌角，右手持香围着桌脚圈划，口中唱请桌神歌："……我家弟子请桌神，桌神绕绕转，四人绕绕转。"不久桌神便徐徐转动，四人也跟着转，以为娱乐。

在《广东民俗大观》中还记有一些占卜、迎神之类游戏，今多已不见，不须多述。

在台湾，又有听香之俗。台湾过去在中秋有人喜欢从无意中听到的声音中来预测未来吉凶，即听香：由妇女于家中神像前点香祷告，表明所预测的事情，并请示出门后前行方向。然后拈香出门，凡于路上听到谈话、歌唱等，均可借此卜测所问事。听香，源于古代的"听响卜"，北宋曾敏行《独醒杂志》卷九已记载。《聊斋志异》亦有类似记述。

中秋的联欢游艺

中秋夜，不少地方有群众性的大型联欢活动。这大约是从古代跳月连情或秋社酬神的活动演变而来，为中秋夜更添浓烈之色彩。

首先看一下中秋夜的戏剧活动。戏剧中有元人白朴的《唐明皇游月宫》杂剧，写明皇在仙人叶法善带领下游月宫，得听仙乐，归而制成《霓裳羽衣舞》的故事，境界亦还开阔。明代张岱《陶庵梦忆》中写当时人搬演此剧，舞台布景、灯光等已经很高妙，以种种道具布置出五色云气，中坐常仪（嫦娥），又有桂树、吴刚；轻纱内灯辉闪烁；以布制成桥梁，引明皇入月宫，获得神奇的效果。

清代宫中有一出《天香庆节》，是升平署之戏剧，演月神太阴星君以月中丹桂人间无种为憾，商于日神太阳星君，命月中玉兔化为女身，演绎故事，是一出以兔子为主角的兔戏。民国初年梅兰芳演新戏《嫦娥奔月》，其中有一对兔儿爷、兔奶奶，插科打诨，即源于此，颇有影响。

中秋夜，离不开音乐歌舞。《陶庵梦忆》中"虎丘中秋夜"一条记载，苏州虎丘在中秋之夜，集中许多游客，"皆铺毡席地坐，登高望之，如雁落平沙，霞铺江上。天暝月上，鼓吹百十处，大吹大擂，十番铙钹，渔阳掺挝，动地翻天，雷轰鼎沸，呼叫不闻。更定，鼓铙渐歇，丝管繁兴，杂以歌唱"，可见其盛况。

在广东，中秋节除了演戏、奏八音之外，还有跳禾楼等音乐活动。如今个别地区还可见。跳禾楼是和元宵节跳春楼一样的"跳楼"活动，就是在村边打谷场上，用竹木稻草搭成一个个小楼，中放桌椅，供奉刘三姐或太上老君的画像，或是"禾花仙子"之神像，然后由巫师或歌手对歌跳舞；跳春楼时要敬祈神灵保佑风调雨顺、谷物丰产。跳禾楼要感谢上天关心，获得丰收。以跳禾楼最为热闹，唱完感谢神恩的歌曲后便唱各种题材的民间小曲，伴以胡琴、唢呐等。

广东化州有一种跳花棚活动，是近似于广西钦州的"跳岭头"傩舞：搭建草棚，点缀灯笼、鲜花，跳起戴面具的舞蹈，多有模仿农事的动作。还有一种"踏月歌"的音乐活动。逢中秋时，年少妇女们于月下陈设绘制的月神像，祭拜月神，然后互相联句唱歌，即甲出上句，乙接下句，丙接第三句，丁接第四句。有时还围成内外两个圆圈，手拉手转圈跳踏，唱歌作乐，多唱男女真挚的爱情。曲调柔美、出口成章者被认为婚事顺达，梗塞者被认为婚事多磨，直至深夜，才尽兴而归。

在广州佛山，则有著名的秋色赛会。秋色是大型的群众娱乐活动，明朝即有。人们利用廉价的东西制成各种工艺品，伴以乐舞，游行竞赛，以庆贺秋天的丰收，故而名为出秋色，即秋天的景色之意。秋色包括工艺美术品游行、音乐歌舞表演两大类。又分灯色，即各式美丽的彩扎花灯；车色，在花车彩架上由演员表演故事；马色，扮演者以马代步；水色，以水中景象如龙、采莲船、陆地行舟为表演题材，景色反映自然景物或社会生活。飘色，即台阁。每逢中秋，秋色游行队伍有千余人参加。队列中有无数花灯、龙狮，以及时花盆景、陶瓷瓦器、瓜果鸡鱼等，均是用纸、泥、蜡、果皮之类雕砌而成的工艺品，并伴以十番锣鼓、八音音乐柜、高跷、陆地行舟、戏剧故事、飘色等，观看者簇拥满街，实在为中秋一景。

中秋的美术品

中秋夜有许多美术作品供人们观赏。除前述的兔儿爷以及各种巧制花灯外，还有木雕的月神像，如广东潮安县，过节时拜的月神像以木雕成，凤冠霞帔，十分美妙。

过去在苏沪地区，中秋夜常于香斗上插上精巧的纸旗，上端缀金面的魁星，以应科举考试秋闱夺标之意。在吴地，则于中秋夜供奉小财神爷，大小不逾尺，配以楼台几案、仪仗乐器、衣冠等，常惹得人们争相观看。

广东的祭月供品也很美妙，或于饼果上放着各种花样的红色剪纸，或于桌上摆各类面塑动物瓜果等。在惠来县，有大型的村社拜月活动，搭起蓬棚，挂上月娘像及其他条幅，由各户送来各式供品，如用芝麻砌的宝塔形图案，各种面塑，用糯米大团子剪出各种文字图案，以及各式字画、根雕、陶瓷工艺品等，供人观赏，要连摆三夜。

中秋的装饰画，除如前所述的神马外，还有好些取材于月亮的神话传说，如广寒宫、桂树，当然还有嫦娥。

早在元代，北京出土的一件螺钿漆盘上，就有广寒宫图案，以五色贝壳小片砌成二层楼阁，旁有桂树、梧桐，阁上有云气缭绕，富于装饰性。元代又有一幅佚名的《广寒宫》图，画重叠楼阁，配以桂花树，云气缥缈，将广寒宫的景象画得极为壮观，实际上是人间皇帝宫阙的写照。

明代，有不少画家绘月宫神话故事。如名画家唐寅的《嫦娥奔月图》，绘天上一轮圆月，一株桂树，嫦娥立在月下，怀抱玉兔，神态颇为生动。

在古代版画中也多有嫦娥、玉兔等画面，继承了汉代帛画、画像石上的嫦娥与玉兔形象，画面颇美。

纵观汉代帛画、画像石、唐代铜镜及历代漆器、界画、版画、工笔画等，多表现出月亮神话题材，今天我们的中秋装饰画也仍多从中取材，装点美化着人们的生活。

嫦娥与羿的小说、戏剧等

关于嫦娥的神话，流传极广，所以后人多采用作为小说题材。在戴不凡《小说见闻录》中记载了明代四部此类题材的小说，如《开辟演义》一书载嫦娥的丈夫羿因见天上十日并出，便射落九日，为民除了大害；嫦娥因服仙丹而飞升上天。文字淳朴可读，但没有完美复杂的情节，文学价值稍逊。

写嫦娥奔月的文赋，有《文苑英华》卷六蒋防的《姮娥奔月赋》，写她服仙药后奔月，略带感伤。

戏剧中，有元人白朴的《唐明皇游月宫》，近代有梅兰芳的《嫦娥奔月》等。

关于嫦娥奔月，历代人们多认为她是偷窃仙药，飞入月宫，对丈夫羿未免有些冷淡。有学者更斥她为貌美而居心不良之女神。但《中国神话》第一集中，高国藩的《嫦娥神话新解》一文认为，她不是偷窃羿带回的不死之药，而是自窃西王母之不死药，奔入月宫，目的是把不死药散布到人间，使人类幸福。后世民间还传说她在月宫中和玉兔捣药，是为了抛洒仙药到人间，并不是对丈夫的不忠——恰恰相反，她是一位善良的女神。

现代民间的嫦娥奔月神话，或说嫦娥奔月是因为羿的徒弟逄蒙盗药，嫦娥不得已，吞下药，遂奔月；或说是羿射落九日，九日本是天帝之子，惹怒天帝，便把嫦娥打入广寒宫，羿永远贬在人间，使夫妻永远分离。

中秋节的游戏、体育活动

中秋节，有许多的游戏活动，首先是玩花灯。中秋是我国三大灯节之一，过节要玩灯。当然中秋没有像元宵节那样的大型灯会，玩灯主要只是在家庭、儿童之间进行的。

早在南宋《武林旧事》中记载，中秋夜节俗就有将"一点红"灯放入江中漂流玩耍的活动。中秋玩花灯，多集中在南方。如前述的佛山秋色会上就有各式的彩灯：芝麻灯、蛋壳灯、刨花灯、稻草灯、鱼鳞灯、谷壳灯、瓜籽灯及鸟兽花树灯等，令人赞叹。

在广州、香港等地，中秋夜要进行树中秋活动，树亦作竖，即将灯彩高竖起来之意。小孩子们在家长协助下用纸竹扎成兔子灯、杨桃灯或正方形的灯，横挂在短竿中，再竖起于高杆上，高挂起来，彩光闪耀，为中秋再添一景。孩子们多互相比赛看谁竖得高、竖得多，灯彩最精巧。另外还有放天灯的，即孔明灯，用纸扎成大型的灯，灯下燃烛，热气上腾，使灯飞扬在空中，引人欢笑追逐。另外，还有儿童手提各式花灯在月下游嬉玩赏。

在广西南宁一带，除了以纸竹扎各式花灯让儿童玩耍外，还有很朴素的柚子灯、南瓜灯、橘子灯。所谓柚子灯是将柚子掏空，刻出简单图案，穿上绳子，内点蜡烛即成，光芒淡雅。南瓜灯、橘子灯也是将瓤掏去而成。虽然朴素，但制作简易，很受欢迎。有些孩子还把灯漂入池河水中做游戏。

广西有简单的中秋灯，是以六个竹篾圆圈扎成灯，外糊白纱纸，内插蜡烛即成。挂于祭月桌旁祭月用，也可给孩子们玩。

如今广西、广东的不少地区在中秋夜布置灯会，扎制用电灯照亮的大型现代灯彩，还有用塑料制成的各式新型花灯供儿童玩，但却少了一份旧时灯彩的纯朴之美。

另外南方还广泛流传着烧瓦子灯（或称烧花塔、烧瓦塔、烧番塔）的游戏。在江西、广东、广西等地都有流传。如《中华全国风俗志》卷五记江西："中秋夜，一般孩子于野外拾瓦片，堆成一圆塔形，有多孔。黄昏时于明月下置木柴塔中烧之。俟瓦片烧红，再泼以煤油，火上加油，霎时四野火红，照耀如昼。直至夜深，无人观看，始行泼息，是名烧瓦子灯。"

广东潮州的烧瓦塔也是以砖瓦砌成空心塔，填入树枝烧起火来。同时还燃烟堆，就是将草柴堆成堆，在拜月结束后烧燃。而在广西边疆一带的烧番塔，亦类似这种活动，但民间传说是为了纪念清代抗法名将刘永福将逃入塔中的番鬼（法国侵略者）烧死的英勇战斗，洋溢着爱国的思想。福建晋江亦有烧塔仔的活动。

安徽寿春县（今安徽寿县寿春镇）则有小儿持着火炬，结队于田野中行走的习俗，亦类似烧瓦塔游戏。

舞火龙，是中秋夜的又一种游戏兼体育活动。在安徽徽州、广西邕宁、香港大坑及广东连县、曲江县等地区皆有。火龙多用竹篾、稻草等扎成，上插满香火，星辉万点，舞蹈时香火四溅，甚是好看。有的地区舞完后把龙烧掉，或抛入江，以示龙已归天，一年吉祥。广西邕宁的香火龙，人们还争先换龙上插的香回家祭祖，并饮"龙茶"（由人挑着的跟着香火龙的茶水），以求清吉免灾。这和元宵的舞火龙有相似之处。

上述中秋夜的灯、火、龙活动，无疑是由古代于月半举行祭祀活动发展而来，与元宵节有同源的关系。

另外中秋节的游嬉活动还有打中秋炮。《中华全国风俗志》载，安徽绩溪在中秋时："十数儿童，以稻蒿扎成中秋炮。形似发辫，长约五尺，粗盈握。浸于水中数分钟，再拿起向石上打击，如放炮之声，名曰打中秋炮。"

中秋夜妇女们还要戴花、插花、栽花，穿赏月时特需的粉白色衣裙，出门赏月、赏莲、划船等。

秋天枣树结实，儿童喜欢摘青枣四枚，制成枣磨玩，虽然简单，却很好玩，在宋代绘画里就有了。又有斗蟋蟀，以蟋蟀互斗定输赢。养蝈蝈也是秋天的重要活动。

至于中秋的体育活动，又有观潮、曳石等。观潮是在钱塘江边，田汝成《西湖游览志》述："郡人观潮，自八月十一日为始，至十八日最盛。盖因宋时以是日教阅水军，故倾城往看。至今犹以十八日为名，非谓江潮特大于是日也。是日，郡守以牲醴致祭于潮神，而郡人士女云集，傒倩幕次，罗绮塞途，上下十余里间，地无寸隙。伺潮上海门，则泅儿数十，执彩旗，树画伞，踏浪翻涛，腾跃百变，以夸材能。豪民富客，争赏财物。其时，优人百戏，击球门扑……"这是记述浙江于钱塘江上观潮及观看弄潮儿的表演。弄潮健儿们出没在滚滚江涛中，施展各种技巧，令人赞叹不已。此类风俗，早在宋代《武林旧事》《梦粱录》等书中就有记载，由来已久。如《武林旧事》载，宋代弄潮儿常披发文身，手擎巨幅彩旗，踏涛踩浪，"出没于鲸波万仞中"，各呈技艺，"而旗尾略不沾湿"。直至新中国成立后，钱塘江边海宁一带还有弄潮之人。

福建霞浦等地，又有曳石比赛。据传是为纪念明代防倭寇入侵，人们曳石发出隆隆声吓退倭寇而流传下来的。广东潮州则在此夜荡秋千。预先在草坪上建单、双座秋千和十字秋千，装饰五色彩带，少年男女争来秋千前，男子荡起秋千，女子一旁观看，十分热闹。

台湾高山族，则于中秋夜玩托球舞，众人各持长竹篙，抛起藤球后人们便争用竹竿去托、去刺，以刺中球为吉利。比赛只限制在男子中进行，以五球为一轮，胜者可获得很高的荣誉。

重阳节 / 登高共醉菊花会

重阳节的来历

农历九月九日是重阳节。重阳，又称重九、九月九、茱萸节、菊花节。因此节月、日的数字同为九，故称重九。《易经》中称阳爻为九，九月初九之月、日均为阳，故称重阳。

至于称茱萸节、菊花节则是因节俗用到此二物之故。重阳的源头，可追溯到先秦之前。《吕氏春秋》之中《季秋纪》载："（季秋之月）命冢宰，农事备收，举五种之要。藏帝籍之收于神仓，祗敬必饬。""是月也，大飨帝，尝牺牲，告备于天子。"可见当时已有在九月农作物丰收之时祭飨天帝、祭祖之举，以谢天帝、祖先恩德的活动。

汉代，《西京杂记》中记西汉时的宫人贾佩兰称："九月九日，佩茱萸，食蓬饵，饮菊花酒，令人长寿。"相传自此时起，有了重阳节求寿之俗。这是受古代巫师（后为道士）追求长生，采集药物服用的影响。同时还有大型饮宴活动，是由先秦时庆丰收之宴饮发展而来的。《荆楚岁时记》云："九月九日，四民并籍野饮宴。"隋杜公瞻注云："九月九日宴会，未知起于何代，然自汉至宋未改。"求长寿及饮宴，构成了重阳节的基础。

三国时，魏文帝曹丕《九日与钟繇书》说："岁往月来，忽复九月九日。九为阳数，而日月并应，俗嘉其名，以为宜于长久，故以享宴高会。"可见当时节俗已定型了。重阳节主题，是求长寿、戴茱萸、酿菊酒、赏菊及祭扫酒业神等。在流传至今后又添加了敬老等内涵，更具有意义，另外有登高野宴活动及各种游戏等。

重阳——追求长寿之节

重阳的活动，多与追求长寿相关。首先是借助茱萸来求长寿。因为茱萸是一味好药，可治病延寿，所以古人将其作为长寿之象征。早在战国时代，已有把茱萸与凤鸟共绣，象征吉祥长寿的花纹（如湖北江陵楚墓出土的凤鸟茱萸花纹绣衣）。晋代周处的《风土记》有"九月九日折茱萸以插头上，辟除恶气，以御初寒"之载。唐代王维的名句"遥知兄弟登高处，遍插茱萸少一人"即指此类习俗。除插于头上外，也有的于屋前屋后种茱萸，或于井边种，让它落于井水中，相传可祛瘟疫，得长寿。在南宋《梦粱录》中，干脆称茱萸为"辟邪翁"："今世人以菊花、茱萸浮于酒饮之，盖茱萸名'辟邪翁'，菊花为'延寿客'，故假此两物服之，以消阳九之厄。"

菊花是我国名花，也是长寿名花。早在屈原笔下，就已有"夕餐秋菊之落英"之句，即服食菊花瓣。汉代就已有了菊花酒。魏时曹丕曾在重阳赠菊给钟繇，祝他长寿，即前引《九日与钟繇书》文中所述。晋代葛洪在《抱朴子》中记河南南阳山中人家，因饮用遍生菊花的甘谷水而延年益寿的事。梁简文帝《采菊篇》中则有"相呼提筐采菊珠，朝起露湿沾罗襦"之句，亦采菊酿酒之举。直到明清，菊花酒仍然盛行，在明代高濂的《遵生八笺》中仍有记载，是盛行的健身饮料。

菊花酒的酿法，据《西京杂记》载："菊华舒时，并采茎叶，杂黍米酿之。至来年九月九日始熟，就饮焉，故谓之菊华酒。"

因为菊是长寿之花，又为文人们赞美作凌赏菊霜不屈的象征，所以人们爱它、赞它，故常举办大型的菊展。菊展自然多在重阳举行，因为菊与重阳关系太深了；因此，重阳又称菊花节，而菊花又称九花。赏菊也就成了重阳节习俗的组成部分。

宋代《东京梦华录》卷八："九月重阳，都下赏菊有数种。其黄白色蕊者莲房曰'万龄菊'，粉红色曰'桃花菊'，白而檀心曰'木香菊'，黄色而圆者曰'金龄菊'，纯白而大者曰'喜容菊'，无处无之。酒家皆以菊花缚成洞户。"人们若是在酒家饮酒赏菊，临走时还可以摘下一朵簪在帽上。

明代，《陶庵梦忆》记："兖州缙绅家风气袭王府，赏菊之日，其桌、其炕、其灯、其炉、其盘、其盒、其盆盎、其肴器、其杯盘大觥、其壶、其帏、其褥、其酒、其面食、其衣服花样，无不菊者。夜烧烛照之，蒸蒸烘染，较日色更浮出数层。席散，撤苇帘以受繁露。"

清代赏菊，《燕京岁时记》《清嘉录》《浮生六记》等书中都有记载。至今，重阳节期间，各大公园也仍组织大型菊展，并将菊缚扎成各类动植物、人物等造型，十分美观。

至于以菊花制食则有菊花火锅、菊花饼食等，用法是将初绽的菊瓣洗净，开水烫一下，就可以吃了。《太清诸草木方集要》中载："九月九日采菊花与茯苓、松柏脂，丸服之，令人不老。"这又是一种健身食品。还有菊花枕头等保健品。

由于菊花酒的缘故，重阳又成了祭祀酒业神的酒神节。如《山东民俗·重阳节》介绍，山东酒坊于重阳节祭缸神，神为杜康。在贵州仁怀县茅台镇，每年重阳，开始投料下药酿酒，传说是因九九重阳，阳气

茱萸

菊花

旺盛才酿得出好酒。每当烤出初酒时，老板在贴"杜康先师之神位"的地方点香烛，摆供品，祈祷酿酒顺利（《中国民俗采英录》）。

在湖南宁远，每于九月九日"竞造酒，曰重阳酒"。这些风俗说明，重阳与酒的关系极深。

古代在仲秋之月，天子要"养衰老，授几杖，行糜粥饮食"（《礼记·月令》），这是敬老之俗。由于重阳是长寿节，所以近年我国政府将重阳定为老人节，每逢节期，举行隆重的敬老活动，这就更扩大了重阳节的文化内涵。

与追求长寿的目的有关的活动，还有重阳礼斗之俗。北斗在古人心目中是主管长命之神，故而要礼拜以求寿命延长。如清代《帝京岁时纪胜》载："九月各道院立坛礼斗，名曰九皇会。自八月晦日斋戒，至重阳，为斗母诞辰，献供演戏，燃灯祭拜者甚胜。"《中华全国风俗志》上篇卷十载："（云南）九月朔日至九日，礼北斗祈年。"

登高野宴

重阳最重要的节日活动之一，即登高。

登高是一种古老的活动，可能源于古代对山神的崇拜，以为山神能使人免除灾害。

所以人们在"阳极必变"的重阳日，要前往山上游玩，以避灾祸。或许最初还要祭拜山神以求吉祥，后来才逐渐转化成为一种娱乐活动了。古代认为"九为老阳，阳极必变"，九月九日，月、日均为老阳之数，不吉利。故而衍化出一系列避不祥、求长寿的活动，并非如魏文帝曹丕所称九为"宜于长久"之数。这是明代谢肇淛《五杂俎》中的看法。这个看法是有理可据的。

早在西汉，《长安志》中就有汉代京城九月九日时人们游玩观景之记载。在东晋时，有著名的"龙山落帽"故事。据《晋书》中《孟嘉传》载，九月重阳这天，晋朝大司马桓温及参军大将孟嘉等人登上龙山（今湖北江陵县西北的一座山），孟嘉观赏山景，连帽被风吹走也不知道。桓温叫人作文笑他，他也不示弱，作文答辩，一时传为佳话。

南朝时，梁人吴均在《续齐谐记》中记载了一个神异的故事：汝南人桓景，随费长房游学，费长房要他在重阳这天让家人各作绛囊，盛茱萸系臂，并登高，饮菊花酒，才可免祸。桓景照办了，才逃脱灾祸。这个故事，生动地反映出重阳时人们的辟邪除灾心理。

当然人们登高也不单是攀登而已，还要观赏山上的红叶野花，并饮酒吃肉，享受一番，使登高与野宴结合起来，更有吸引力。如孙思邈《千金方·月令》："重阳日，必以肴酒登高远眺，为时宴之游赏，以畅秋志。酒必采茱萸、菊以泛之，即醉而归。"记隋代风俗，已与后世近似。在南宋的《梦粱录》卷五载："日月梭飞，转盼重阳。……是日

'孟嘉登龙山落帽，渊明向东篱赏菊'，正是故事。"南宋韩元吉《水调歌头·九日》上阙："今日俄重九，莫负菊花开。试寻高处，携手蹑屐上崔嵬。放目苍崖万仞，云护晓霜成阵，知我与君来。古寺倚修竹，飞槛绝纤埃。"描写了重阳赏菊及登高观景的韵致。

明清时，北京地区登高颇盛，《燕京岁时记》云："京师谓重阳为九月九。每届九月九日则都人提壶携榼（kē，酒器），出都登高。南则天宁寺、陶然亭、龙爪槐等处，北则蓟门烟树、清净化域等处，远则西山八处。赋诗饮酒，烤肉分糕，洵一时之快乐也。"不论文人百姓，都喜欢登高后在山上野餐、烤肉。有些贵戚富家则带上幕帐、烤具、车马、乐器，登高台、土坡，架起幕帐、桌椅，大吃爆烤羊肉或涮羊肉，并唱戏奏乐，听歌看舞。如清末慈禧太后，每年重阳于北海东的桃花山登高、野餐、烤肉，并架蓝布围障，防止闲人偷看。在玉渊潭钓鱼台等处，也集中了不少登高之客。故宫御花园里也有登高之山。

又如广州地区，游客多于重阳登上白云山，饮酒赋诗，热闹非凡，影响至今。在上海，附近无山丘，便把沪南丹凤楼及豫园的大假山作为登高雅集之所，也很热闹。至民国年间，则登二十四层高的国际饭店。而近代的北京香山、山东的牛山、江西南昌的滕王阁等，也都是登高胜地。尤其是滕王阁，因了唐代王勃于重阳节时在阁上写出千古名文《滕王阁序》，更闻名天下。至于湖北江陵龙山上的纪念晋代孟嘉落帽的落帽台古迹，也吸引着许多游客。

由于重阳为秋节，节后草木开始凋零，所以有称重阳节野游活动为"辞青"，与三月春游"踏青"之说法相对应。清潘荣陛《帝京岁时纪胜》记："（重阳）有治肴携酌，于各门郊外痛饮终日，谓之'辞青'。"这也是一个颇有诗意的名称。

娱乐游戏

重阳节除登高外还有不少娱乐、游戏活动。如围猎、射柳就是其中很古老的娱乐节目。

早在《吕氏春秋》中《季秋纪》载有："是月也（九月），天子乃教于田猎，以习五戎。"可见先秦时已有举行射猎于九月的活动，后世把这一活动移至重阳，传承下来。如据《南齐书》载，南朝宋武帝时定九月九日为骑马射箭、检阅军队的日期。

还有在重阳举行射柳之俗，与端午射柳相似，后来失传。但据说朝鲜族还保存此类活动。这是讲武、习射、锻炼军事技能之意，是有积极意义的。

又据《燕北杂记》载："辽俗，九月九日打围，赌射虎，少者为负，输重九一筵席。射罢，于地高处卓帐，与番汉臣登高，饮菊花酒，出兔肝生切，以鹿舌酱拌食之。"

赛马也是北方过重阳的活动之一。清代《燕京岁时记》："钓鱼台在阜成门外三里许，有行宫一所，南向。每届重阳，长安少年多于此处赛马。"还有赛车等活动。

放风筝也盛行于重阳节时。风筝或称纸鸢、纸鹞，历史悠久，相传源于战国时鲁班（公输班）制的木鸢，后来才用纸竹扎成。在北方多于春天才放，南方多在重阳节放。

清代《吴友如画宝》中有一幅《纸鸢遣兴图》，绘五名儿童在郊外相聚玩耍，放着蝴蝶、硬拍子等风筝，两名童子在旁观看，情趣盎然。附注说："闽中风俗，重阳日都人士女每在乌石山、于山、屏山上竞放风筝。"广西南宁等地亦有此俗。

在广州，重阳过去还有一种掷石游戏，即由数以百计的小孩子，分为两队，打仗、投石。在江西，则有登高后掷柑之戏。

另外，据张振犁先生《岁时风俗》载，不少地区还有让儿童"登高放风筝、迎寒、唤黄雀、养蝈蝈、斗鹌鹑等"。这些活动，都是登高习俗的发展。

重阳彩旗，则是又一种节日游戏兼装饰。人们原于重阳糕上插旗，后来又在门户上、公共场所中插旗作为装饰用品。这与过年的挂笺、中元的五色纸一样，大概是源于古代厌胜所用的符纸，或者就直接源于古代以旗为吉祥之物的习俗（古代以旗帜为神，军中要祭祀旗神，民间有树大旗或插小旗祈求丰收之俗）。

重阳插旗，多流传于江南一带，江苏等地尤盛行。重阳彩旗是民间艺术珍品，每年中秋一过，画者即绘制各种纸旗，插门展览或插在糕上，赠送亲友。旗用上乘宣纸精制，有正方、三角、长方等形，大小各有数级，旗边缘镶上纸质流苏，迎风飘拂。

也有民间艺人用水印木版精心印制的。旗上之画有各种吉祥花鸟图案或山水亭台，配以八仙过海、刘海戏蟾、竹林七贤或取材于三国、岳传的故事内容，于节日时插在门前，使大街小巷如旗海一般，令观者眼花缭乱。有的地方如江苏泰兴县城，还在城隍庙、夫子庙等处举行彩旗大会，展览各家彩旗，吸引人们观看，如观元宵灯一般热闹。

重阳彩旗

饮食风俗

重阳的饮食之风，除前述的饮茱萸、菊花酒、吃菊花食品之外，还有好多，其中最有名的就是吃糕。在北方，吃重阳糕之风尤盛。

据《西京杂记》载，汉代时已有九月九日吃蓬饵之俗，即最初的重阳糕。饵，即古代之糕。《周礼》载饵用作祭祀或在宴会上食用。汉代又记有黍糕，可能与今天的糕已相差不远。蓬饵，想必也类似于黍糕之类。至宋代，吃重阳糕之风大盛了。糕与高谐音，吃糕是为了取吉祥之意义，因而才受到人们的青睐。

宋代的重阳糕，制作极精美。如《东京梦华录》记宋代开封于重阳节前一、二日，"各以粉面蒸糕遗送，上插剪彩小旗，掺钉果实，如石榴子、栗子黄、银杏、松子肉之类。又以粉作狮子蛮王之状，置于糕上，谓之'狮蛮'"。《武林旧事》《梦粱录》等书中也都有记载。明代《帝京景物略》卷二中又记："九月九日……饼面种枣栗，其面星星然，曰花糕。糕肆标纸彩旗，曰花糕旗。父母家必迎女来食花糕。"《清嘉录》卷九也说："居人食米粉五色糕，名重阳糕。"也叫发糕、菊糕，因为是用发面做成。糕馅除有各种果仁外，还有肉馅，为咸味。或做成九层高，如小宝塔一般，上再站两只小羊，以合重九、重阳之义。更有趣的，是明代有的地方在九日一早，即用一块糕搭在小儿女额头上，祝道："愿儿百事俱高。"明谢肇淛《五杂俎》引《吕公忌》曰："九月九日天明时，以片糕搭儿女头额，更祝曰：'愿儿百事俱高。'"此古人九月作糕之意。以糕作为祝福之物。

除吃糕外，重阳往往还有盛大的宴会，这是从汉代以来一直传下来的聚宴之俗。如《中华全国风俗志》下篇卷六记载近代湖北监利："乡落间蒸饼醑酒，聚众宴会，籍野乡宴。"又载江西萍乡"于是日阖境人家咸备办酒肴，恣意饮嚼"。江苏民间叫九月初一为小重阳，或九月初十为小重阳，吃糕；九月九当日为大重阳，除吃糕外还设宴会。

重阳节还吃羊肉，北方尤盛。这大约是因为羊、阳同音，以取吉利之意。羊肉在秋天正长得肥，又性暖、可驱寒，故而重阳吃羊肉就形成习俗了。羊肉可烤、可爆、可涮，实在是美味。

江南一带人们则爱吃蟹，尤其是清蒸蟹，煮熟后端上来，让人自己用手剥食，是最好的食用方法。明代《陶庵梦忆》中《蟹会》一文介绍作者张岱起蟹会，与友人大吃。《红楼梦》亦有吃蟹于秋季时的描写。另有吃新橙等。

祭祀神灵

重阳节常祭祀多位神灵，在此日享受到比平日更多的香火。

古代的春秋二社祭祀社神，春社多在二月二，秋社则不太固定，《荆楚岁时记》载在八月秋分，比祭祀仲秋月还盛："秋分以牲祀社，其供帐盛于仲秋之月。社之余胙，悉贡馈乡里周族。"但一些地区则在重阳作"秋社"，如广西宾阳县过去会在此日买肉祭社，祭罢分肉而食，来源应是极早的。

清代，重阳节还举行迎神祛疫、大送船等活动，《点石斋画报》及《吴友如画宝》就有记载，也有于此日扫墓、秋祭的。重阳是秋天之节，所以又有迎魁星（主持文运之神）之俗，以求秋闱科考得中。《点石斋画报》有《预迎经魁》一画，便表现湖北地方人们把持笔托斗作点斗状的魁星像扛来祭祀，以求文运。扛神的队伍奏乐呐喊，观者如堵，热闹之极。

各种手工业作坊也祭祀自己的行业神。如酒坊祭祀杜康，染坊祭祀梅福、葛洪，祈求行业兴旺。据《中国行业神崇拜》介绍，重阳祭祀梅葛神，在川、湘、鲁、晋、京师等地皆有此类活动。

在沿海地区，重阳则祭祀海神妈祖娘娘。妈祖原名林默，是福建莆田市湄洲岛人，相传生下时默然不语，故而得名。又说她生而神异，能言人休咎，能救护海中船只。她生于宋太祖建隆四年（963），成道羽化于雍熙四年（987），年28岁。民间称她辞世之日正值重阳，并自此秋后多次见到她显灵，营救海上航船，故认为她是羽化成仙了，立庙奉祀，并逐渐升格成航海女神，尊为天后，为沿海民众普遍信仰，并随着华侨的外迁成为世界性的海神。

在中国，从辽宁、天津直至广西、海南的广大地域均有天后之庙祭，又以福建、台湾、广东及港澳最盛，每年在其诞辰（三月二十三日）及重阳羽化之期，多举行庙会，祭祀、演戏以酬神。外地妈祖庙还抬着妈祖神像回娘家。天津皇会（娘娘会；天后圣会）还有民间各种花会的汇演。

妈祖

这成为重阳较有特色的节俗。妈祖羽化成仙于重阳的传说，无疑源于重阳求吉祥、长寿的文化意蕴，为重阳节更添一层瑰丽色彩，和佩茱萸、饮菊酒以求吉祥一样，反映了人们向妈祖祈求平安吉祥的深层心理。

七夕记事

中元记事

中秋记事

重阳记事

冬

季节日篇

下元节 / 祭祀炉神送寒衣

下元节的来历

下元节，节期在农历十月十五日。人们在此节及其前后，有祭神、祭祖及给祖先送寒衣等一系列节俗。

下元节大概源于道教的"三元说"，道家认为三官大帝中水官大帝诞辰是下元，即十月十五日，此日即道教三元节之一。宋之后各地道教徒多举行隆重的祭祀活动以求解厄，各地还祭祀牛神。地方工匠要祭祀炉神，这是工匠们的保护神。至于下元节前后的祭祖，则源于我国古代对逝者的冬祭之礼。这些礼仪与祭神之俗结合在一起，构成了下元节的基本框架。直到如今，在民间仍有流传。

下元节祭水官大帝、牛王神

道教的三官大帝，是很有名的神灵，但关于他们三位的来历却众说纷纭。或认为是尧舜禹三贤君，或认为是长江三水府，或干脆把他们硬拉进《西游记》，与唐僧扯上亲戚关系。其实他们应该是发源于原始社会的自然崇拜，即对天、地、水的崇拜。后来天、地神各自分开祭祀，但道教又把天地水诸神人格化了，抬出了天地水三官，认为他们可主宰人间祸福；并且把元宵（上元）、中元、下元合称三元，于每年三元分别祭祀。

三元大帝职守是主管人间祸福等事，水官大帝侧重于水域管理，不像前两位那样管理较广，所以下元也比不上上元、中元的浩大规模，但过下元的风俗还是有一定影响，如宋代吴自牧《梦粱录》："（十月）十五日，水官解厄之日，宫观士庶，设斋建醮，或解厄，或荐亡。"可见其时祭祀之诚。过去下元节还有不杀牲、不判极刑的习俗，如唐代开元年间规定在三元节时连续三天禁止民间杀牲，宋代还规定三元日不许断极刑。

明末《广东新语》载："十月下元会，天乃寒，人始释其荃葛。农再登稼，饼菜以饷牛，为寮榨蔗作糖食。"牛为农业功臣，十月庄稼收完，就要用饼菜慰劳。有的还在十月祭祀牛王，以谢牛王恩德。清代李调元《新搜神记·神考》之"牛王"条："今人多于十月初一日相率祭牛王。牛于农家有功，以报本也。"《中华全国风俗志》下篇载贵州的盘县牛王会，即一种牛王祭典："十月朔，俗传为牛王神生日。乡农各寨，捐资举牛王大会，爆竹之声，各寨相应，极一时之喧闹。各家并出新糯米制饼（俗名粑粑），先取一团喂牛，一团挂牛角上，牵之至河畔饮水。俗传牛饮时于影中见角上之饼，格外喜悦，知人酬其劳也。"广东曲江亦有类似习俗。

下元祭炉神

下元节有个重要活动：金属匠、矿工等祭祀炉神，即太上老君，尊称道德天尊。祭祀老君的日子原有四个，一在二月十五（诞辰），二在六月二十四，三是十月十五，四是腊月二十三。原在北京、苏州等地均设有炉神庵或老君堂以供祭祀。每逢会期，凡金、银、铜、铁、锡匠以及矿工、制作陶瓷盆碗匠、烧窑匠均往庙中进香；有的在行会所中挂老君像祭祀，并且可以休息、聚饮。

为什么金属匠等要奉老君为祖师呢？大概源于古代道教信仰。金属匠等干活都离不开炉子，而道教有盛行以炉炼丹的，老君又为道教首领，想必善于炼丹；《西游记》说他用八卦炉炼丹、烧炼孙悟空，这更把他与炉子的关系说明白了。所以工匠们奉他为炉神、祖师爷。这是较晚才出现的，南宋有开炉节，但只是表示皇宫中取暖的火炉开始点燃而已。拜炉神可能是由明代开始，与当时的中国资本主义萌芽分不开。

随着手工业的发展，工匠们就创造出这么一个行业神。一些少数民族也受到影响，他们的手工业制作者亦多有供奉老君为炉神的。

由于炉神是老君，是道教最高神三清（元始天尊、道德天尊、灵宝天尊）之一，神格最高，所以民间多将奉祀炉神的铁匠等作为各行业最尊敬的人，遇到铁匠等就要恭敬一些。

十月送寒衣、收获节

十月为许多地区祭扫先人墓庐的日期。此俗可以一直追溯至夏商周代之时。古代祭祖有四时祭享。《春秋繁露》记载古代一岁四季有四祭，所以后世在冬季也多有祭祖的。南宋《武林旧事》记载开炉节："是日御前供进夹罗御服，臣僚服锦袄子夹公服，'授衣'之意也。自此御炉日设火，至明年二月朔止。皇后殿开炉节排当。是月遣使朝陵，如寒食仪。都人亦出郊拜墓，用绵球、楮（chǔ）衣之类。"绵球是冬衣之需，楮衣即纸衣，是为了给祖先御寒的。后世各地方也于十月时祭祖、扫墓以及送寒衣。如《民俗趣话》记载吉林省民间的十月一日活动："十月里，十月一。家家户，上坟去，奠酒馔，焚纸钱。"广西南宁过去多在十月十日修理祖坟，举行冬祭。此时天气渐冷，人们制作纸衣焚化于坟前，叫作送寒衣，以表示关怀追缅先祖之情。至于北方民间称十月一日为鬼节，则亦应是来源于三元日三官解厄赦罪的传说。

另外，送寒衣也与我国四大传说之一的孟姜女传说有关。孟姜女传说源于《礼记》记载的齐国杞梁之妻的形象。汉代刘向《列女传·齐杞梁妻》："杞梁之妻无子，……既无所归，乃就其夫之尸于城下而哭之……十日而城为之崩。既葬……遂赴淄水而死。"这是较早的有关孟姜女的传说，与流传至今的大概情节相差不远。民间多传说孟姜女于十月千里寻夫，以送寒衣，故称十月一日为寒衣节。妇女们亲手缝制寒衣，送给远方亲人；或以纸剪寒衣，到坟头上祭祀、烧给逝者。所以有的地方又称十月初一为鬼节、祭祖之节，与清明、中元等祭祖节意义相近。这个习俗主要流传于华北。

北方民间也有把烧寒衣、祭祖之俗移到冬至去做的（见"冬至节"），但其起源是一样的。

下元前后，天气寒冷，农作物渐渐收割完毕。北方不少地区喜欢在此时娶亲，并砍柴、备火炭、糊窗，准备好过冬衣裳，还要腌制素菜，以便过冬。辛苦至农作物收获后，该进入冬闲，好好休息一下了。

在广东的化州，十月有一个禾了节（当地种庄稼一年两熟，所以六月也有禾了节），就是为了庆贺禾苗收获而举行的，是纯粹的庆丰收之节。活动时在土地庙前或空地上搭起禾楼，把田祖和禾谷夫人像请到楼上，家家备着酒肴去祭祀，报告一年的丰歉。拜毕，聚饮一番。出嫁女亦回娘家过节。入夜要"跳禾楼"，奏锣鼓、跳舞、对歌，青年男女纷纷上阵，欢喜之极。这种"跳禾楼"歌舞可能来源极早，源于古代的对土神、谷神的祭拜歌舞。这对于各地的中秋跳禾楼活动而言，可能是最为古老的源头。

冬至节 / 祭天赏雪消寒图

冬至节来历

冬至节，又名冬节、大冬、亚岁等，也叫履长节（因有向长辈敬献鞋袜等风俗而得名）。它的来源极为古老，是中国在漫长的农业社会中形成的重要节日之一。

冬至源于古人将一年分成二十四节气计算时间的历法。二十四节气实为将太阳在天球黄道上运行一年的时间均匀地划分而成，属于阳历之方法，故在阳历中节气的日期是相对固定的。冬至为二十四节气之一，即在大雪后十五日，相当于阳历十二月二十二或二十三日开始，十五日内均为冬至节气，以第一日为节。冬至这一日太阳几乎直射南回归线，北半球白昼最短，夜间最长，是一年中最冷的日子。以后太阳直射位置逐渐北移，白昼日渐增长，故而说"冬至一阳生"，冬至也标志着春阳即将到来，所以冬至又叫长至节、一阳节，在古文中可见。

冬至，在《史记·律书》之中说："气始于冬至，周而复生。"《通纬》中说："大雪后十五日，斗指子，为冬至，十一月中。阴极而阳始至，日南至，渐长至也。"可见其在历法上的重要性。周代历法中以十一月冬至为岁首，秦代沿用其制，汉代后冬至才和岁首分开。但民间仍有"冬至大如年"的说法。历代在冬至日举行祭天大礼，先秦至于清代皆然，民间也沿用祭天兼祭先祖之礼，有一系列的祭祀、饮食活动，还有除邪祓禊。另外，在汉代就已经称冬至为冬节，官场中互相致贺，故而冬至也有庆祝冬来的含义。所有这些，都使冬至与清明、夏至等节日一样，成为由二十四节气直接演化而来的大节之一。

冬至的主要活动，是祭天、祭祖、祭神以及驱邪；冬天已来，互相拜贺；饮食聚会；敬老，如献鞋等，也有娱乐、赏雪、冰嬉、消寒图等。下边分别叙述。

冬至祭天

冬至祭天是最为古老的习俗之一。它的源头想必可追溯到五六千年前的古代大汶口文化、良渚文化时期。根据考古发掘，良渚遗址中就已有高大的祭坛，可算是后世天坛的源头之一。在良渚的祭祀仪式中就要燃起大火，这又和后世祭天仪式"燔柴"相似。想必后来经过不断发展，才形成了完整的祭仪。

在夏商周三代之时已经有明确的祭天礼仪活动的记载。如《风俗通义》云："夏曰嘉平，殷曰清祀，周曰大蜡，汉改曰腊。"嘉平、清祀、大腊，分别是三代各自祭祀祖妣、百神的大祭，日期分别是农历十二月、十一月、十月。这是后世祭天、神与过新年之礼俗的起源。周代，《周礼·春官·神仕》载："以冬日至，致天神人鬼。以夏日至，致地示物魅。"郑注："天人，阳也。地物，阴也。阳气升而祭鬼神，阴气升而祭地祇物魅。"这是从周代直至清代漫长的两千多年中，历朝于冬至举行祭天礼、夏至举行祭地礼的确切记载。

祭天最初只是自然崇拜的一部分，并无人格化的神灵。在以农立国的中国古代，人们认为上天主宰一切，包括雨水是否均匀、农作物是否丰收等，便要祭天求告，以求福祉，驱除灾异。宋代后才把天之神与道教中的玉皇与诸神结合起来，认为祭天即祭祀玄天上帝，即玉皇；当然还包括一系列神灵。不过古代祭天并无神像，只有牌位，这一点在宋代后倒很好地继承了下来。

由于按五行学说，天属于阳，地属于阴；南属于阳而北属于阴。故而祭天必于京城南郊，祭地则于城北。所以祭天也叫郊祀。如《武林旧事》记载南宋"三岁一郊"，即祭天之礼。除了祭祀天帝外还配祭许多别的神，以及皇帝的祖先，其祭祀对象真是搜罗极富，礼仪很全。

不过由于历法的变更，正月初一过年的习俗盛行起来，人们多在此时祭天地神灵祭祖先，冬至不再祭天了，只有皇家还保持着。这大概是在汉武帝时太初年间开始采用太初历、定正月初一为岁首后完成的改变（当然在某些地区，还保持冬至祭祖之俗）。

那么，冬至的祭天之礼是怎样的呢？按史籍记述，周代祭天礼就是建祭坛，燃起大火，唱歌跳舞，献上玉帛牛羊等祭品，祈祷一番，再把祭品烧掉（燔柴），如是而已，对后世影响巨大。不管历代祭仪繁简，这些都是共有的构成因素。从中我们可约略见到远古先民进行祭祀的情景在祭天大典中保存了下来。大汶口、良渚先民们也是在祭坛上以歌舞，以大火燔、祭品供献天神的吧！

在《周礼·春官·大司乐》中记载周代祭天神之乐舞："以六律、六同、五声、八音、六舞、大合乐，以致鬼神示，以和邦国，以谐万民，以安宾客，以说远人，以作动物。乃分乐而序之，以祭，以享，以祀。……凡六乐者……六变而致象物及天神……凡乐，圜（圆）钟为宫，黄钟为角，大蔟为徵，姑洗为羽，雷鼓、雷鼗（táo，拨浪鼓），孤竹之管；云和之琴瑟，《云门》之舞。冬日至，于地上之圜丘奏之，若乐六变，则天神皆降，可得而礼矣。"这里写到以十二乐律、五声、八种乐器、舞蹈合成大乐，祭祀神鬼而使国、民和谐。六变指奏乐六遍而通神。还提到《云门》《大卷》《大咸》《大韶》《大夏》《大濩》《大武》等历代祭祀天地、宗庙的乐舞。这就是中国音乐中最神圣的雅乐。此后雅乐历代屡有变更。现存有宋代雅乐文字记载、明代以来的图谱、山东孔府祭孔雅乐的电影资料等。

《东京梦华录》《武林旧事》等书详细记载了北宋南宋时的祭天礼仪，如《东京梦华录》卷十记，北宋皇帝在冬至前三日便开始准备，先赴太庙青城斋宿，冬至前夜三更驾出南郊，去郊坛行礼。皇帝换古代传下来的冕服，戴二十四旒（liú）的平天冠，青衮龙服（衣裳制），佩纯玉佩；郊坛高三层，七十二级，坛面方圆三丈许。上设"昊天上帝""太祖皇帝"的牌位。配以雅乐：奏乐曲，跳文舞、武舞；皇帝在坛上行礼，如是三次。场面宏大，军队、仪仗、百官多达几十万之众，围立于坛边。

明时永乐帝定都北京，即在北京南郊的天坛祭天。天坛修筑于永乐十八年（1420），总面积272万平方米，气势壮阔，是一巨型园苑。中有圜丘坛、皇穹宇殿、祈年殿等建筑。从天坛南门入内，为一条甬道，尽头便是圜丘坛、皇帝祭天的所在。这是古代最神圣的用于祭天的祭坛。远古人大概是为了接近上天，总要修起高高的祭坛，在坛上举行祭祀活动。这一座气势不凡的圜丘坛上承史前文明，作为留存至今的完整祭天坛原址，实堪宝贵。圜丘上圆底方，象征天圆地方。以两道矮墙围住用汉白玉砌成的三层石台，石台的台阶、直径都是阳数，代表着天（天属阳）。

圜丘坛往北，有一圆墙院落，中有皇穹宇殿，安放祭天时要摆设的各种天地神灵牌位。皇穹宇北边为天坛中最引人瞩目的祈年殿，也叫祈谷殿，是一座蓝瓦红柱的三层重檐的圆形大殿，也寓天圆之意，蓝瓦象征天的颜色。大殿坐落于三层汉白玉圆台基上（祈谷坛）。殿顶是个雕龙藻井，下有一块圆形大石板，呈现天然龙凤图案，叫作龙凤石。祭天祈年时皇帝就跪在此石上祈求丰收。殿内四周有二十四根金丝楠木大柱，支撑外、中层的屋檐，分别象征一天十二时辰、一年十二月、二十四节气。还有支撑最高层屋檐的四根大金柱，象征一年四季，二十八根柱子又寓意二十八宿，加上柱顶端的八根童柱，象征三十六天罡。这是隐喻着祈年殿有敬天、通宇宙神灵、求一年丰收的功能。天坛东北角又有"牺牲所"，养牛羊猪鹿等，养肥了就用来祭神。天坛西边则是斋宫，内有五间正殿，供皇帝祭天时住宿。四边围水池以保护皇帝。

明清时，天坛内举行的大祀祭每年三次，主要围绕着农业生产进行，体现以农立国的特色。三次大祀统称郊祀。在正月上辛日，皇帝至祈年殿行祈谷礼，祈祷皇天上帝与先祖保佑五谷丰登。四月吉日至圜丘坛行雩礼，为百谷祈求膏雨。冬至，至圜丘坛行告祀礼，告禀百谷已丰登。大祭时，主祭皇天上帝，配祭皇帝的列祖列宗以及日月星辰、云雨风雷之神。

在圜丘坛、祈谷坛上，都设有绿色琉璃砖砌成的燔炉、瘗坎以及多个大铁燎炉，供祭天时用。圜丘坛、祈谷坛是真正的祭天坛，其他都是附属建筑而已。根据明代《天府广记》等书记载，祭天礼仪大致如下：祭天前一日皇帝入斋宫斋宿。天坛内的"牺牲"用黄绒绳牵着，用盆子盛着活鱼，击鼓奏乐，入宰牲亭宰好，并制作供馔、糕等。

冬至日，供设祭品，摆好天帝及诸神、先祖的牌位，道士奏古乐舞，皇帝出斋宫，上祭祀台祭祀。此时还在黎明之前，所以要在坛边的望灯台上树起大灯笼（灯中插蟠龙宝蜡，可燃通宵）。皇帝祭拜行礼罢，侍卫点燃燎炉上的柴草，焚烧祭品、祝板（祀文）、祝帛（蓝色绸制），燔炉中又焚烧松柏枝，以示宴享天帝，让天帝听取下方祝告。祭典完成后，将牛毛牛血牛尾等瘗埋入瘗坎，以喻不忘祭地神，所谓"祭地则瘗血"，或说还比喻古代人类茹毛饮血之意。天高在上，所以燎烧；地在下，所以以血瘗而下。

古代描写祭天的歌辞，如《诗经·生民》载周人始祖后稷开始规定祭祀天地先祖的礼仪"后稷肇祀"。仪式包括准备米饭、采萧、杀羝（dī，公羊）、燃燔火、盛供品于豆中、登中，香烟袅袅，敬请天帝来享用，颇为详细。楚国名诗人屈原作的《九歌》，被闻一多先生断定为屈原为楚国王室所作的楚国国家祭祀乐歌（见《什么是九歌》一文）。的确，《九歌》无疑是祭歌，其中写了祭祀的神灵，如东皇太一、东君、司命、云中君、河伯等是享有最高神格的。当与社祭等大祭、跳"万舞"娱神等有关。从诗歌里的描写，我们可看见当时楚人陈设祭品、沐浴兰汤、布置享堂、奏乐歌舞以娱神等仪式。

汉代，则有《史记》《汉书》中记载的《郊祀歌》，与《九歌》一样是祭神之歌。《汉书》载的十九首歌词出自司马相如等文人之手，文辞颇可观，反映了当时祭祀仪式的宏大和汉朝大国的气韵，均值一读。至于后来仿古的祭天歌辞则多呆板不足陈了。

辽、金、元等朝代也有祭天的习俗，是与汉族同源的。满族过去也祭天，冬至夜于院内铺席子，摆供桌，挂天地神马，杀猪祭祀并祭祖。院内立祖先竿子，竿顶葫芦状，下有刁斗，祭祀时对竿子念祝词，并摆肉敬供天神。祭祀毕，众人吃白肉，把肠子等丢在刁斗上任鸟啄食。

云南纳西族至今也仍有盛大的祭天礼。纳西族和先秦夏商周等华夏诸族亦同出一源，其祭天文化亦与华夏诸族相近，同属一个系统，保存着一系列习俗：立木而祭，用骨灼凿占卜，用蒿草除污秽，焚烧燔柴以享天神、祖灵，又用祭米、牲礼等祭品祭祀等，与《周礼》《诗经·生民》所载周代祭天活动如出一辙（见《民间文艺季刊》1988年1期，陈烈）。

冬至祭祖、祭神

冬至还有祭祖先的习俗，《东京梦华录》即有记载。至今有的地区还有，如福建泉州人在冬至要归乡祭祖。个别地区还去坟上烧纸、送寒衣。但多数是在家中或在祖祠中祭祀。此风也源于古代祭天兼祭祖灵之礼。早在殷代，十一月冬至便往庙中祭祀祖妣，民间相承成俗。东汉崔寔《四民月令》记载汉代民间百姓冬至已经不祭天了，但还祭祖："冬至之日，荐黍糕。先荐玄冥于井，以及祖祢。斋馔扫涤，如荐黍豚。其进酒尊长及谒贺君师、耆老，如正日。"冬至要用黍糕祭祀冬神兼水神玄冥（也叫禺强）和祖先，并拜贺尊长，如正月初一一般。南宋《武林旧事》记载当时过冬至："享先则以馄饨。有'冬馄饨，年馎饦（bótuō，古代一种类似煮面片的面食）'之谚。贵家求奇，一器凡十余色，谓之'百味馄饨'。"《清嘉录》载清代苏州："（冬至）比户磨粉为团，以糖肉、菜果、豇豆沙、芦菔丝等为馅，为祀先祭灶之品，并以馈贻，名曰'冬至团'。"《帝京岁时记胜》也载北京有用细肉馅包"角儿"与羹饭奉于祖先的。至今，两广也仍做冬至糍祭祖。泉州等处也有"冬至圆"，并传到台湾等地。

过去在冬至，河南还有祭孔活动，奉上牲礼，拜祈以求文运昌隆。

在广东东莞，则于冬至逛城隍庙会，拜十二娘神求子。无子妇人在庙中取一把线香，点着后分插于十二娘神像的香炉前，周而复始。插完线香，看最后一支香是否插在抱着童子的女神像前，以卜得子与否。广东潮州还祭祀司命帝君。各地冬至还有祭祀灶神的。当然，如今这些习俗较少见了。

先秦时祭天含有求福、祛不祥之目的，后世也相沿有祛禳之俗。《荆楚岁时记》载荆楚地区"作赤豆粥以禳疫"。注文说："共工氏有不才之子以冬至日死，为疫鬼。畏赤小豆。故作粥以禳之。"后来转变成腊八粥了。还有以蘘荷（一种可食可入药的蔬菜）做腌菜，用以防蛊的。

拜冬致贺、冬节饮食

由于古代以冬至为岁首，所以古人过冬至节很隆重，如《四民月令》记载按庆新年之礼俗来过节。汉晋后仍有此类礼俗。如宋代陆游《老学庵笔记》载他读《太平广记》，发现有"是夕，冬至除夜"之记，"乃知唐人冬至前一日，亦谓之'除夜'"。

宋代冬至节庆贺之风最盛，《东京梦华录》说："十一月冬至。京师最重此节，虽至贫者，一年之间，积累假借，至此日更易新衣，备办饮食，享祀先祖，官放关扑，庆贺往来，一如年节。"南宋《武林旧事》记载杭州人过冬至节亦大略类似。宋代陈元靓《岁时广记》也载："冬至前之夜为冬除，大率多仿岁除故事而差略焉。"

清代北京及苏杭等地仍注重冬节，所谓"肥冬瘦年"，即宁愿过年时节俭，也不能在冬至虚度之意。民间或用各种食物互赠，叫"冬至盘"，并互相庆贺，叫作拜冬。

《清嘉录》云："（吴）郡人最重冬至节。先日，亲朋各以食物相馈遗，提筐担盒，充斥道路，俗呼'冬至盘'。节前一夕，俗呼'冬至夜'。是夜，人家更迭燕饮，谓之'节酒'。……至日为冬至，朝士大夫家，拜贺尊长，又交相出谒。细民男女，亦必更鲜衣以相揖，谓之'拜冬'。"

至今，江浙、闽台、两广民间仍盛行过冬至节，在此节祭祖、吃糯米制品以及聚宴等，其中有不少很有意思的饮食活动。

如江浙一带多吃冬至肉、冬至鱼及鸡鸭。冬至肉是用猪肉和酱油煮烧熟的，相传吃了能身体壮健。冬至鱼是把鱼分食后留下头尾，用碗盛着放在米桶内，叫"吃剩有余"，取食物丰足之意。这和除夕夜吃鱼，寓意"年年有余"相似。

北方一些地区如北京、天津，冬至夜吃饺子或馄饨。谚语云："冬至馄饨夏至面。"民间传说是为了纪念河南名医张仲景。他在冬至日开设舍药棚，用羊肉与药物包入面皮中，制成耳朵状的"娇耳"，给人们治疗冻烂的耳朵。后人在冬至日包饺子吃以作纪念，相传这样一来耳朵就不会冻掉了。其实冬至吃馄饨应追溯到古代的祭祀食物、南北朝时的偃月形馄饨等，与张仲景可能没什么关系。

在闽台及两广的部分地区，则有搓丸之俗。以糯米粉拌水揉成团，搓成实心或加馅料的圆子，入水煮熟，祭祀先人，叫作冬至圆，也和元宵一样，寓有祈盼家庭团圆、诸事美满之意。相传，冬至圆是闽南一位老妈妈因思念在他乡谋生的儿子，泪水滴入碗中滚成的，后来人们相沿成俗。有的人家如有亲人在外的，要在聚宴席上空位前摆上冬至圆，以示团聚。或晒干圆子，留待回家之日补吃。

当然，冬至圆应是源于古人用农作物祭祖、祭神之习。北方用麦粉制馄饨，南方缺麦，就用糯米粉代替了。《清嘉录》说的"比户磨粉为团"的冬至团，以"有馅而大者为粉团，冬至夜祭先品也；无馅而小者为粉圆，冬至朝供神品也"，即较早的记载。

闽台的冬至节前一日晚饭后就要搓冬至圆（或称冬节圆、圆仔汤），边搓边唱起歌谣给小孩子们听。如这一首："搓丸试搓搓，年年节节高。红红水党菊，排排兄弟哥。大人增福寿，细团唱诗歌。"充满了欢乐气氛。搓圆有红白二色，或用湿米粉团塑成小巧的玩物，如牛羊、桃子、桔子等牲畜、果品，像真的一样，还染成红、黄、绿、青色，很美观，取五畜兴旺、百果丰登之意，亦是传统在冬至祈年之流风。《漳化县志》对此有记述。汤圆煮食时，还要两个两个地吃，吃最后一匙如剩余两个，即象征如意幸福。有的还在家门、窗、桌、柜、床等显眼处粘两个圆子，等年底送灶后才取下烘烤或食用，叫作添岁。又相传圆子烤时臌发，孕妇即生男孩。《泉州府志》载有"添发"等俗。如今的冬至圆，馅料有咸甜等口味，做工精细，更为可口。

冬天吃蔬菜困难，人们多在冬至前准备一些盐腌蔬菜佐食，这也是源于先秦古俗。《诗经·谷风》："我有旨蓄，亦以御冬。"朱熹《集传》："言我之所以蓄聚美菜者，盖欲以御冬月乏无之时。"《礼记·月令》载冬天制咸菜，古称为菹（zū）。民间腌菜主要有密封法：把雪里蕻、芥蓝、蔓菁、芥菜头等可以久藏的菜洗净摘好，用大缸盛放，撒一层盐，放一层菜，加上花椒、茴香、八角等，压实盖严，腌制上半月后才可食用。而大白菜、黄瓜、红白萝卜等用盐腌一下就可以吃了。还可以将白菜用盐腌个把月，控干水分，切成丝与肉煮火锅吃，风味极佳。

冬至敬老、救济

冬至还有敬老活动，这在汉代后的冬至节俗中很流行。先秦时已经崇敬老人，《史记·孝武本纪》载有汉武帝时方士造说的黄帝于冬至日"仙登于天"，汉武帝求仙祈寿，也很尊敬老人，有"加年八十、孤寡布帛二匹"的举动。汉代还赐予老人鸠杖，作为优待老人的象征。鸠是一种神鸟，为了祝愿老人饮食不噎、顺达，长寿，就用它装饰杖。《四民月令》记冬至日要拜贺长辈、耆老。《中华古今注》载："汉有绣鸳鸯履，昭帝令冬至日上舅姑。"后世便有媳妇或儿女辈给公婆送鞋袜之俗，表祝福、迎祥、愿长寿之意。三国时，曹植有《冬至献履袜颂表》，称："伏见旧仪，国家冬至，献履贡袜，所以迎福践长，先臣或为之颂。臣既玩其嘉藻，愿述朝庆。千载昌期，一阳嘉节，四方交泰，万物昭苏。亚岁迎祥，履长纳庆，不胜感节。情系帷幄，拜表奉贺。并献纹履七纳，袜百副。"北魏崔浩《女仪》也载，媳妇在冬至节还要给公婆各赠一对新鞋、新袜子。至今北方一些地区还保存这一古老的良风美俗。我国传统婚俗中还有新媳妇过门后向公婆献上新鞋之俗，也源于此，此俗也流传至今。

有的地方在冬至日吃冬至面，也叫长寿面，祝愿长辈长寿。这些习俗至今仍宜于弘扬。

冬天是寒冷的日子，贫苦人民在此时饥寒交迫，难以活命，因而古代又有冬令救济之俗。如南宋《梦粱录》载，杭州富人乐善好施，于冬令进行救济："或遇大雪，路无行径长幼啼号，口无饮食，身无衣盖，冻饿于道者，富家沿门亲察其孤苦艰难，遇夜以碎金银或钱会插于门缝，以周其苦，俾侵晨展户得之，如自天降。或散以绵被、絮袄与贫丐者，使暖其体。"当时政府也有救济活动，而佛寺则于腊八时熬粥济贫。

冬令的娱乐

冬天里有多种季节性很强的娱乐，如赏雪即一项。《武林旧事》卷三载南宋宫廷中赏雪很盛行，在明远楼中观赏，并且"后苑进大小雪狮儿，并以金铃彩缕为饰，且作雪花、雪灯、雪山之类等，及滴酥为花及诸事件，并以金盆盛进，以供赏玩"。

明代，《西湖集览》记载戏剧家、养生家高濂的《四时幽赏录》目录中，"冬时幽赏"诸条多与雪有关，并赏冬季的茗花（山茶）、梅花、竹子等："湖冻初晴远泛。雪霁策蹇寻梅。三茅山顶望江天雪霁。西溪道中玩雪。山头玩赏茗花。登眺天目绝顶。山居听人说书。扫雪烹茶玩画。雪夜煨芋谈禅。山窗听雪敲竹。除夕登吴山看松盆。雪后镇海楼观晚炊。"充分显示出冬雪中的游览之趣。张岱《陶庵梦忆》中记载明代文人赏雪有《湖心亭看雪》《龙山雪》诸篇，写得也很俊逸秀雅。赏雪成为人们冬季之重要娱乐。

赏雪还往往与赏雪中梅花结合起来，如唐代孟浩然踏雪寻梅之佳话是传统绘画中的重要表现题材。清代李渔《闲情偶寄》载，为了更好地赏雪中梅花，他发明了看花居，取纸竹扎成小屋，中燃炭火，或用帐篷，宿在梅花丛中，真令人赞叹！至于《红楼梦》中在芦雪庵里咏雪联句，雪中寻梅之描写，更是脍炙人口。冬赏茶、花、竹、松等也是雅事。

雪中梅

　　至于在冰雪中的游戏，则有打雪仗，筑起冰雪城堡互相攻打。还有
堆雪狮子、雪人、雪山等，这是儿童们最喜爱的。堆雪塑在儿童手里不
是用盆子盛着的小工艺品，而是在雪地中扫雪聚拢，塑成大型的狮子、
罗汉、雪山等。清代画家余芝生画的《百子图》，就有几个孩子在庭院
中堆聚雪狮子的情景。

　　雪灯，是以冰雪冻成灯给人玩赏，在东北如今已经发展为大型
的冰灯会。

　　在北方还有打滑挞、溜冰、爬犁等。打滑挞是汲水冻成高三四丈的
冰山，由人爬上去滑滚而下，做出种种花样，在北京尤盛。《点石斋画
报》有一幅《打滑挞》之画即绘此景。溜冰，是使用冰鞋，鞋底嵌一铁

条，在冰上滑行，与今天溜冰相似。爬犁，也叫冰床，以木板做架子，下钉横带，嵌铁条，由人推、拉或用铁钎撑冰作为动力，在冰上穿梭滑行，或把二尺见方的爬犁放在山坡冰道上，一人坐于上，顺坡下滑，类似近代冰橇运动，或用群犬牵引爬犁而行。

古代还有盛大的冰嬉活动，由宫廷组织举行。《宋史》中即有帝王"幸后苑，观冰嬉"之记载。清代也有冰嬉。

冬至量日影、九九消寒图、九九歌

古代确定一年的历法，是以观测太阳照射下物体的影子有规律的方向、长短变化来确定的。最初的测量仪器叫作圭表，圭是平放的刻板，表是树立的竿子或石柱，人们用它们来确定东南西北方向，确定四季的二十四节气、一日之中的时辰等。

早在《尚书·尧典》里就记载着一年的长短、四季的划分，说明当时已经有较精密的历法。

《周礼》载："（以）土圭之法测土深，正日景。"今天河南登封有周公测景（影）台，以及元代郭守敬建造的观星台，隐约可见古人测量日影的忙碌身影。

《荆楚岁时记》又记："魏晋间，宫中以红线量日影。"据说冬至后日影添长一线。这也是在测量时间。

冬至之后即进入九九天，一九直至九九叫"数九"，此说法在《荆楚岁时记》就有了。在这九九八十一日中多是冬季寒冷之日，须过了八十一天才迎来明媚春光。按传统说法，其中最冷的是三九、四九。一般过了四九，天气便慢慢转暖了。其实，气候寒冷与否是不断变化的。不过九九天是按天文学太阳之照射长短原理来编排的，也有其合理之处。

古代因数九而产生一种《九九消寒图》，亦是辞冬迎春之意。既可计算时间、做日历、物候历，又是优美的装饰画，故而流传不衰，不论宫廷民间都采用作冬日的文娱活动。

九九消寒图有好多种形式。如文字九九消寒图，由字组成，通常为"庭前垂柳珍重待春風"，或者是"雁南飛柳芽茂便是春"（旧时把雁字下部写作"佳"，以省笔）；或者是"春前庭柏風送香盈室"，诸字皆九画，合计八十一画。以双钩画或印在纸上，每画都空白。人们从冬至开始计算时间时，每过　日就在一画上染涂红色，涂尽九字后春光已至，全图皆是红色字。还可在笔画内外记录每一日的风雪阴晴等天气状况，是很好的天气记录图。

又有，《帝京景物略》卷二述："有直作圈九丛，丛九圈者，刻而市之，附以九九之歌，述其寒燠（yù，暖热之意）之候。"即一纸卷上印八十一个圆圈、注明日期，每天用朱红色染一圆，染尽就出九了。

也有人为了记录天气，在天阴时涂上半圈，晴则涂下半圈，风天涂左半圈，下雨天涂右半圈，降雪则涂中央。

又有梅花九九消寒图。元代杨允孚《滦京杂咏》卷下就咏道："试数窗间九九图，余寒消尽暖回初。梅花点遍无余白，看到今朝是杏株。"原注："冬至后，贴梅花一枝于窗间，佳人晓妆，日以臙（yān，即胭）脂图一圈，八十一圈既足，变作杏花，即回暖矣。"《帝京景物略》卷二："冬至，画素梅一枝，为瓣八十有一，日染一瓣，瓣尽而九九出，则春深矣，曰'九九消寒图'。"是在纸上画一枝梅花，有八十一瓣，每天画一瓣，素梅变红成为杏花，就出九了。

管 城 春 滿

一	九四	九七	九
春	柏	香	

二	九五	九八	九
前	風	盈	

三	九六	九九	九
庭	送	室	

文字九九消寒图

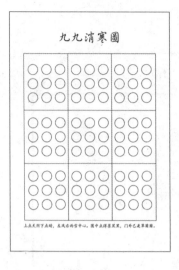

圆圈九九消寒图

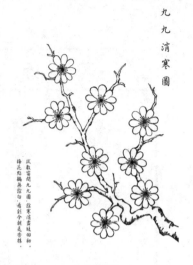

梅花九九消寒图

　　此外，还有鱼形消寒图、钱纹消寒图、葫芦消寒图、孩儿消寒图等。鱼形图是把阴阳鱼儿（类似八卦阴阳图）八十一个印在纸上；钱纹图是把八十一个古钱纹排列，二者都附录诗词。葫芦图是把文字排成葫芦形；孩儿图是把十二生肖与孩童印在纸上。其内容都很完美。如今消寒图仍有仿造，记录岁时物候，亦是好的。

　　消寒图多附以《九九歌》，是人们普及气象知识、宣传物候而编出来的，如宋代陆泳《吴下田家志》中载一首。明代《西湖游览志余》也载："一九二九，召唤不出手；三九二十七，篱头吹筚篥（风刮篱笆哗哗直响）；四九三十六，夜眠如露宿（晚上屋内冷得像露宿一样）；五九四十五，太阳开门户；六九五十四，贫儿争意气；七九六十三，布衲两头担；八九七十二，猫儿寻阴地；九九八十一，犁耙一齐出。"清代《清嘉录》载替穷汉子诉苦的一首《九九歌》，显由上首变化而来：
"一九二九，相唤弗出手；三九二十七，篱头吹筚篥；四九三十六，夜眠如露宿；五九四十五，穷汉街头舞。不要舞、不要舞，还有春寒四十五；六九五十四，苍蝇垛屋枕；七九六十三，布衲两肩摊；八九七十二，猪狗躺凉地；九九八十一，穷汉受罪毕。刚要伸脚眠，蚊虫獦蚤出。"

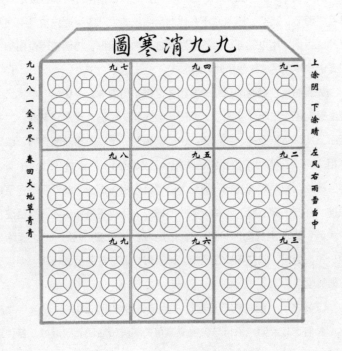

钱纹九九消寒图

腊八节 / 腊鼓驱邪八宝粥

腊八的来历

农历腊月初八，为腊八节。在近代民间中传说佛祖于此日得道成佛，接受牧羊女的奶酪粥吃。故而民间要吃八宝粥，纪念佛祖成道，故又名成道节。其实，腊八源于古代的祭腊仪式，八宝粥原先也是中国所吃的红豆粥，用以驱邪，经不断发展才成为八宝粥，与佛教传说相杂。只是佛教传入后才改变了此节的形式。

先秦时代已经有腊月祭神灵祖先之俗（见前）。《史记·秦本纪》载秦惠文王十二年"初腊"，即周代大腊礼的模仿。《说文》载："冬至后三戌，腊祭百神。""腊"也即"猎"，是以田猎获取野兽、以祭先祖之意。在腊月不仅是祭祀先祖，还祭祀门、户、井、灶、中溜之神，称为五祀，如《礼记·月令》："腊先祖五祀。"此外腊祭还祭祀诸神，并要击鼓驱傩。《礼记》："傩，人所以逐疫鬼也。"高诱注："大傩，逐尽阴气为阳导也，今人腊岁前一日击鼓驱疫，谓之逐除是也。"在后世，腊八不一定祭祖、神，移到春节或冬至举行了，但多举行傩舞驱疫。

汉魏之后，腊八的节日活动主要是傩舞驱疫，同时又在佛寺中施粥。人们吃八宝粥，举行与佛祖成道有关的庆贺活动。到近世，各种活动较少见，但八宝粥等食品仍盛行。

腊八逐疫与击腊鼓等

腊八节期间有击鼓驱疫的习俗，即大傩。傩，据东汉郑玄说是源于"难"字：《周礼·春官·占梦》："季冬，遂令始难殴疫。"注："难，谓执兵以有难却也。"《周礼·夏官·方相氏》："方相氏，狂夫四人。方相氏掌蒙熊皮，黄金四目，玄衣朱裳，执戈扬盾，帅百隶而时傩，以索室驱疫。大丧，先柩及墓，入圹，以戈击四隅，驱方良。"方相氏是武士，专职驱疫，不但举行大傩要出现，还在隆重的大丧上先往墓圹中用戈击四隅，驱除一种叫作方良的怪物。这一仪式一直延续下来。直到清末，山东孔府丧礼中还残存着驱方良之俗。方相氏所驱的病疫、鬼怪也有说是颛顼氏之一子，善于惊吓小儿（见《玄中记》）。值得我们注意的是，蒙着熊皮的方相氏，戴着黄金四目的面具，威风凛凛地驱疫，可能是古代以熊为图腾的黄帝部落祭祀、驱除的遗留形式。将巫师打扮成熊形，也就如熊一般凶猛，可以把恶鬼制服了。

先秦时的大傩仪式，从腊月至其他时间都会举行，汉代集中在腊八或除夕举行。

《后汉书·礼仪志》中对汉代傩仪有详记，我们可推知汉代傩仪是方相氏率领十二兽跳舞，侲子亦歌舞相和，宣称要"赫女躯，拉女干"，持火炬冲出门。门外将士接过火炬丢入水中，表示把疫病鬼怪送走。这十二兽包括古书所记的穷奇、强梁等，图腾崇拜的痕迹很明显。至于十二兽所驱的虎、魅、蛊等，或为恶兽、恶鬼，或为不祥、祸祟、噩梦，或是蛊毒，也很复杂。其实，把那人间的不吉之物驱除，不正反映了我们民族趋吉避凶的心理吗？今天江西、安徽、广东、广西、甘肃等地在过年时都还有盛大的傩舞，我们今天观看时仍是为之感动。

至汉代之后，傩仪相沿不断，逐步发生变化。唐代傩仪又称打野狐，有方相氏四人，侲子多达四百人。宋代，宫廷中的方相氏、十二兽与侲子不见了（在民间则可见其流风），用的是值殿将军、判官、钟馗与其妹、土地、六丁、六甲、灶神之类，离原始崇拜已经很远了。《东京梦华录》《武林旧事》等书都记两宋宫廷的傩仪情况。当时桂林地方敬贡给宫廷的傩舞面具，一副即八百枚之多（见陆游《老学庵笔记》）。

　　南宋无名氏的《大傩图》，绘傩舞活动。一队老者多持农具（也有认为这是元宵节的迎春舞队的），团圈作舞，击打着鼓驱疫，似乎成了娱乐化的活动。

　　宋代也有一种打夜胡（或称打夜狐）活动。《东京梦华录》载："自入此月（十二月），即有贫者三数人为一火（伙），装妇人神鬼，敲锣击鼓，巡门乞钱，俗呼为'打夜胡'，亦驱祟之道也。"实际上也是傩仪的一种演变。后来又便变成跳灶王，由乞丐装成钟馗、灶神等跳起舞来到各家各户乞钱。如《清嘉录》卷十二载："（十二）月朔，乞儿三五人为一队，扮灶公灶婆，各执竹枝，噪于门庭以乞钱，至二十四日止，谓之'跳灶王'。"至此，原来腊月举行的傩仪已经基本消失，傩舞、傩戏转移到春节去了。

　　腊月还有击腊鼓的活动。鼓在古代是用于祭祀的仪式用具，傩仪中也少不了。故而有击腊鼓之俗。《荆楚岁时记》："十二月八日为腊日，《史记·陈胜传》有'腊日'之言，是谓此也。谚语：'腊鼓鸣，春草生。'村人并击细腰鼓、戴胡公头及作金刚力士以逐疫。"所谓胡公头当即汉代傩舞舞童戴的赤帻。金刚力士则是佛教传入后出现的。人们击腊鼓，跳傩舞以驱疫。这是一种优美的细腰鼓舞蹈，在南北朝、唐朝石窟艺术中就有其形象。

清代腊月、正月有一种太平鼓活动，亦从腊鼓转化来。如《燕京岁时记》就有记载。个别地区也有打鼓迎年的风俗。

除傩仪外，还有一系列驱疫仪式，后来也都转移到了除夕或元旦之中。如《荆楚岁时记》载，十二月八日"沐浴，被除罪障"。这是上古以沐浴被除不祥的风俗的遗存，后转到除夕夜沐浴，含有除旧迎新之意。

《后汉书·礼仪志》又载，腊前一日"设桃梗、郁垒、苇茭"驱邪，是源于古代神话。《山海经》载桃都山上神荼、郁垒二神人管领众鬼，故有此俗。后世在除夕设桃符（演变为春联）、画门神等，即源于此。汉代还有杀鸡著于门上之风习，《风俗通义》卷八有载，据说是由古俗变来。《山海经》中写祭鬼神皆用雄鸡，表示祭鬼神、祛除不祥之意。至南朝后，演变成元旦画鸡贴于门上。

吃腊八粥、口数粥与佛典

至今，腊八粥仍盛行。据说它来源于佛教。佛教创始人释迦牟尼削发为苦行僧，苦苦修行，饥渴中得到一位牧羊女的相救，奉以奶酪大米粥而食，使他得道成佛。于是后世便称此日为成道节，浴佛、吃腊八粥。如《东京梦华录》卷九载："初八日，街巷中有僧尼三五人，作队念佛，以银铜沙锣或好盆器，坐一金、铜或木佛像，浸以香水，杨枝洒浴，排门教化。诸大寺作浴佛会，并送七宝五味粥与门徒，谓之'腊八粥'。都人是日各家亦以果子杂料煮粥而食也。"

其实，腊八粥源于我国古代以撒赤豆、吃豆粥驱邪之俗（日本也有撒豆驱邪之法，系由我国传入）。大概是以豆子象征弹丸，以驱赶鬼怪吧！《荆楚岁时记》就载作赤豆粥以禳疫。后来才把此俗与佛祖传说结合起来了，原有吃粥之意反无人知。《东京梦华录》《武林旧事》等书都认为腊八粥是源于佛教。

我国民间还流传着腊八粥以外的起源故事。相传明太祖朱元璋小时候给地主放牛，常常挨饿。一次，他在老鼠洞中挖出一小堆大米、豆类，煮粥充饥，十分香甜。后来他即位之后，在腊八这天忽然想起来，便让御厨用各色杂粮煮粥喝，吃得香甜，这才有了腊八粥。又说有一对农家夫妇，因为不听老人教诲，不好好劳作，到冬天没粮吃，只好从缸底柜角捡来米豆杂粮煮粥吃，结果冻饿而死。后人为记住这件事，教育人们不再偷懒，便煮杂米豆粥吃，才有了腊八粥。当然这都是传说而已，但有一定的教育意义。

腊八粥的制法，极为繁复。南宋《武林旧事》载："八日，则寺院及人家用胡桃、松子、乳蕈、柿、栗之类作粥，谓之'腊八粥'。"明代，《酌中志》卷三载当时宫中制法："初八日吃腊八粥。先期数日，将红枣捶破泡汤，至初八时加粳米、白果、核桃仁、菱米煮粥，供佛圣前。户牖、园树、井、灶之上，各分布之，举家皆吃。或亦互相馈送，夸精美也。"《帝京岁时纪胜》也说腊八节时："家家煮果粥。皆于预日拣簸米豆，以百果雕作人物像生花式，三更煮粥成，祀家堂、门、灶、陇亩，阖家聚食，馈送亲邻，为腊八粥。"又《燕京岁时记》载："腊八粥者，用黄米、白米、江米、小米、菱角米、栗子、红豇豆、去皮枣泥等，合水煮熟。外用染红桃仁、杏仁、瓜子、花生、榛穰、松子及白糖、红糖、琐琐、葡萄以作点染。"这样的粥，味道自然极佳。清代，宫廷中煮腊八粥是在雍和宫。《养吉斋丛录》等书有记载。要煮六锅，每锅可达千斤。至于一般人家，煮粥时自然没这么大排场，在大米中放些杂果就是了。也有煮咸味粥的，粥里放蔬菜和肉。不管甜咸，吃时还佐以蒸食及小菜。腊八粥的特点就是以种类多取胜，故而又名为七宝五味粥、八宝粥。如今，八宝粥已有罐头等出售，吃时就买，十分方便，也不限于腊八才吃。还有配好的粥料，如果要亲手熬粥而食，可以自己买回家煮，很受欢迎。吃自煮的粥也更香甜些。在民间，腊八粥还要互相赠送，作为礼物。《燕京岁时记》说："每至腊七日，则剥果涤器，终夜经营，至天明时，则粥熟矣。除祀先、供佛外，分馈亲友，不得过午。并用红枣、核桃等，制成狮子、小儿等类，以见巧思。"连家中鸡犬猫等也有粥吃，或抹墙上、树木上，亦是同食之意。

腊八粥

腊八食物以及各种活动

　　腊八节除吃粥外，还有各种饮食以及节日活动，如民间喜欢腌菜，与冬至腌菜差不多。多腌制腊八蒜。《春明采风志》载："腊八蒜，亦名腊八醋。腊日多以小坛甑贮醋，剥蒜浸其中，封固，正月初间取食之，蒜皆绿，味稍酸，颇佳。醋则味辣矣。"

　　还有一种腊八蒜，是取来蒜头用竹签串起，水养在盆中，让它发出绿芽，用来做菜，也可作冬天里的绿色盆景装饰房间。

　　又有腊八腌酸菜的，是用白菜来腌。《燕京岁时记》载："大白菜者，乃盐腌白菜也。凡送粥之家，必以此为副。菜之美恶，可卜其家之盛衰。"还有腊八酒，即在腊八日煮酒引用，以驱寒气。在陕北地区，还吃腊八臊子（肉末或肉丁）面，把八种菜加入热汤面中。临潼一带吃腊八辣椒汤面。汤面多是羊肉汤，可补中益气。农村还有做腊八豆的，即以黄豆制豆豉佐餐，湘、鄂等处都有。

腊八蒜

由于丸药在冬天制作较易于保存，所以人们喜欢在腊八制造。敦煌石室文书、《岁时杂记》等就有记载。在宋代，还有腊八舍药之举，叫作腊药。《武林旧事》载："医家亦多合药剂，侑以虎头丹、八神、屠苏，贮以绛囊，馈赠大家，谓之腊药。"

青海河湟、互助等地汉族、土族有献腊八冰（亦称圣冰）之俗。是在腊八日天亮前，由各家各户的年轻人往河中打取大冰块，献于佛前、庭院、房沿、田间地头、粪肥堆等处，并且男女老少分食冰块，祈求来年五谷丰登、风调雨顺、人畜兴旺。

腊八日还有祭神、聚餐及藏钩等游戏。有的地区的祭神活动是从腊月开始，如《清嘉录》记苏州："（十二月）择日悬神轴，供佛马，具牲醴、糕果之属，以祭百神。神前开炉炽炭，俗呼'圆炉炭'。锣鼓敲动，街巷相闻。送神之时，多放爆竹，有单响、双响、一本万利等名。或有买编成百千小爆，烨之连声不绝者，名曰'报旺鞭'。谓之'过年'。云答一岁之安，亦名'谢年'。"古代也有祭祀一种叫作万回哥哥的神，如《西湖游览志余》载："宋时杭城，以腊日祀万回哥哥，其像蓬头，笑面，身着绿衣，左手擎鼓，右手执棒，云是和合之神，祀之人在万里之外可使回家，故曰'万回'。"万回为唐代僧人，传说他万里寻兄，故而民间祭祀他以求排解忧难，后为欢喜神（和合二仙）。

至于后世腊日聚餐、藏钩、汲新水等习俗，主要传承于除夕迎新年之俗（见后述）。

祭灶节 / 灶君上天小年夜

祭灶节的来历

祭灶节又称送灶节、辞灶节、小年、小年节、小年夜等。它是除夕、春节等一系列大节的前奏，过节的气氛已经很浓厚。如今送灶神的习俗较少了，但小年夜的节日观犹存。

祭灶节源于祭祀灶神。而祭灶又源于远古对火的崇拜、对火神的祭祀。古人赖火以照明、取暖、煮食、驱猛兽，故十分崇拜火，产生了原始祭祀活动，视火为神。至今民间还残存对火的这种敬畏，视家中的火塘、灯等为神圣之地。

再后来出现了石泥砌成的火灶，火神也就转化为灶神。《礼记·月令》记载："孟夏之月，其帝炎帝，其神祝融……其祀灶，祭先师。"祝融本就是火神。后来火神灶神分拆开来，前者作为国家祀典与道教神仙，享受祭祀；后者却多在家庭中由家家户户来祭。于是产生了一系列的灶神传说，灶神的原身反被淡忘了。甚至也有说炎帝、黄帝为灶神的，但影响不大。

灶神是老年女性的传说是流传很广的。《庄子·达生》载："灶有髻。"这灶神据晋司马彪作注说："髻，灶神。着赤衣，状如美女。"但古人皆有发髻，也难以令人信服。灶神是否是女性，人们颇有争论。东汉学者许慎认为灶神非老妇人，郑玄却认为是，在他们的书中争得很激烈。不过灶神若说是老年女性，是她先发明了灶来煮食，后人祭她是为了报答她先灶之德，也是符合上古先民在居处中设长明火，由老年女性管理之习惯。但早在周代，男权确立，灶神已经定为男性，后人很难改变了，最多给他配一个灶王奶奶。

灶神后世叫灶君、灶王爷、司命灶君、火灶公等，传说不少，已经远离了祝融的形象。唐代《酉阳杂俎·前集》载灶神形如美女，保存了以女性为灶神的影子："灶神名隗，状如美女。又姓张名单，字子郭。夫人字卿忌，有六女，皆名察（一作祭）洽。常以月晦日上天，白人罪状。大者夺纪，纪三百日；小者夺算，算一百日。故为天帝督使，下为地精。"还记载他有一系列的属神。这时候他已经是天帝专门派来监察人间的地精了，专门记录人们的罪状待上天时报告，故而人们十分敬畏他并祭祀他。

其实这种传说早在汉代就有了，汉代孔安国注解《礼记》时就记载灶神的一个特殊任务：稽过。这就是灶神记录功过、上天报告的较早来由。后世，民间有"灶王爷本姓张"及"人间好事要多说，明年下界降吉祥"的说法，其传说变化不大。

灶神的祭祀

古称祭灶神为祀灶，民间说是祭灶、送灶、拜火灶公。《吕氏春秋》说祀灶"食菽与鸡"，祭祀时间在夏天，用豆类与鸡。这是因为夏天属于火之季节，而灶神原为火神。汉代《风俗通义》："夏祭灶，灶者火之主，人所以自养也。夏亦火王，长养万物。"但在汉代，祀灶已经改在冬季。《后汉书·阴识传》载有传说："宣帝时，阴子方者，至孝有仁恩，腊日晨炊而灶神形见，子方再拜受庆。家有黄羊，因以祀之。自是已后，暴至巨富……至识三世而遂繁昌，故后常以腊日祀灶，而荐黄羊焉。"

晋代周处《风土记》载："腊月二十四日夜，祀灶，谓灶神翌日上天，白一岁时事，故先一日祀之。"日期已经固定下来，后世一般就在此日前后祭灶。据清代于敏中《日下旧闻考》说，北方祭灶在二十三日，南方是二十四日。还有"官三、民四、疍家五"之说，即说官府在二十三日，民众在二十四日，水上人家在二十五日。

关于祭灶仪式，先秦时以菽鸡祭祀，后世多有变化。但个别地区还用鸡祭灶，如《中华全国风俗志》下篇卷二载河南沘源县用雄鸡祭灶，称为灶马。汉代以黄羊祭灶，后世也存其风。如蒙古族在二十三日用羊祭祀火神，或源于古俗。后世祭灶物不断变化，种类繁多，实际上成为过年饮食系列的一部分了。如诗人范成大《祭灶词》有句："猪头烂熟双鱼鲜，豆沙甘松粉饵团。男儿酌献女儿避，酹酒烧钱灶君喜。"可见祭品之丰盛。《梦粱录》载南宋人"皆备蔬菜、饧、豆祀灶"，有五色米食、花果、胶牙饧、箕豆等。

这胶牙饧，即后世祭灶必备的关东糖，原是《荆楚岁时记》载的元旦的糖果，后来却移来祭灶了。据说它有两个功用，一则将灶神的嘴巴抹甜，让他在玉帝面前多说些"甜话"；二则将灶神的牙齿粘住，上天想说坏话也说不清爽。这里充分体现出古代人民的幽默感。实际上这饧是用麦芽糖（饴糖）制，很粘牙，正适合粘灶神嘴。有的地方祭灶时还要把糖在火上烤化，其作用就更大了。

在京师，祭灶糖称为糖瓜，是主要的祭灶用品。《燕京岁时记》载："民间祭灶惟南糖、关东糖、糖饼及清水、草、豆而已。"这些糖食也是小孩子们喜爱的零嘴。

在南方多用糯米甜糍（汤圆）祭灶，其用意也无非是塞着灶神喉咙，甜着嘴巴，不要说任何坏话。有的地方还用酒糟涂在灶门上，叫作

祭灶

醉灶、醉司命（《东京梦华录》），是让灶王爷醉得忘了说坏话之意。

有的地方祭灶还用猪头、鲜鱼、瓜果、水饺等。以猪头祭灶是古代"并以豚、酒祭灶神"之遗俗（见《荆楚岁时记》）。民间在腊月中有杀年猪的习惯，顺便用以祭灶。苏沪一带则用糯米粉做谢灶团。

过去祭灶，除了准备贡品外，还要取下旧年的灶神像晒干，以利祭时焚烧。还要买纸扎的灶神轿，或用秫秸编成马和犬等物，供灶王爷乘坐。祭时陈设供品，唱及早歌，把旧灶神像与纸轿子、秣秸马等用火焚烧，表示送灶王爷上天了。有的地方则用松柏、冬青、石榴等扎成小把，由小贩持着，沿街叫卖，供祭灶使用。祭毕当然也少不了放一阵鞭炮。祭时一般由男子主祭，妇女不祭。或许因为灶王爷是男性，妇女需要回避之故。

祭灶日还有一种跳灶王活动，由乞儿扮演灶公灶婆舞蹈、乞钱，至二十四日方止（见"腊八节"）。

送灶后，灶王爷还要返回来，一般是在除夕或年初一把新购的灶王爷像贴上，叫作迎灶，重又开始灶王爷一年的监督活动。

迎玉皇与口数粥

在腊月二十五日，民间相信玉皇大帝于此日下凡，视察人间善恶，因有迎玉皇之举。明代《帝京景物略》卷二说："（十二月）二十五日，五更焚香楮，接玉皇，曰玉皇下查人间也。竟此日无妇妪詈声。"玉皇下凡时民间各人谨慎工作，不敢相争，以免玉皇发现时降下严厉的处罚。

玉皇，是由远古的人们信奉的天帝演变来的。唐代后受道教影响，玉皇成为民间信仰的最高神，至今仍于民间流传。民间除了在正月初九"玉皇诞"时祭祀玉皇外，也在腊月二十五日祭祀，求得心灵上的安慰。

二十五日还有吃口数粥的习惯。《梦粱录》卷六："二十五日，士庶家煮赤豆粥祀食神，名曰'人口粥'。有猫狗者，亦与焉。不知出于何典。"其实此俗也源于古代以赤豆粥辟邪之观念。吃这种粥要以口计数而食，不管是谁都要吃，连猫狗也有一份，表示除疫之意，故而叫口数粥、人口粥。

扫除、准备过年及采办年货等

腊月祭灶后除夕、年节就近了。为迎接新年，人们就要进行种种预备工作，包括大扫除、采办年货、做腊肉、年糕、香肠等。其实这些活动贯穿于整个腊月中，只不过祭灶后更加忙碌罢了。

大扫除也叫扫房、打埃尘等，就是把房子打扫得干干净净，迎来新的一年。传说在年末的几天，家中神灵也暂时上天入地去了。人们不像平时那样怕因扫房子而触动神灵，所以此时打扫房子也是合适的。再说腊月人们正处于农闲，也有时间了，不像平时，为了生活而忙碌，总无时间打扫房屋。

腊月扫除之俗由来已久。《梦粱录》说："士庶家不论大小，俱洒扫门闾，去尘秽，净庭户……"清代《清嘉录》："腊将残，择宪书（历书）宜扫舍宇日，去庭户尘秽。或有在二十三日、二十四日及二十七日者，俗呼'打埃尘'。"蔡云亦有诗说："茅舍春回事事欢，屋尘收拾号除残。太平甲子非容易，新历颁来仔细看。"《帝京岁时记胜》载："送灶神后，扫除祠堂舍宇，糊裱窗槅，贴彩画玻璃窗眼，剪纸吉祥葫芦，还帐目，送节礼，谢先生，助亲友，馈炭金。整齐祭器，擦抹什物，蒸糕点，炸衬供，调羹饭，治祭品，摆供献，雕茶果。神堂悬影，院内设松亭，奉天地供案，系天灯，挂琉璃。"可见祭灶后人们工作可忙了，既要扫除祠堂屋宇，裱好窗纸，贴好窗花（彩画或剪纸），还要把欠账还掉，向亲友赠送年节礼物，给教书先生薪金。

要帮助有困难的亲友，赠送炭金。这里充分体现出人们互助团结的精神。准备除夕祭祖更是大事，要找出祭器，擦拭一新，并准备丰盛的祭品摆设起来。在供奉祖先的场所（神堂）里要挂上祖先的影像，院里要搭起彩棚，放上供奉天地神灵的供案，点起彩灯，镶上玻璃。这一切都是过年的序幕。

采办年货实际上是整个腊月的活动，祭灶过后就更忙了。《东京梦华录》卷十中记载当时的年货市场的情况，与今天也差不多："近岁节，市井皆印卖门神、钟馗、桃板、桃符，及财门钝驴、回头鹿马、天行贴子。卖干茄瓠、马牙菜、胶牙饧之类，以备除夜之用。"一片繁忙之景。后世也是十二月就出现了卖年画、卖各种年货的摊贩，热闹非凡。《清嘉录》卷十二"年市"一条记述："市肆贩置南北杂货，备居民岁晚人事之需，俗称'六十日头店'。熟食铺，豚蹄、鸡、鸭，较常货买有加。纸马香烛铺，预印路头财马、纸糊元宝、缎匹，多浇巨蜡、束名香。街坊吟卖篝灯、灯草、挂锭、灶牌、灶帘，及箪瓢、箕帚、竹筐、磁器、缶器、鲜鱼、果蔬，诸品不绝。锻磨、磨刀、杀鸡诸色工人，亦应时而出，喧于城市。酒肆、药铺，各以酒糟、苍术、辟瘟丹之属馈遗于主顾家。总谓之'年市'。"年货包括了各类年画（神马及装饰画）、对联、香烛、纸元宝、熟食以及日用百器等。还有祭神、祭祖用的蜜供、果品；新年要穿的新衣裙及脂粉、绒绢花；各色盆景、鲜花；小儿玩具等也都要购买好。

当然，民以食为天，最重要的工作还是要准备年节里要吃的食物，做年糕、宰猪杀羊、制作腊肉香肠等。

做年糕既为祭祖祭神，也为亲朋互赠食用。其习俗源于先秦时。《周礼·天官·笾人》载有："羞笾之实，糗饵粉糍。"这饵即年糕的最初形式。汉代《四民月令》载的黍糕即和今日年糕相似了。人们在腊

年画

月中忙着制作年糕，买年糕，石臼里天天砰砰打着糕。糕饼店里门庭若市，各种年糕亦应有尽有。

杀年猪，也源于先秦时。《吕氏春秋·季冬》云："食黍与彘。"可见先秦时冬季就食彘，后世便用作过年的食品、祭品。一般将肉留着，到过年时食用。

很多地方，过年还必吃腊肉腊肠。腊肉要把整块肉涂上盐、花椒等，腌在坛中，再拿出来晒，用烟来熏；腊肠要把切细的肉馅拌上酒、盐、糖等作料灌入肠衣，挂起来晾晒。还有腊鸡、腊鸭等。腊味是农户富裕的标志，人们常在屋檐下挂满了腊味，芳香扑鼻。如今人们多喜在店中购买了，腊味的品种也已多达几十种，大受欢迎。今天各种食物很多，但还是少不了腊味，因为冬天里腊味确是很美味的食物。

除夕节 / 春联年画团圆宴

除夕的来历

除夕，是年末的最后一天，又叫除夜、岁除、年三十晚。它与正月年节紧紧相连，是我国最重大的传统节日之一。

除夕，在上古以冬至为岁首的时候，指的是冬至的前夜。汉代以腊为年曾持续了一段时间，腊日的前夜也被称为除夕。《后汉书·礼仪志》载的先腊一日，举行大傩仪式；以及《风俗通义》载在腊除夕装饰桃梗、苇索、虎画等俗是较早的除夕节俗，至今仍有变形的存留。除夜、除夕的"除"就是驱除不祥之意，就是从这些以除疫为目的的节俗中提炼出来，作为节日名称的。由于驱除活动多在夜晚举行，所以除夕夜特别重要，节俗多在夜间举行，也连接着初一的黎明。

汉代后，历法演变，以正月初一为一年开始。这样人们原在冬至与腊日祭祖祭神的仪式多移到腊月三十日举行。同时为了迎接新年，聚餐与守岁之俗也就产生；再加上腊除夕的驱除仪式，除夕节俗也就固定下来，直至今日也仍未离开这些内容。

在漫长的节日流传过程中，除夕主要节俗包括以下内容：

一、祭祖、祭天地诸神，表达慎终追远、祈求来年福寿之意。

二、驱除不祥，包括贴门联、年画、焚烧火盆（后发展为放鞭炮）等习俗；后世离驱除之本意已经很远了，成为装饰与娱乐。至于压岁钱、饮屠苏酒等原本也是驱邪之俗，后来也几乎找不到原有的驱邪含义了。又有沐浴、杀鸡著门等，则演化为人们美饰打扮、吃鸡过年之活动。

三、团圆、吃年夜饭，表达亲人团聚、阖家平安、年年吉祥之意。

四、守岁，表示迎来新年，去故纳新、除贫求富。

五、娱乐，举行种种室内游戏以及室外活动，其中亦含求吉祥之意。

除夕祭祖与祭神

除夕祭祖祭神是最重要的活动之一，又与过年节的祭祖祭神相联系。远古的腊日、冬至祭祀都可算是除夕、年节时祭祀祖先和天地神灵的起源。这祭祀仪式融合了人们对先祖的怀念，对天地的敬畏。在汉代之后，道教、佛教兴起，除夕、年节祭祀添上了道教和佛教神，但祖先崇拜一直保存下来。

宋代，如《武林旧事》载："至除夕，则比屋以五色纸钱、酒果，以迎送六神于门。"明清以来的除夕祭祀仪式，大抵是在院内搭建彩棚，设供桌，供奉天地诸神（道、佛教神灵），叫作天地桌；在正厅中的祖宗牌位前供奉先祖，或把祖先的影像取出，挂在墙上，让其享受香火。一般人家也就是在厅堂中挂"天地君亲师"牌位，把天地诸神及祖先都包括进去了。过去北京等地，大户人家供品种类极多，敬神与祭祖各不相同。用的香就有差别：香斗祭天，线香祭祖。天地桌要摆五碗蜜供，一堂平安吉庆（苹果、橘子等）；祖先桌前则设龙眼、荔枝、红枣、板栗、莲子等五色干果。供品上要插上供花，或遮上红色剪纸，年糕也少不了。有的还有摇钱树，用长青松树制作，上挂金银小钱、小元宝，树根铺上糯米饭，放染色花生、莲子、红枣等，叫作聚宝盆。

至于天地桌前供奉的神灵，主要是"天地马儿"等诸多神像，包括玉皇、财神、灶神、城隍、土地、龙王等神；佛爷、菩萨（观音、文殊、普贤）等佛家列圣。济济一堂，共同赐福。

除夕夜，人们把煮好的鸡、鱼、肉三牲及年饭、饺子、年糕、酒等分供天地祖先桌前，与原设的果品等相配，在香烛辉煌中祭祀起来，举行祭祖接神的大典，追怀先祖，报答天地百神，以求来年添福添寿，吉祥平安，庄稼丰收，招财进宝，四季发财。仍保留着古代祭祀祈年之传统。祭完烧纸，放鞭炮，才算完成。

除夕夜还要接灶，迎接灶神下凡，把新灶王像贴在灶边。还在门边祭门神，在床边祭床公床婆或床头婆，在井边祭井神。

除夕的年画、对联、斗方等

前面说过，除夕有种种驱除不祥的活动，多是从古代的腊日风俗中传承而来，而逐渐变成装饰、美化生活的用品了，年画就是其中一例。

年画最初的形式是门神。门神来源极早，《礼记·丧服大记》有"君释菜"之句，汉郑玄注说："礼门神也。"《礼记·月令》记载每年九月有礼门之仪。五祭中也有门祭。最初是以门为神，后来才有具体的人格化门神。《山海经》有将桃都山上管领众鬼的神荼、郁垒两神绘于门上作门神的记载（《论衡》转引《山海经》文中有，今本《山海经》无），可见两千多年前已有门神画了。其形象在汉魏画像石中尚可见到。汉代时在腊前一日画神于门以辟不祥。到了除夕固定下来的时候，人们便于除夕夜贴门神，一直传至今日，变成了门上的装饰画。

从唐代起，门神由秦叔宝、尉迟敬德两位黑脸、白脸将军充任，宋代则有贴钟馗像的。此外，还有贴神农像在谷仓上，客厅、卧室贴福禄寿三星像、三宝佛、万神像等。

还有在妇女室门上贴女门神，实际是精美的门神画。各种门神有几十种之多，有文有武，男女皆可充任。

门神画逐渐发展成了异彩纷呈的中华美术奇葩：年画。年画可分文人手绘、木版印刷两大类，后者在民众中广泛传播，有着最出色的艺术成就。最迟在宋代，水印木版年画已经盛行于世，人们争购门神、财神、灶马以及钟馗、鹿马等年画，还有风俗、歌舞、娃儿等，题材已经很繁多了。《东京梦华录》《武林旧事》等书皆有详载。内蒙古出土的版画《四美人图》，绘王昭君、班婕妤、赵飞燕、绿珠于同一幅画上。西安出土的《东方朔盗桃图》，表现东方朔偷摘瑶池仙桃。这些都很有艺术价值。明代已经形成南桃（苏州桃花坞）、北柳（天津杨柳神荼、郁垒青）两大产地，四川绵竹、山东潍县、河南朱仙镇、山西临汾、陕西凤翔、广东佛山、福建漳州、泉州、湖南滩头等地都有不同风格的地方年画出产。

木版年画包括半印半画、雕刻水印两种形式，前者以杨柳青年画为代表，先版刻墨线以及主要色彩，再逐幅人工绘头脸、细部装饰，用大笔染天染水，追求细腻绚丽的工笔重彩画效果。四川绵竹年画更只印出墨线，其余纯用人工，或精细描绘，或大笔挥洒。同一印版，各呈风貌。由于它是过年的装饰，要讲究吉利，又要吸引民众，所以多用饱满的构图、绮丽的色彩、浑圆优美的形象，形成独具风采的艺术特色。

年画题材主要可归纳为以下几类：

一、神马，包括门神、灶神、天官、玉皇、王母、财神之类，也用于祭祀，但更多的是做装饰。

二、历史人物，包括古代武将（如岳飞、关公、梁红玉等）、儒子（如李白醉酒、孟浩然踏雪寻梅）等。

三、神话传说题材，包括佛家观音、罗汉、道家八仙、三星、麻姑、和合仙等。而传说的东方朔偷桃、牛郎织女相会、鲁班托赵州桥、孟姜女、白蛇传、梁祝等故事也无不加以表现。

四、小说和戏曲故事。小说多取材于四大名著、《封神演义》等书，如美猴王、水浒将士、三国英雄、大观园诸人等都是常见题材。评书曲艺有《杨家将》《岳飞传》《薛家将》等。至于戏曲故事，如昆弋剧目中的故事多在清代前期出现，京剧流行后又有按脸谱扮演的戏曲年画，留下较早的戏曲形象，如《天仙配》《三笑》《雷峰塔传奇》等反映了人们追求爱情幸福的愿望；《包公案》之类的年画则反映了除暴安良的愿望。

五、美人画，包括赏花、奏琴、弈棋、寻诗、刺绣、纳凉场景，及古代许多有名的佳人像，形象秀丽。又有娃娃画，即儿童画，包括百子图、婴戏图之类，表现儿童玩耍、舞蹈、放鞭炮、风筝、竹马等。还有诸老形象，如《百寿图》绘百位老寿星，形态各异，精神饱满，表现吉祥长寿的观念。

六、风俗图，大量地表现如舞龙狮、秧歌、划龙舟、迎年、拜年的风俗，反映出人民欢乐热闹的活动，代表作有《庆贺元宵》《岁朝图》《瑞雪兆丰年》等。

七、时事类，如清代有反映反帝斗争的《火烧望海楼》等；抗战时冀中地区有"打日本救中国"的门神，还有挥舞大刀杀敌的抗日民兵形象，洋溢着强烈的爱国激情。

八、宣传、科普类，如《孝义图》《友悌乐天伦》等；或者宣传农业科学知识，反映生产活动情景，如《禁火烧山林》《勿杀耕牛》《春牛图》《男十忙》《女十忙》《同庆丰年》等。以上主要是人物图。

九、花鸟、图案画。包括花果、瑞兽等花卉鸟兽图；福寿字、九九消寒图、博古（瓶鼎等古玩）之类图案的装饰画。主要表现吉祥喜庆内容，如四季平安、富贵平安、吉庆有余、五福临门、一本万利、仙壶集庆、连生贵子、连年有余等。

早在先秦时有用鸡祭祀的，汉代杀鸡于门辟邪，到后世演变成"贴画鸡户上"（《荆楚岁时记》）。至今，年画仍有雄鸡报晓之题材，仍有辟邪之意。还有《猛虎下山》《狮子滚绣球》《松鹿》等，即《梦粱录》《武林旧事》中说的宋代"回头鹿""狻猊、虎头"画的继承。还有《麒麟送子》《镇宅神英（鹰）》《三阳开泰》《马上封侯》《蚕猫捕鼠》《老鼠招亲》（《老鼠嫁女》）、鸽子、仙鹤等都属于瑞兽图一类。

十、风景、田园城市风光题材，主要包括瑶池仙境、天宫楼阁等寓意吉祥之画；《西湖十景图》《姑苏万年桥》《苏州阊门图》《三百六十行》《行行得利》《春夏秋冬》《渔樵耕读》等表现城市街衢、商业、农村景色的作品也很风靡。

按照贴挂的位置，年画的种类，有门画、中堂画、条幅、条屏组画、灯画、窗画、拂尘纸、桌围、炕头画等，或装饰在门，设于正厅，挂于四边墙上，或贴在灯上、窗户、点心盒盖上，或装饰在桌前、炕头，都起到点缀美饰之作用。

民国初年，上海郑曼陀等画家创制月历画，也叫月份牌画，实际上也是由年画演化而来，吸收了一些新技法，表现时装美人等，加以机器印刷，流行尤广。

对联也是重要的家庭装饰，最初也是辟邪用的。《荆楚岁时记》载："（元旦）贴画鸡户上，悬苇索于其上，插桃符其旁，百鬼畏之。"都是源于神荼、郁垒在桃都山上持芦苇索缚鬼、山上有金鸡报晓之神话。后来画鸡之俗融入年画中，悬苇索发展为门笺，桃符就发展为对联。起初人们在桃符板上写吉祥语句，后来逐渐用红纸，吉语也讲究字数相等、对仗，对联就正式出现了。据说五代时蜀国后主孟昶让臣子在桃符板上写两句吉语，见不中意，就自己提笔写："新年纳余庆，嘉节号长春。"据说这就是我国流传的最早一副春联（《宋史·蜀世家》）。但有学者认为"三阳始布，四序初开"这副春联才是流传至今的最早春联，是在莫高窟藏经洞敦煌遗书（卷号为"斯坦因0610"）上记录的，为唐人刘丘子所撰。

唐五代时春联不曾普及，到宋代也只限于文士中。张邦基《墨庄漫录》就有记载。

明代，据陈云瞻《簪云楼杂话》载："帝都金陵，除夕前忽传旨：公卿士庶之家门口须加春联一副。太祖微行出观，以为笑乐。"这样春联逐渐普及起来。清人沈太侔在《春明采风志》中记载北京过年时的书写对联之风："塾师学长，多卖对联者。预先贴报'书春墨庄''借纸学书''点染年华'等语，于铺肆前，高桌红毡，炭盆墨盏，纵笔大书门联横批、抱柱斗方、春条佛对一切……联纸旧用顺红、梅红、朱笺、擦油土笺、木红、万年红纸。"春联内容，多是祈求一年吉祥平安、健康长寿、丰收富裕，以及祈盼国家政治清明、国泰民安、天下太平等，反映出人民的美好心愿。

春联制作材料，亦即吉语的载体，主要是红纸，但也有继承古代桃符制作法，以木板雕刻的（如今这种木质对联主要用在神位神像两边）。也有印刷的、塑料的春联，是近代开始兴起的。春联除贴于门口两边外也有挂于中堂画、神位两边的，商铺的对联多与广告联结合，挂在店门前。历经千余年发展，如今对联已不限于春联，还有寿联、喜联、广告联、神庙戏台联等，广为流传，被列为国家非物质文化遗产。

与门联共饰于门的还有门笺，由古代芦苇索发展而来，也叫挂笺、门彩，是用五张一套的小长方形的画片挂或贴在门上，或单色，多是五种颜色，多用剪纸刻剪而成，下垂小穗条、小锯齿为装饰，图案多为吉祥文字、花纹，因为颜色为五种，也叫五色纸钱。《武林旧事》载，至除夕就有五色纸钱迎送六神，与求福之心愿相关。其色彩大约也和中元节悬挂的五色纸一样，源于《抱朴子》载的以五色纸召唤五方神灵之记述，后来便又挂饰于门，与悬芦苇索融合了。

五色挂笺悬在门上，迎风飘拂，与门联门神相映，是很美丽的。

在门上、墙上，人们还喜欢贴正方形的"春""福""大吉"等字，或用"一帆风顺""日进斗金""迎福进宝"等吉语组合成一个装饰性的字样，仔细分辨就能认出。这就是春条、斗方，是由古代春贴吉语发展来的。

剪纸更是过年时少不了的装饰。它来源于古代以金银箔剪刻的图案（近年广东佛山还有以铜箔、金箔为剪纸的），之后纸的出现更便于剪刻。南北朝时的对马、对猴团花剪纸实物今尚存世。人们在立春日剪春幡胜为饰，人日也用。《武林旧事》又载"金彩镶花，春帖幡胜"之类在除夕前出售。可见当时已然成为过年不可缺少的一项饰物了。

剪纸内容大抵与年画中的人物、花鸟图案画相似，主题也离不开辟邪迎祥、求富裕、求子等。但艺术形式上更简练，更富于图案化的韵味。它的种类很多，包括贴在窗纸上或窗玻璃上的窗花，贴在室内墙上的墙花，贴在炉灶周围的灶花，天花板上的顶棚花，炕壁上的炕花，门上的门笺，灯笼上的灯花，向亲友送礼时贴在礼物盒子上的礼花，供品上盖的供花等。五彩缤纷的人物、花鸟、吉祥图案等剪纸遍布室内室外，把喜庆的氛围渲染得更浓了。

在除夕这一日，人们照例要撕下旧的年画对联等，换上新年画、对联、斗方、门笺、剪纸，里里外外红红绿绿，焕然一新。

除夕的插花、盆景、果盒

除了上述的年画对联等，过年也少不了各种花艺、盆栽盆景以及果品等作为装饰。比如插花作品，也突出喜庆吉祥：或设"富贵平安"，牡丹配竹枝；或设"玉堂富贵"，玉兰、海棠、牡丹相配；或松柏枝插在瓶中，缀石榴、元宝、古钱等，叫摇钱树；或设松竹梅岁寒三友，象征长寿平安……明清时有从暖窑中催开的各色鲜花，进献内廷，以供布置。一般文士则喜欢插大瓶梅花，象征雅致。郑板桥诗云："插了梅花便过年。"也有插黄金色腊梅配红色天竹果的，金红相映，色彩更美。

至于盆景盆栽，主要是牡丹山茶等鲜艳花朵，最常见的是以水仙切削扎制成各式造型，点缀厅堂。

民间还喜欢用各种果品为饰，代表各色吉意。如《武林旧事》载杭州人元旦时于厅中设柿子饼，插柏树枝，放在大橘上，叫百事大吉。两广一带，至今还喜欢在厅中设大橘子、沙田柚，象征大吉、和睦。在台湾、两广等地又有长年蔗（或叫压年蔗），必须是用下有须、上有青叶的粗壮甘蔗，成对设在厅中，表示常年生活甜蜜、有头有尾、合家团圆之意，过了正月十五才能吃。

民间还广泛流传果盒的陈设。即放满各式糖果的精美盒子，也叫攒盒、全盒。一般在除夕准备，既款待亲友，又含有家中人、物样样齐全、甜蜜甘美之寓意，因此是过年必不可少的，直到元宵节后才"散全盒"，把盒子中糖果分食，在此之前要始终设在厅中。

全盒

全盒来源是五代的五辛盘、春盘，宋代发展为压岁盒、消夜果儿等。《梦粱录》载，岁首时长辈用压岁盒盛着精巧的果品、糖点给孩子们食用。《武林旧事》载南宋宫廷："以大盒簇钉凡百余种，如蜜饯珍果，下至花饧、蕙豆。"供除夕守岁消夜食用，叫作消夜果儿。还把玉器珠翠、岁朝诗笺、吉利市袋、爆仗等共同摆设。这是全盒的较早记载。

全盒多用漆木制成，最为美观，如扬州的螺钿漆盒、北京的彩绘漆盒等。盒子中分若干格以载果品，多是传统的龙眼肉、冬瓜条、枣干、木瓜、佛手、金橘、藕片、姜片、马蹄、莲子、椰角等蜜饯糖果，以寓意吉祥。

除夕团圆宴（年夜饭）

除夕在祭神、贴好设好各类装饰之后，就迎来最重要的活动：吃年夜饭。

因大年夜是辞旧迎新之夜，所以年夜饭一定要全家团聚而食，无论男女老幼都要赶回家举行团圆宴会。没回来的人也要为他摆上一副碗筷，表示他也回家共聚了。这预示着年年岁岁全家团圆，共享天伦之乐。

年夜饭是异常丰盛的，家家主妇从除夕早晨就要开始忙碌，一直忙到午后。随着时代发展，现在一些家庭到饭店去吃年夜饭，免去炊煮之劳，也是好的。

年夜饭食物中，主食有饺子、年糕、米饭、馒头等，菜肴则有鱼、腊肉、炖肉、烧鸡、狮子头、素什锦、炒茨菰等，各地食物种类难于统计。饺子是北方必吃的，象征深远。鲢鱼或其他鱼类也是不可少的，象征年年有余，新一年里衣食用度丰足有余。因此有的地方在年夜不吃它，留到次日新年才吃。又如蒜苗炒腊肉、白煮肉等极常见。

南方人过年常吃白斩鸡，蘸酱油吃，相沿不衰。这大概与远古杀鸡辟邪习俗有关。而红烧狮子头，是把半瘦肥肉切碎拌马蹄、藕等制作，味道很好。如吃腻油腻，就要衬一些蔬菜吃，如素什锦，把胡萝卜丝、木耳、金针、酸菜、豆芽、花生等素菜用素油炒成，十分可口。又如江南水乡，则喜欢吃茨菰炒肉，还讲究连柄而煮，形如如意。又喜欢吃马蹄，吃时放入饭碗中一两只，用筷子翻取，称为掘藏，表示掘得宝藏之意，也是一乐。南方也有吃年粽子的。一般还要喝一点酒，即古代饮屠苏酒之流风。

吃年夜饭来源极早，《荆楚岁时记》云："岁暮，家家具肴蔌（鱼肉曰肴，菜蔬曰蔌）诣宿岁之位（放到守岁之屋），以迎新年，相聚酣饮。"《清嘉录》说："除夜，家庭举宴，长幼咸集，多作吉祥语，名曰'年夜饭'，俗称'合家欢'。"此俗留存至今，仍是象征着团圆的盛大，美好的心愿。

除夕守岁及各种活动

年夜饭吃完，不睡觉，迎来新年、放鞭炮后才能睡，这叫作守岁。守岁，既是为了辞旧迎新，表示旧岁的留恋之情，也有对新年的憧憬、希望之意。即珍惜光阴，回顾过去，展望未来。所以此俗一直流传至今。

守岁，在晋代周处《风土记》就说："至除夕，达旦不眠，谓之守岁。"说明很早就有此俗。梁代徐君倩有守岁诗《共内人夜坐守岁》："欢多情未极，赏至莫停杯。酒中喜桃子，粽里觅杨梅。帘开风入帐，烛尽炭成灰。勿疑鬓钗重，为待晓光催。"

后世《帝京岁时记胜》说："除夕……合家团拜。更尽分岁，散黄钱金银锞锭，亲宾幼辈来辞岁者留饮啜，答以宫制荷包，盛以金银锞饰。出门听人言之吉凶，卜来年之休咎，名曰听谶语。炉内焚松枝、柏叶、南苍术、吉祥丹，名曰煨岁。合家吃荤素细馅水饺儿，内包金银小锞。食着者，主来年顺利。高烧银烛，畅饮松醪，坐以待旦，名曰'守岁'，以兆延年。"

守岁并不是坐着不动，还可以玩许多游戏，或吃果品、瓜子花生之类，或饮屠苏酒。唐宋时于除夕夜饮屠苏酒，由小向长依序而饮，以贺年少者又长一岁，年长者又添一岁。还有很多娱乐活动，如打麻将、掷骰子、掷升官图、下围棋、象棋等，多为室内游戏。又有一种藏钩之戏，相传起于西汉武帝的妃子钩弋夫人。《荆楚岁时记》载："岁前又为藏弦（kōu）×之戏，始于钩弋夫人。"此戏是把全家分成两组，一方藏起一个钩子或戒指、顶针之物让另一方找，找到为胜。

又有多种在驱邪活动中发展而来的娱乐，如用松柏枝杂以柴草烧于院中，叫作烧红盆，以用火驱邪，也象征新年里红红火火。这是一种古俗，源于古人焚烧香料以辟邪，用烧竹爆竹以吓退山魈的做法。后来爆竹发展为鞭炮，烧红盆之俗仍保存下来，如《武林旧事》说："贲烛糁盆，红映霄汉。"清代《帝京景物略》等也有记载。《燕京岁时记》则说："除夕自户庭以至大门，凡行走之处遍以芝麻秸撒之，谓之'踩岁'。"

这是以芝麻秸秆象征火，以火烧去不洁。江苏南部有一种"跨圈子"，即门前点火，全家人在火上跳过，边跳边念："火旺火旺，发达兴旺！"泉州也有烧火、从火上跨过去之俗。

除夕夜还要拜年、给压岁钱。吃过年夜饭，全家会聚，小辈向长辈叩拜，长辈给压岁钱，勉励他们来年更努力上进。有很多地区还喜欢在除夕夜沐浴，叫作迎新水、洗年身等。也源于《荆楚岁时记》载的沐浴、消除罪障之风。民间的说法是洗去一年的不如意，迎来新的吉祥一年。沐浴后便换上新衣新鞋等，打扮一新，好欢度暖春佳节。

有的虽不一定在除夕夜洗澡，也要在前几天理发、洗浴、换新衣，妇女们又争购新衣新裙、脂粉绒花等以供妆饰。这样，新年里到处都是精神焕发、装饰一新的人们，把节日气氛烘托得更浓了。

在南方粤地，除夕夜还有逛花市之风。人们在街上陈设百千摊花木，既有瓶插时花，也有盆栽盆景，香风四溢，吸引无数游人争相观赏购买。其中如桃花、金桔、吊钟等最受欢迎。花市来源亦很早，宋代周去非《岭外代答》记南方人："旋掇花头，装于他枝。或以竹丝贯之，卖于市，一枝二文，人竞买戴。"广州花市明末屈大均《广东新语》也有记载。清代《番禺县志》说："花市在藩署前，灯月交辉，花香袭人，炎歊（xiāo）夜尤称丽景。"清末张心泰在《粤游小识》中说："每届年暮，广州城内卖吊钟与水仙花成市，如云如霞，大家小户，售供坐几，以娱岁华。"如今，迎春花市在许多城市中都举行，规模更为宏大。

除夕夜儿童还有"卖痴呆"之游戏。南宋范成大的《卖痴呆词》写道："除夕更阑人不睡，厌禳钝滞迎新岁；小儿呼叫走长街，云有痴呆召人买。"后来广东地区也有"卖冷"或"卖懒"之俗，或由此演变来的。明末《广东新语》载广东小儿于除夕夜卖冷。近年广州小孩子也有卖懒的游戏。在除夕夜，孩子们拿着染红的鸡蛋，持着线香一炷，边走边唱卖懒歌："卖懒卖懒！卖到年三十晚，人懒我唔懒！"将香插在井头路旁，然后剥开鸡蛋壳，边吃边走回去，蛋吃完，也就象征懒卖掉了，来年就读书聪敏、勤快。

有些地方除夕夜还有求新年丰收、求子等活动。如江苏"画米囤"之俗，在门外用小蒲仓袋贮石灰，画出米囤、元宝、箭戟等形，以求农业丰收，生活富裕吉祥。山东德州农民在除夕要提灯入麦田，把灯放入地头，人在地的另一头趴下，看麦苗长势，以定丰收、歉收与否。山东鄄城县，除夕时要扫院子，把水缸盛满，在院中撒芝麻秆，唱"撒岁"歌求子："东撒岁，西撒岁，儿成双，女成对。全是胖小，都往家里跑。"在这些活动中所表达的心愿，与年画对联等艺术品的内涵是一致的。

除夕夜还有前往寺庙中祭神、拜佛的习俗。不少善男信女争往寺观中烧香，以求来年福寿、平安。同时还喜欢听寺庙里钟楼上的大钟击一百零八响，以迎新年福祥。此风俗在北京大钟寺、苏州寒山寺等处最有名，每年都吸引大批游客前往聆听钟声。这钟声象征这天下太平、国泰民安、人民幸福安乐。为何要击钟一百零八声？据明人郎瑛《七修类稿》说："扣一百八声者，一岁之义也。"因为一年有十二月、二十四节气、七十二候，加起来正是此数，即以此数象征一年里都得到吉祥。

一百零八声钟声震响起来，这充满幸福欢乐的新年也就到来了。

下元记事

冬至记事

腊八记事

祭灶记事

除夕记事

参考文献

[晋] 周处. 阳羡风土记. 光绪至民国间江阴金氏刊本, 不详.

[清] 尊闻阁主人. 点石斋画报. 上海: 上海集成图书公司, 1910.

[宋] 孟元老, 等. 东京梦华录. 上海: 上海古典文学出版社, 1956.

[明] 刘侗, 于奕正等. 帝京景物略. 上海: 古典文学出版社, 1957.

[明] 谢肇淛. 五杂俎. 北京: 中华书局, 1959.

[清] 孙承泽. 天府广记. 北京: 北京古籍出版社, 1962.

中华书局编辑部. 二十四史. 北京: 中华书局, 1975.

[唐] 张鷟, 赵守俨. 朝野佥载. 北京: 中华书局, 1979.

[宋] 庄季裕. 鸡肋篇. 北京: 人民文学出版社, 1979.

[宋] 陆游. 老学庵笔记. 北京: 中华书局, 1979.

[北魏] 贾思勰. 齐民要术. 北京: 中华书局, 1980.

[清] 阮元. 十三经注疏（附校勘记）. 北京: 中华书局, 1980.

戴不凡. 小说见闻录. 杭州: 浙江人民出版社, 1980.

[明] 田汝成. 西湖游览志余. 杭州: 浙江人民出版社, 1980.

[清] 沈复. 浮生六记. 北京: 人民文学出版社, 1980.

[清] 富察敦崇. 燕京岁时记. 北京: 北京古籍出版社, 1981.

刘恩伯, 等. 汉族民间舞蹈介绍. 北京: 人民音乐出版社, 1981.

孙殿起, 雷梦水. 北京风俗杂咏. 北京: 北京古籍出版社, 1982.

[明] 张岱. 陶庵梦忆. 上海: 上海古籍出版社, 1982.

[清] 杨米人, 等. 清代北京竹枝词十三种. 北京: 北京古籍出版社, 1982.

[晋] 葛洪. 西京杂记. 北京：中华书局，1985.

[明] 屈大均. 广东新语. 北京：中华书局，1985.

[清] 顾禄. 清嘉录. 南京：江苏古籍出版社，1986.

胡朴安. 中华全国风俗志. 石家庄：河北人民出版社，1986.

殷登国. 岁时佳节记趣. 南宁：广西人民出版社，1987.

[梁] 宗懔，宋金龙. 荆楚岁时记. 太原：山西人民出版社，1987.

[汉] 刘安，等. 淮南子. 上海：上海古籍出版社，1989.

国家体委文史委员会. 中华民族传统体育志. 南宁：广西民族出版社，1990.

李乔. 中国行业神崇拜. 北京：中国华侨出版公司，1990.

宋兆麟，李露露. 中国古代节日文化. 北京：文物出版社，1991.

李露露. 中国民间传统节日. 南昌：江西美术出版社，1992.

郭璞，张耘. 山海经·穆天子传. 长沙：岳麓书社，1992.

刘志文. 广东民俗大观. 广州：广东旅游出版社，1993.

张君. 神秘的节俗：传统节日礼俗、禁忌研究. 南宁：广西人民出版社，1994.

孙党伯，袁謇正，闻一多. 闻一多全集. 武汉：湖北人民出版社，1993.

王惕. 中华美术民俗. 北京：中国人民大学出版社，1996.

雷梦水，潘超，孙忠铨，钟山. 中华竹枝词. 北京：北京古籍出版社，1997.

| 内容简介 |

本书是一部介绍中国传统节日文化的普及读物，旨在介绍中国的节令之美，包括四季节日的起源、来龙去脉，注重叙述节日中蕴含的农耕文明、传统美德。年画、剪纸、赏红、龙舟、乞巧、拜月等各种美术、游艺之俗，是爱的教育、美的熏陶。图文并茂，引经据典，全面揭示了中国传统节令的深厚文化内涵。

| 作者简介 |

马大勇，南宁市作协会员。2000年于北京鲁迅文学院作家班毕业。主要从事中国文化普及读物的写作，已出版多部关于中国节日民俗、插花、雕塑、衣冠礼仪等方面的作品。

Dodolog，原名刘帅，毕业于上海大学艺术系设计专业。自由插画师，网络作者。已出版《FairyCOCO——Dodolog手绘水彩插画集I》《洛花簪——Dodolog手绘水彩插画集II》《图说中华节令趣事》（插图作者）、《萌物志：温暖心灵的萌系绘画》（合著）、《日日有花开》。